잠언의 이해
(PROVERBS)

잠언의 이해

2018년 7월 25일 초 판 1쇄 인쇄
2018년 7월 30일 초 판 1쇄 발행

저 자 • 양 창 삼
발행인 • 조 경 혜
발행처 • 도서출판 그리심
07030 서울시 동작구 사당로2길 72 인정 인정 B동 (B01)

등록번호 • 제 7-258호(1998. 4. 23)
출 판 사 • 전화 523-7589 팩스 523-7590
홈페이지 • http://grisim.biz
전자우편 • grisimcho@hanmail.net

값: 표지 뒷면에

ISBN 978-89-5799-412-2 93230

양 창 삼

서울대학교 정치학과(학사, 석사)
서울대학교 대학원(경영학석사)
웨스턴일리노이대학교(MBA)
연세대학교 대학원(경영학박사)
총신대학교 대학원(M.Div., Th.M.)
한양대학교 경상대학 학장
한양대학교 산업경영대학원 원장
연변과기대 부총장, 챈슬러
현) 한양대학교 경상대학 경영학부 명예교수
목사

성경관계 저서

누가복음의 이해(2018)
사도행전의 이해(2018)
히브리서의 이해(2017)
민수기의 이해(2017)
신명기(2017)
출애굽기(2017)
레위기의 이해(2017)
빌립보서(2016)
요한복음(2012)
로마서의 이해(2009)
요한1 · 2 · 3서와 요한계시록(2008)
창세기 강해(1998)
다니엘서(1994)
그 외 다수

머리말

잠언(Proverbs)은 모두 31장으로 되어 있어서 하루에 한 장씩만 읽어도 우리 마음을 하나님 앞에 바로 세우고 하나님 앞에서 하루를 견실히 사는데 도움이 된다. 잠언은 '솔로몬의 정금과 같은 잠언' 이다. 잠언을 '미쉘레(misle)' 라 하는 데 그 어근은 '일반 공리', '생활원칙' 을 뜻하는 '마샬(masal)' 에서 나왔다. 잠언은 우리의 생각과 사고, 그리고 생활을 지배하는 원칙을 제시함으로써 우리의 삶을 날로 향상시킨다.

잠언의 저자는 솔로몬이다. 하지만 히스기야 왕 때 편집된 것으로 보인다. 비판적인 학자들은 '율법은 모세,' '시편은 다윗,' '지혜문은 솔로몬' 이라 한 것은 문학양식의 한 표현이기 때문에 잠언의 저자를 딱히 솔로몬으로 볼 수 없다고 주장한다. 벨하우젠은 잠언의 격언자료들은 오랜 역사를 통해 전승되면서 형성되었다고 주장함으로써 솔로몬의 저작을 부인한다. 그러나 잠언 스스로 솔로몬이 저자임을 밝히고 있다(잠 1:1). 전도서에도 전도자가 잠언을 많이 지었다 했고(전12:9-10), 열왕기 저자도 솔로몬의 지혜가 동양이나 이집트의 모든 지혜보다 뛰어나 '저가 잠언 3천을 말하였고' (왕상 4:29-34)라고 했다.

잠언은 구속의 진리를 가르치는 것이 아니라 '구속 받은 하나님의 백

성이 어떻게 살아야 하는가?' 그 방법을 가르치는 데 목적을 두었다. 구속사적인 문제는 거의 나타나지는 않지만 내세 사상은 있다. 윤리의 뿌리는 내세, 곧 영생 세계에 소망에 있다는 것이다.

잠언은 무엇보다 도덕적 진리와 실용적 교훈을 짧은 문장으로 표현했다는 특색이 있다. 형태적으로 시서에 속하지만 내용은 지혜 문이다. 지혜는 민족을 상대하기보다 개인을 상대하며 지혜로운 자와 어리석은 자를 구별하고 있다. 하나님의 명칭도 언약의 하나님의 명칭인 '여호와' 로 표기하고 있다.

잠언은 지혜의 예찬, 제1금언집, 제2금언집, 그리고 보충부문 등 4가지로 구분된다. 지혜의 예찬은 1장에서 9장까지로, 1장 1절에서 전체 책명을 부여하였다. 제1금언집은 10장에서 24장까지로, '솔로몬의 잠언이라' 는 머리글로 시작한다. 제2금언집은 25장에서 29장까지로, 히스기야 왕 때 편집된 부분임을 밝혔다. 보충부분은 부록에 해당하는 것으로 30장과 31장이 이에 속한다. 30장은 야게의 아들 아굴의 잠언이며, 31장은 르무엘의 어머니의 잠언이다. 르무엘은 솔로몬의 또 다른 이름 등 여러 주장이 있다.

잠언의 근본사상은 철저한 하나님 중심이다. "여호와를 경외하라" 가 그 기초이다. 아비의 훈계에서 여호와의 훈계로 발전한다. 비판적인 학자인 군켈(H. Gunkel)은 잠언이 이집트의 지혜서 '아멘-엠-오페(Amen-em-ope)'의 영향을 받았다고 주장한다. 그러나 이집트 학의 권위인 드리오톤(E. Drioton)은 오히려 이집트의 지혜서가 히브리 지혜문에서 번역된 것이라고 주장한다. 두 지혜서가 유사한 이유는 선악응보의 법칙과 도덕의 실천성 등 인간심리(이성)의 유사성과 단일성 때문이다. 무엇보다 이방지혜문은 타락한 범신론적, 다신론적 성격을 띠지만 솔로몬의 잠언은 하나님 중심이고 성령의 감동으로 기록된 것이다.

잠언이 강조한 도덕적 4대 의무는 다음과 같다.

- 여호와께 대한 의무: 경외, 기억, 의지, 고백, 징계, 열매
- 이웃에 대한 의무: 거짓, 선, 화평, 진실, 참 친구
- 가정에 대한 의무: 자녀신앙, 부모공경, 여성의무, 근면
- 자기에 대한 의무: 중용, 언어, 온유, 겸손, 지혜

이에 따라 잠언은 여러 주제를 다루고 있다. 그 대표적 보기로 지혜, 정의, 하나님 경외, 지식, 도덕, 애정, 근면, 자제, 하나님 신뢰, 십일조, 재산활용, 자선, 말조심, 적에 대한 친절, 친구선택, 자녀교육, 정직, 태만, 공평, 도움, 기쁨, 상식 등이 있다. 잠언은 대조, 비유, 마음에 감동을 주는 표현들로 이루어져 있고, 실제적인 사상을 반복하여 강조하고 있다.

잠언을 읽고, 그 말씀을 삶에 옮김으로써 날로 지혜로워지기를 기도한다. 잠언을 읽는 자는 무엇보다 여호와를 경외하는 것이 지식의 근본임을 알아야 한다. 지혜에 귀를 기울이면 하나님을 알게 된다. 범사에 여호와를 인정하고 선을 행하자. 지혜와 명철을 얻고 악에서 떠나자. 하나님은 이런 사람을 기뻐하신다.

양 창 삼

목 차

머리말 · 4
제 1장 여호와를 경외하는 것이 지식의 근본이다 · 12
제 2장 지혜에 귀를 기울이면 하나님을 알게 된다 · 18
제 3장 범사에 여호와를 인정하고 이웃에게 선을 행하라 · 23
제 4장 지혜와 명철을 얻고 악에서 떠나라 · 29
제 5장 음녀의 위험과 부부사랑의 기쁨 · 34
제 6장 보증, 게으름, 불량행동, 음행에 대한 경계 · 39
제 7장 음녀의 유혹에 빠지지 말라 · 45
제 8장 지혜가 너희를 부른다 · 50
제 9장 지혜의 초대와 어리석음의 초대 · 56
제 10장 지혜로운 자와 어리석은 자 · 60
제 11장 의인의 형통과 악인의 패망 · 67
제 12장 훈계를 좋아하는 자와 싫어하는 자 · 74
제 13장 부를 이루는 원천과 소망을 이루는 원천 · 80
제 14장 정직한 자와 미련한 자 · 86
제 15장 지혜로운 자의 입과 귀 · 94
제 16장 너의 행사를 여호와께 맡기라 · 101
제 17장 사랑과 화목과 지혜 · 109
제 18장 명철한 자의 입과 미련한 자의 입 · 115
제 19장 가난한 자에 대한 교훈과 징계에 대한 교훈 · 121
제 20장 의인이 가져야 할 행실들 · 128

제 21장 악한 자가 가지고 있는 특징과 지혜자가 생각해야 할 것들 · 136
제 22장 재물보다 은총을 택하고 약한 자를 압제 하지 말라 · 143
제 23장 탐심에 대한 교훈과 아들에게 주는 지혜의 교훈 · 150
제 24장 악인의 형통을 부러워하지 말고 게으르지 말라 · 157
제 25장 신하가 주의해야 할 사항과 자제 에 대한 교훈 · 165
제 26장 미련한 자에 대한 훈계와 게으른 자와 거짓말하는 자 · 171
제 27장 내일 일을 자랑하지 말라 · 177
제 28장 악인과 의인에 대한 교훈 · 183
제 29장 의인이 통치하는 나라 · 190
제 30장 아굴의 잠언들 · 196
제 31장 르무엘 어머니의 잠언과 현숙한 아내 · 203

PROVERBS

잠언의 이해

양 창 삼 지음

제1장

여호와를 경외하는 것이 지식의 근본이다

1. 머리말

1) 잠언의 저자, 솔로몬(1절)

1절에서는 '잠언(Proverbs)' 의 저자가 다윗의 아들 이스라엘 왕 솔로몬의 잠언임을 밝히고 있다. 열왕기상 4:32에 따르면 솔로몬이 잠언 3천을 말했다. 그 가운데 일부가 이 책의 내용으로 포함되었을 것으로 보고 있다.

잠언은 격언, 금언, 지혜로운 조언을 말한다. 이에 해당하는 히브리어 '마샬(masal)' 은 '다스리다' 는 뜻을 가지고 있다. 이로 보아 잠언은 사람의 행동을 일깨우고 다스리는 지혜의 책, 지혜와 통찰력이 담겨 있는 책임을 알 수 있다.

솔로몬은 지식과 지혜를 열망한 인물(왕상 3:9-12)이었고 문학적으로 천재성을 가지고 있었으며 생물학에 조예가 깊은 과학자였고 통치자, 사업가, 시인, 도덕주의자, 전도자 등(왕상 4-9장) 활동 영역이 다양하다. 문제는 "마땅히 행할 길을 아이에게 가르치라 그리하면 늙어도 그것을 떠나지 아니하리라(잠 22:6)" 한 자신의 잠언과는 반대로 늙어서는 잠언을 떠나 생활을 했다. 그만큼 말과 행동의 일치가 어렵다.

2) 잠언의 목적(2-4절)

2-4절에서는 잠언의 목적을 밝히고 있다.

첫째, 지혜와 훈계를 알게 하기 위함이다(2절). 지혜는 잠언의 중심 키워드이다.

지혜(wisdom)는 사물의 존재와 본질에 대한 지식을 의미한다. 지혜를 뜻하는 히브리어 '호크마(hakmah)'는 판단력, 굳셈, 밀접함 등의 의미를 가지고 있다. 따라서 잠언에서 말하는 지혜는 단지 이런 이론적인 지식이 아니라 올바른 삶에 대한 깨달음을 말한다. 이것은 하나님을 향한 거룩한 통찰력, 곧 하나님의 관계 안에서 그분을 알고, 그분이 말씀하시는 것을 실천하고자 하는 혜안과 능력을 갖게 한다. 지혜로운 사람은 하나님의 말씀을 따를 뿐 아니라 그 말씀을 생활에 적용시켜 경건한 삶을 산다. 훈계(discipline)는 이 지혜를 실천하기 위해 받아야할 도덕적 훈련 또는 교육을 말한다. 지혜를 실천에 이르게 하는 준비 단계다.

둘째, 명철의 말씀(words of insight)을 깨닫게 하기 위함이다(2절). 명철은 하나님 안에서 좋고 나쁜 것을 분별할 수 있는 능력, 곧 통찰력을 말한다. 잠언은 이 통찰력을 키워주는 역할을 한다. 통찰력은 지혜와 깊게 연관되어 있다.

셋째, 지혜롭게, 공의롭게, 정의롭게, 정직하게 행할 일에 대하여 훈계를 받게 하기 위함이다(3절). 잠언은 네 가지 일, 곧 지혜롭게 행할 일(wise behavior), 공의롭게 해야 할 일(righteousness), 정의롭게 해야 할 일(justice), 그리고 정직하게 해야 할 일(fairness, equity)들에 대해 교육을 받게 한다.

넷째, 어리석은 자를 슬기롭게 하기 위함이다(4절). 어리석은 자는 지능이 낮은 자를 의미하는 것이 아니라 경험이 없고 성숙하지 못한 자(the naive), 세상 풍조에 밀려 쉽게 흔들리는 자를 말한다. 이런 자에게 슬기(prudence), 곧 뛰어난 지각을 갖게 하기 위함이다.

다섯째, 젊은 자(the youth)에게 지식과 근신함을 주기 위함이다(4절). 젊은 사람들에게는 하나님에 이르는 지혜를 알게 하고 근신함(discretion, 분별력), 곧 몸가짐을 바르게 갖도록 하기 위함이라는 것이다.

3) 잠언에서 얻을 수 있는 것(5, 6절)

잠언에서는 몇 가지 결과를 얻을 수 있음을 밝히고 있다.

첫째, 지혜 있는 자(wise man)는 듣고 학식이 더하게 된다(5a). 이미 지혜 있는 자라도 들으면 더 많은 것을 배우게 된다(increase in learning)는 말이다.

둘째, 명철한 자(a man of understanding)는 지략을 얻게 된다(5b). 분별력이 있는 자도 더 좋은 교훈을 얻게 된다. 명철한 자는 언제나 하나님의 교훈을 받아들일 자세가 갖추어진 자를 말하고, 지략(wise counsel)은 올바른 방향으로 삶의 진로를 바꾸는 분별력 및 능력을 말한다.

셋째, 잠언과 비유와 지혜 있는 자의 말과 그 오묘한 말을 깨닫게 된다(6절). 잠언을 구성하고 있는 네 가지 요소, 곧 금언(proverbs), 비유(parables), 지혜 있는 사람들의 말(the sayings), 그리고 이해하기 어려운 말(riddles)의 참 뜻을 깨닫게 된다.

2. 지식의 근본(7a)

솔로몬은 여호와를 경외하는 것이 지식의 근본임을 밝히고 있다(7a). 이것은 잠언의 주제이다. 경외한다는 것(yirat, the fear)은 '거룩한 두려움'으로, 하나님의 말씀을 따르되 공경하는 마음으로 하나님을 섬긴다는 뜻이다. 이것은 하나님을 공포의 대상으로 보고 굴복하는 것이 아니라 피조물이 창조주 하나님에 대해 가져야 할 기본적인 자세, 곧 존경을 담은 태도를 말한다. 지식의 근본(resit, beginning)이란 지식의 출발점이자 본질이라는 뜻이다. 하나님을 사랑하고 그분에게 복종하는 것이 지혜에 이르는 출발점이자 지혜로운 삶의 근간을 이룬다는 것이다.

3. 악한 자의 꼬임에 빠지지 말라(7b-19절)

하나님을 경외하는 것이 지식의 근본임에도 불구하고 미련한 자는 지혜와 훈계를 멸시한다(7b). 여기서 미련한 자(fool)는 '에윌(ewil)'으로 멍청하고 교만한 사람이다. 지혜와 훈계를 싫어하고 다툼을 일으키며 하나님을 믿지 않고 자신을 믿는 사람이다.

"내 아들아 네 아비의 훈계(father's instruction)를 들으며 네 어미의 법(mother's

teaching)을 떠나지 말라(8절)." 가정에서 아버지가 아들을 불러놓고 사랑의 마음으로 말한다. 가정은 사람의 인격 형성에 중요한 역할을 하는 곳이다. 아비의 훈계와 어미의 법은 부모의 가르침으로, 하나님의 진리와 율법의 가르침을 상징한다. 유대인 부모는 가정에서 자녀에게 율법을 가르친다. 이 진리에서 떠나지 말고 순종하라는 것이다.

"이는 네 머리의 아름다운 관이요 네 목의 금 사슬이니라(9절)." 이 가르침을 따르면 존귀를 얻게 된다는 것이다. 금 사슬은 명예와 지위를 상징한다.

악한 자가 꾈지라도 따르지 않기를 강조하고 있다(10절). 나쁜 친구를 피하라는 것이다. 악한 자들은 다음과 같이 말하고 행동하기 때문이다.

"우리와 함께 가자 우리가 가만히 엎드렸다가 사람의 피를 흘리자 죄 없는 자를 까닭 없이 숨어 기다리다가 스올 같이 그들을 산 채로 삼키며 무덤에 내려가는 자들 같이 통으로 삼키자(11, 12절)." '우리와 함께 가자.' 꾀인다. '우리가 잠복해 있다가 사람을 죽이자.' 의도 자체가 살인적이다. 숨어서 죄 없는 사람을 기다리다가 무덤처럼 그들을 산채로 삼키며 그들을 통째로 삼켜 지옥에 내려가는 자처럼 되게 하자. 무자비하게 살인하고자 하는 의도가 엿보인다. 스올(sheol)은 '보이지 않는 세계(the unseen world),' 곧 죽은 자의 세계를 말한다. 스올 같이 삼키는 것은 의인화된 표현이다.

"우리가 온갖 보화를 얻으며 빼앗은 것으로 우리 집을 채우리니 너는 우리와 함께 제비를 뽑고 우리가 함께 전대 하나만 두자(13, 14절)." 우리가 온갖 보물을 구해 놓고 빼앗은 물건으로 온 집안을 가득 채워 놓을 테니 네가 우리와 한패가 되어 이 모든 것을 우리와 함께 나누어 가지자. 물질로 유혹한다. 전대(purse)는 돈을 넣는 주머니다. 전대 하나만(one purse) 두자는 것은 악한 소득을 동등하게 분배하자는 것이다. 전대를 하나로 해서 공동으로 소유하자는 말이다.

악한 자가 그렇게 꾈지라도 "내 아들아 그들과 함께 길에 다니지 말라 네 발을 금하여 그 길을 밟지 말라(15절)." 당부한다.

왜 그런가? 그 발은 악으로 달려가고 피를 흘리는 데도 빠르기 때문이다(16절). 악인은 아무 거리낌 없이 악을 행하고, 사람을 죽이는 데도 능숙하다는 말이다.

새가 지켜보고 있는데 그물을 치는 것은 소용없는 일 아니겠는가(17절). 그들이 가만히 엎드림은 자기의 피를 흘릴 뿐이요 숨어 기다림은 자기의 생명을 해할 뿐이다(18절). 그런 자들은 스스로 덫을 놓고 자기들이 빠져 죽을 함정을 파는 것이다. 부정한 이득을 추구하는 자들의 종말은 다 이렇다. 바로 그 물질이 그것을 소유한 자들의 생명을 빼앗아가고 만다(19절).

4. 지혜의 교훈을 업신여기면 멸망이 기다린다(20-33절)

지혜가 길거리와 광장에서 소리쳐 부르며 시끄러운 길목과 성문에서 외쳐 말한다(20, 21절). 공공장소와 사람들이 틈에서 하나님의 말씀을 간절하게 외치는 선지자처럼 지혜의 교훈에 불순종하는 자들을 향해 지혜가 곳곳에서 외친다. 여기서 지혜는 의인화되어 있다. 지혜를 거절할 때 받게 될 재난을 말해준다.

"너희 어리석은 자들은 어리석음을 좋아하며 거만한 자들은 거만을 기뻐하며 미련한 자들은 지식을 미워하니 어느 때까지 하겠느냐(22절)." "나의 책망을 듣고 돌이키라 보라 내가 나의 영을 너희에게 부어 주며 내 말을 너희에게 보이리라(23절)." 책망을 듣고 돌이키라 설득하고 있다. 이성과 양심에 호소하는 것이다. '나의 영을 너희에게 부어 주며' 는 샘에서 물이 솟아나는 것처럼 지혜로운 말을 항상 들려주겠다는 것이다.

"내가 불렀으나 너희가 듣기 싫어하였고 내가 손을 폈으나 돌아보는 자가 없었고 도리어 나의 모든 교훈을 멸시하며 나의 책망을 받지 아니하였은즉 너희가 재앙을 만날 때에 내가 웃을 것이며 너희에게 두려움이 임할 때에 내가 비웃으리라(24-26절)." 어리석음을 선택한 자에게는 재앙이 집요하게 따른다. 내가 웃을 것이란 말은 자신의 교훈에 불순종하는 자들에게 재앙이 임할 때, 곧 심판을 당할 때 그들을 외면하겠다는 것이다.

"너희의 두려움이 광풍 같이 임하겠고 너희의 재앙이 폭풍 같이 이르겠고 너희에게 근심과 슬픔이 임하리니(27절)." '광풍 같이 폭풍 같이' 는 두려움과 재앙이 갑자기 임함을 나타낸다.

"그 때에 너희가 나를 부르리라 그래도 내가 대답하지 아니하겠고 부지런히 나를 찾으리라 그래도 나를 만나지 못하리니(28절)." 지혜가 그들을 부를 때 그들은 지혜를 거부했다. 그러나 이제는 그들이 지혜를 부르지만 지혜가 대답하지 않는다. 죄를 범한 이스라엘 백성을 대하시는 하나님의 태도가 이와 같다(신 1:45, 사 1:15).

"대저 너희가 지식을 미워하며 여호와 경외하기를 즐거워하지 아니하며 나의 교훈을 받지 아니하고 나의 모든 책망을 업신여겼음이니라(29, 30절)." "그러므로 자기 행위의 열매를 먹으며 자기 꾀에 배부르리라(31절)." 어리석은 사람들이 지혜를 거절하면 여러 가지 고난을 받게 된다는 말이다. 가인, 사울 왕, 하만, 가룟 유다 등이 그 보기다.

"어리석은 자의 퇴보는 자기를 죽이며 미련한 자의 안일은 자기를 멸망시키려니와(32절)." 32절과 33절에서는 어리석은 자의 멸망과 순종하는 자의 안전함이 대조되고 있다. 지혜의 교훈을 거역하는 자들은 스스로 심판과 멸망에 빠진다.

어리석은 자(petayim, the naive, the simple)는 순진하고 단순해서 쉽게 꼬임을 당해 제 고집대로 하는 사람이다. 이런 사람의 퇴보(waywardness), 곧 제 고집대로 하다가는 죽을 것이다. 미련한 자(kesil, fool)는 멍청하고 고집이 센 사람을 가리킨다. 미련한 자는 '케실' 외에도 영적으로 지각이 부족해 미련한 '나발(nabal, 잠 17:7, 21, 30:22),' 멍청하기도 하고 교만해 미련한 '에윌(ewil)' 도 있다. 미련한 자가 안일(complacency), 곧 스스로 괜찮다며 만족해하고 자만하다가는 망하게 된다.

"오직 내 말을 듣는 자는 평안히 살며 재앙의 두려움이 없이 안전하리라(33절)." 이에 비해 순종하는 자들에게는 안전과 평화의 복을 누리게 된다. '안전하리라' 는 하나님의 보호하심을 받으며 걱정 없이 지낼 것을 말한다.

제2장

지혜에 귀를 기울이면 하나님을 알게 된다

1. 지혜에 귀를 기울이고 그것을 찾으라(1-4절)

1-4절은 지혜를 구할 때 가져야 할 태도를 구체적으로 명시하고 있다.

첫째, "내 아들아 네가 만일 나의 말을 받으며 나의 계명을 네게 간직하며(1절)." '나의 말(my words),' '나의 계명(my commands)'은 하나님이 자신에게 계시하여 주신 것을 말한다. 이것을 잘 받고(accept), 네 안에 간직하라(store up)는 것이다.

둘째, "네 귀를 지혜에 기울이며 네 마음을 명철(understanding)에 두며(2절)." 지혜로운 말에 귀를 기울이고 그것을 이해하려고 노력하라는 것이다.

셋째, "지식(insight)을 불러 구하며 명철을 얻으려고 소리를 높이며(3절)." 지식, 곧 통찰력을 추구하고 깨달음을 얻고자 애쓰라는 것이다.

넷째, "은을 구하는 것 같이 그것을 구하며 감추어진 보배를 찾는 것 같이 그것을 찾으면(4절)." 그것을 은이나 숨겨진 보물을 찾는 것처럼 찾고 구하라는 것이다. 광석을 캐어 제련하는 것처럼(욥 28:1-4) 지혜를 얻기 위해서는 많은 노력이 필요하다.

2. 여호와는 지혜를 주시며 정직한 자를 보호하신다(5-9절)

"여호와 경외하기를 깨달으며 하나님을 알게 되리니(5절)." 앞서 언급한 태도로 지혜를 구하면 여호와를 경외하는 것이 무엇인지 깨닫게 되고 하나님에 대한 지식도 얻게 된다는 것이다. 그러므로 정성껏 지혜를 구할 일이다.

“대저 여호와는 지혜를 주시며 지식과 명철을 그 입에서 내심이며(6절).” 지혜는 하나님께서 주신다. 하나님은 모든 지혜의 근원이시다. 하나님을 경외할 때 지혜와 지식과 명철을 주신다. 다니엘은 말한다. “영원부터 영원까지 하나님의 이름을 찬송할 것은 지혜와 능력이 그에게 있음이로다 [--] 지혜자에게 지혜를 주시고 총명한 자에게 지식을 주시는도다(단 2:20, 21).”

“그는 정직한 자를 위하여 완전한 지혜를 예비하시며 행실이 온전한 자에게 방패가 되시나니(7절).” 하나님은 정직한 자(the upright)를 위해 완전한 지혜, 곧 분별하는 지혜를 예비하고 도우신다. 그리고 행실에 흠이 없는 자에게 방패가 되신다.

“대저 그는 정의의 길을 보호하시며 그의 성도들의 길을 보전하려 하심이니라(8절).” 정의의 길(the course of the just)은 정직한 자가 가는 길을 말한다. 하나님은 바른길 걷는 자, 모든 일을 공정하게 하는 자를 보호하시고 당신께 마음을 쏟고 믿음이 있는 성도들을 지켜주신다. 성도들(saints)은 ‘하시딤(hasidim)’ 으로, ‘계약의 충성스런 아들들’ 이라는 뜻을 가지고 있다. 경건하며 하나님을 경외하는 자들을 말한다.

“그런즉 네가 공의와 정의와 정직 곧 모든 선한 길을 깨달을 것이라(9절).” 네가 내 말을 들으면 무엇이 옳고 정직하며 공정한지 모든 선한 길(every good path)을 깨닫게 될 것이다.

3. 지혜와 명철이 너를 보호하리라(10-15절)

“곧 지혜가 네 마음에 들어가며 지식이 네 영혼을 즐겁게 할 것이요(10절).” 나아가 네가 지혜롭게 되고 지식이 너에게 즐거움을 줄 것이다. “선한 말은 꿀 송이 같아서 마음에 달고 뼈에 양약이 되느니라(잠 16:24).”

“근신이 너를 지키며 명철이 너를 보호하여(11절).” 근신(discretion)은 숙고함, 사려 깊음 등의 뜻이 있다. 신중해야 몸을 지킬 수 있다는 말이다. 명철은 최선의 것을 선택하는 분별력을 의미한다. 판단을 바로 해야 실수가 없다는 말이다.

근신, 명철 모두 의인화되어 있다.

"악한 자의 길과 패역을 말하는 자에게서 건져 내리라(12절)." 지혜가 악한 자의 길과 추하고 더러운 말을 하는 자들에게서 너를 구할 것이라는 말이다. 패역(perverse things, fraudulent things)은 '타푸코트(tahpukot)'로 '벗어나게 하는 것들'이라는 뜻을 가지고 있다. 패역은 선하고 참된 길에서 벗어나게 한다. 그러므로 패역을 말하는 자는 추하고 더러운 말을 할 수밖에 없다. 하나님은 이런 자를 미워하신다(잠 8:13)

"이 무리는 정직한 길을 떠나 어두운 길로 행하며(13절)." 그들은 똑바른 길(straight paths), 곧 올바른 길을 버리고 어두운 길(dark ways), 어두컴컴한 뒷골목만을 찾아다니는 자들이다.

"행악하기를 기뻐하며 악인의 패역을 즐거워하나니(14절). 그들은 악을 행하는 일을 기뻐하고 악인들의 못된 짓(perverseness of evil)을 즐거워한다. 나쁜 짓만 즐기고 사기 치며 좋아하는 자들이다. 선보다 악 행하기를 기뻐하는 자들은 사단에 속한 자들임이 분명하다.

"그 길은 구부러지고 그 행위는 패역하니라(15절)." 그들의 길은 굽었고(crooked) 그들의 행위는 비뚤어지고(devious) 잘못되었다. 길이 굽었다는 것은 올바르지 못하다는 것이다. 비뚤어진 길에 발을 들여놓고 엇나간 짓만 하는 자들이다.

4. 지혜가 의인의 길을 지킨다(16-20절)

"지혜가 또 너를 음녀에게서, 말로 호리는 이방 계집에게서 구원하리니(16절)." 지혜가 너를 탕녀(adulteress)의 유혹에서 벗어나게 하고 남의 계집(wayward wife)이 꾀는 말(seductive words)에 넘어가지 않게 된다. 음녀(issa zarah)는 원문에 '낯선 여인(strange women),' 곧 이방 여인이라는 뜻을 가지고 있다. 이방 계집은 원문에서 음녀(adulteress)로 되어 있다. 두 단어 모두 성적 관계가 문란한 여인들을 뜻하고 있다. 이 여인들은 우상숭배자로 영적으로 문란케 하는 자들을 상징하고 있다. 이런 자들은 이스라엘 공동체와 함께 할 수 없는 자들로 분리된다. 하나님으로부터 벗어나게 하기 때문이다.

"그는 젊은 시절의 짝을 버리며 그의 하나님의 언약을 잊어버린 자라(17절)." 그 여인은 젊은 시절의 짝(partner), 곧 젊었을 때 결혼한 남편을 버린 자요 하나님 앞에서 맺은 약조를 잊은 자다. 간음한 자, 곧 우상을 섬긴 자라는 뜻이다.

"그의 집은 사망으로, 그의 길은 스올로 기울어졌나니(18절)." 그녀의 집은 사망으로, 그녀의 길은 이미 지옥으로 기울어졌다. 여기서 스올은 죽은 자(the dead)를 뜻하는 '레파임(repaim)' 을 번역한 것이다. 하나님의 언약을 잊어버리고 부도덕한 생활을 하는 사람들, 우상숭배자는 죽음을 면치 못한다.

"누구든지 그에게로 가는 자는 돌아오지 못하며 또 생명 길을 얻지 못하느니라(19절)." 누구든지 그런 여자를 찾아가는 자는 다시 돌이킬 수 없고 생명의 길(paths of life)로 돌아오지 못한다. 하나님을 떠나 우상 숭배자가 되었기 때문이다. 생명의 길은 하나님에게 있다.

"지혜가 너를 선한 자의 길로 행하게 하며 또 의인의 길을 지키게 하리니(20절)." 지혜는 너를 선한 자의 길(the ways of good men)을 걷게 하고, 그 길을 따라 걸으려는 의인의 길(paths of the righteous)을 지킨다. 그러므로 너는 착한 사람들과 한 길을 가고 옳게 사는 사람들과 같은 길을 가라는 말이다. 선한 사람들을 본받아 의로운 삶을 살아야 한다는 것이다.

5. 정직한 자와 악인의 결과는 다르다(21, 22절)

"대저 정직한 자는 땅에 거하며 완전한 자는 땅에 남아 있으리라(21절)." 정직하고 흠 없이 사는 사람들은 이 땅에서 살아남는다. 땅에 거함은 이스라엘과 개개인들에게 내리시는 하나님의 최고의 은총이다(출 20:12, 레 15:18). 이스라엘 민족에게 있어서 가나안 땅의 약속은 큰 복이었다(창 17:8, 신 4:1). 행위가 정직하고 온전한 사람은 하나님의 복을 받으며 이 땅에서 번영을 누린다.

"그러나 악인은 땅에서 끊어지겠고 간사한 자는 땅에서 뽑히리라(22절)." 반면에 악하고 신실하지 못한 사람은 하나님의 심판을 받아 죽거나 땅에서 쫓겨난다. 이 땅에서 하나님의 복을 받으며 살 자격이 없기 때문이다. 땅에서 뽑힌다는 것은 하나님의 저주로, 땅에 남아 있는 것(하나님의 축복)과 반대된다. 하나님은 이스라엘이 순종하지 않을 경우 약속의 땅에서 추방하겠다고 경고하셨다(신 28:63).

제3장

범사에 여호와를 인정하고 이웃에게 선을 행하라

1. 범사에 여호와를 인정하라(1-12절)

"내 아들아 나의 법을 잊어버리지 말고 네 마음으로 나의 명령을 지키라(1절)." '나의 법'은 나의 가르침(my teaching)이다. 가르침을 잊지 말라는 것이다. 그리고 나의 명령(my commands), 곧 나의 훈계를 마음에 간직하고(in your heart) 정성껏 지키도록 했다.

"그리하면 그것이 네가 장수하여 많은 해를 누리게 하며 평강을 더하게 하리라(2절)." 그러면 네가 장수하고 날이 갈수록 평안을 누릴 것이다. 솔로몬이 지혜를 구했을 때 하나님은 그에게 장수와 부요함을 주셨다(왕상 3:13, 14). '많은 해(many years)'는 살만한 가치가 있는 인생의 날들을 말한다. 평강(peace, prosperity)은 내적으로나 외적으로 평안함을 말하며, 늙어 죽을 때까지 번성하며 행복을 누리게 되는 것을 말한다.

"인자와 진리가 네게서 떠나지 말게 하고 그것을 네 목에 매며 네 마음 판(tablet of your heart)에 새기라(3절)." 사랑과 성실이 너를 떠나지 않게 하며 그것을 네 목에 걸고 네 마음속에 새겨두라는 것이다. 하나님의 말씀과 그 가르침을 주의해서 듣고 온전히 따르라는 말씀이다.

'인자와 진리'는 잠언뿐 아니라 시편에 자주 등장한다. 인자(hesed, mercy, covenant loyalty)는 원래 '열심히 바라다'는 뜻을 가지고 있다. 이 단어가 하나님께 적용될 때는 하나님의 사랑과 은혜를 가리키고, 사람에게 적용할 때는 하나님을 향한 사랑, 곧 충성과 경건을 말하거나 인간애를 뜻한다. 모든 이기심과 증오를 버리는 것으로 사랑을 나타내는 말이다. 여기서는 하나님의 법에 충실한 자세를 가지고 다른 이들을 돕기 위해 기꺼이 자신을 내어주는 사랑을 가리킨다. 진리(emet, truth)는 '견고함,' '안정성' 등을 의미한다. 거짓과 위선을 모두 깨뜨리며 성실함이 있는 인격을 뜻한다. 따라서 인자와 진리는 도덕적으로 완전함을 나타낸다. 하나님은 자기 백성에게 정직하고 충성스러운 삶과 다른 사람을 생각할 줄 아는 삶을 요구하신다.

"그리하면 네가 하나님과 사람 앞에서 은총(favor)과 귀중히 여김(a good name)을 받으리라(4절)." 그러면 네가 하나님과 사람 앞에서(in the sight of God and man) 사랑과 신망을 얻고, 훌륭한 사람으로 기림, 곧 인정을 받는다.

"너는 마음을 다하여 여호와를 신뢰하고 네 명철을 의지하지 말라(5절)." 마음을 다하여 여호와를 신뢰한다(trust). 신뢰는 몸 전체를 하나님께 의지하는 것이다. 그러나 네 지식을 의지하지(lean on) 말라. 사람은 하나님의 깊은 뜻을 다 이해할 수 없기 때문에 자신의 명철을 신뢰해서는 안 된다.

"너는 범사에 그를 인정하라 그리하면 네 길을 지도하시리라(6절)." 모든 일에 여호와를 인정하라(acknowledge him). '범사에(in all your ways)' 는 교회에서든 일상에서든 모든 삶의 현장에서 신실한 마음으로 여호와를 의뢰하고 섬기라는 것이다. 무슨 일을 하든지 하나님께 여쭈면 그가 너에게 바른 길을 보이실 것이고 네 앞길을 곧바로 열어주시리라. 네 길도 곧고 평탄하게 하실(make your paths straight) 것이다. 지도한다는 것은 단순한 안내자에 그치는 것이 아니라 하나님께서 적극적으로 나서 장애물을 제거하고 목적지까지 데려가시는 것을 말한다.

"스스로 지혜롭게 여기지 말지어다 여호와를 경외하며 악을 떠날지어다(7절)." 그러므로 자기 스스로(in your own eyes) 지혜로운 체하지 말고 하나님을 두려워하며 악을 멀리해야 한다.

"이것이 네 몸에 양약이 되어(bring health to your body) 네 골수를 윤택하게 하리라(8절)." 이것이 너에게 양약, 곧 좋은 약이 되어 너의 몸과 마음을 건강하게 할 것이다. 골수를 윤택하게 한다(nourishment to your bones)는 것은 육적으로나 영적으로 건강함을 뜻한다. 성경에서 골수는 뼈만 의미하는 것이 아니라 살과 뼈, 자아를 동시에 가리킨다.

"네 재물과 네 소산물의 처음 익은 열매(네 모든 농산물의 첫 열매)로 여호와를 공경하라(9절)." 이것은 하나님께 보상을 받겠다는 마음으로 헌물을 드리라는 것이 아니다. 하나님의 축복에 감사할 줄 알며 그분의 청지기로서 책임 있는 삶을 살라는 것이다.

"그리하면 네 창고가 가득히 차고 네 포도즙 틀에 새 포도즙이 넘치리라(10절)." 하나님은 십일조를 드리는 사람에게 복을 쌓을 곳이 없도록 부어 주시겠다고 하셨다(말 3:10, 신 28:8, 고후 9:8). 하나님을 경외하는 사람이 풍성한 삶을 누리도록 하겠다는 말씀이다. 그러나 믿음을 이기적인 수단으로 사용해 복만 받으려는 태도는 경계해야 한다.

"내 아들아 여호와의 징계를 경히 여기지 말라 그 꾸지람을 싫어하지 말라(11절)." 하나님의 말씀(the LORD's discipline)을 가볍게 여기지 말고 그의 꾸지람(his rebuke)을 달게 받으라.

"대저 여호와께서 그 사랑하시는 자를 징계하시기(discipline)를 마치 아비가 그 기뻐하는 아들(the son he delights in)을 징계함 같이 하시느니라(12절)." 하나님은 사랑하는 아들에게 매를 드는 아비처럼 사랑하는 자를 징계 하신다. 히브리서 12:5, 6은 11절과 12절의 말씀을 인용하였다.

2. 지혜를 얻은 자는 복이 있나니(13-26절)

"지혜를 얻은 자와 명철을 얻은 자는 복이 있나니 이는 지혜를 얻는 것이 은을 얻는 것보다 낫고 그 이익이 정금보다 나음이니라(13, 14절)." 지혜를 찾으면 얼마나 행복할까. 슬기를 얻으면 얼마나 행복할까. 지혜를 얻는 것이 은이나 금보다 더 가치 있고 유익하기 때문이다.

"지혜는 진주보다 귀하니 네가 사모하는 모든 것으로도 이에 비교할 수 없도다(15절)." 지혜는 보석보다 더 귀하다. 네가 갖고 싶어 하는 그 어떤 것도 이것과 비교가 되지 않는다. 지혜는 복을 가져다주지만 재물은 진정한 의미의 행복을 가져다주지 못한다. 그러므로 지혜는 금, 은, 진주보다 더 귀하다.

"그의 오른손에는 장수가 있고 그의 왼손에는 부귀가 있나니 그 길은 즐거운 길이요 그의 지름길은 다 평강이니라(16, 17절)." 지혜가 손을 벌리고 있는 사람으로 의인화되었다. 지혜의 오른손에는 장수가 있고 그 왼손에는 부귀가 있다. 장수와 재물과 존귀를 준다. 그 길은 즐거움과 평안의 길이다. 즐겁고 평안한 생활을 하게 한다.

"지혜는 그 얻은 자에게 생명나무라 지혜를 가진 자는 복되도다(18절)." 지혜는 그것을 얻은 자에게 생명나무(a tree of life)와도 같다. 그래서 지혜를 가진 자가 복이 있다. 생명나무는 창세기 2:9의 나무를 언급한 것으로, 영생의 근원을 상징한다. 이것은 에덴동산에서 잃어버렸던 복을 어느 정도 이 땅에서 누릴 수 있음을 암시한다.

"여호와께서는 지혜로 땅에 터를 놓으셨으며 명철로 하늘을 견고히 세우셨고 그의 지식으로 깊은 바다를 갈라지게 하셨으며 공중에서 이슬이 내리게 하셨느니라(19, 20절)." 천지 창조 때 지혜가 했던 역할이 잠언 8:22-31에 자세하게 기록되어 있다. '깊은 바다를 갈라지게 하셨으며'는 하나님이 지면에서 샘이 솟아오르도록 하신 것을 뜻한다(잠 8:24).

"내 아들아 완전한 지혜와 근신을 지키고 이것들이 네 눈앞에서 떠나지 말게 하라(21절)." 21-24절은 지혜와 근신을 지키는 자가 받을 유익에 대해 묘사하고 있다. 완전한 지혜는 건전한 판단(sound judgment)을, 근신은 분별력(discernment)을 뜻한다. 이것들을 잘 간직하고 그것이 네게서 떠나지 않게 하라는 것이다.

"그리하면 그것이 네 영혼의 생명이 되며 네 목에 장식이 되리니(22절)." 그것이 네 영혼의 생명이 되고 네 삶을 아름답게 장식할 것이다. 생명은 가장 높고 넓은 의미에서 인간의 영혼에 주어진다(잠 2:16,18, 4:22, 8:35). '네 목에 장식이 되리니'는 아름다워진다는 뜻이다. 지혜를 얻은 자, 여호와를 경외하는 자의 아름다움은 육체적인 것이 아니라 영적인 것이다(잠 31:30, 롬 10:15).

“네가 네 길을 평안히 행하겠고 네 발이 거치지 아니하겠으며 네가 누울 때에 두려워하지 아니하겠고 네가 누운즉 네 잠이 달리로다(23, 24절).” ‘네 발이 거치지 아니하겠으며’ 는 내가 발을 때리지 않을 것을 말한다. ‘너는 넘어지지 않을 것’ 이라는 말이다(시 91:12). ‘네 잠이 달리로다’ 는 지혜를 가진 자는 하나님이 보호하심으로 잠을 평안히 자게 된다는 말이다(시 127:2).

“너는 갑작스러운 두려움도 악인에게 닥치는 멸망도 두려워하지 말라 대저 여호와는 네가 의지할 이시니라 네 발을 지켜 걸리지 않게 하시리라(25, 26절).” 갑자기 밀어닥친 재앙이나 악인들의 멸망이 이를 때 두려워하지 말라. ‘두려워하지 말라’ 는 부정형 명령으로 강한 금지와 함께 강한 약속이 담겨있다. 악인이 멸망을 당하는 가운데서도 하나님은 지혜를 얻은 자에게 의지할 자가 되기 때문이다. 심지어 악인이 놓은 덫에서도 벗어나게 한다.

3. 네 이웃에게 선을 행하라(27-35절)

이 단락에서는 이웃에게 선을 베풀도록 함과 동시에 이웃에게 행해서는 안 될 다섯 가지를 제시하고 있다.

첫째, “네 손이 선을 베풀 힘이 있거든 마땅히 받을 자에게 베풀기를 아끼지 말며(27절).” 선을 베풀 능력이 있거든 그것을 필요로 하는 자에게 베풀기를 주저하지 말라, 도움을 청하는 손을 뿌리치지 말고 도와줄 힘만 있으면 망설이지 말라는 것이다. 청지기인 우리가 베풀어야 할 이웃을 구제하지 않는 것은 재물의 참 주인이신 하나님을 저버리는 일이다.

둘째, “네게 있거든 이웃에게 이르기를 갔다가 다시 오라 내일 주겠노라 하지 말며(28절).” 너에게 가진 것이 있으면 네 이웃에게 '갔다가 다시 오너라. 내일 주겠다.'고 하지 말라, 있으면서도 그냥 돌려보내지 말라는 것이다.

셋째, “네 이웃이 네 곁에서 평안히 살거든 그를 해하려고 꾀하지 말며(29절).” 너를 믿고 사는 이웃에게 해칠 생각을 아예 하지 말라는 것이다. 그런 계획도 하지 말라.

넷째, "사람이 네게 악을 행하지 아니하였거든 까닭 없이 더불어 다투지 말며(30절)." 너를 해치지도 않는 사람에게 공연히 시비를 걸거나 다투지 말라.

다섯째, "포학한 자를 부러워하지 말며 그의 어떤 행위도 따르지 말라(31절)." 난폭한 자나 사기 치는 자를 부러워하거나 그의 어떤 행동도 본받지 말라. 그들과 어울리려고도 하지 말라.

"대저 패역한 자는 여호와께서 미워하시나 정직한 자에게는 그의 교통하심이 있으며 악인의 집에는 여호와의 저주가 있거니와 의인의 집에는 복이 있느니라(32, 33절)." 패역한 자(perverse man)는 의로운 길에서 벗어난 자를 말한다. 하나님은 악한 자를 업신여기시고 정직한 자를 가까이 하시고 은혜를 베푸신다. 지혜로운 사람은 영광을 상속받고, 미련한 자는 멸시를 당한다.

"진실로 그는 거만한 자를 비웃으시며 겸손한 자에게 은혜를 베푸시나니 지혜로운 자는 영광을 기업으로 받거니와 미련한 자의 영달함은 수치가 되느니라(34, 35절)." 지혜로운 자는 영광을 얻고 미련한 자는 수치를 당한다.

제4장

지혜와 명철을 얻고 악에서 떠나라

1. 지혜와 명철을 얻으라(1-9절)

이 단락은 지혜를 얻으라는 권면의 말을 담고 있다. 이 권면은 잠언 곳곳에 나타나 있다. "아들들아 아비의 훈계를 들으며 명철을 얻기에 주의하라(1절)." 아버지가 가르치는 말을 잘 들어라. 슬기를 깨치도록 마음을 모아라. 그러면 깨달음을 얻을 것이다. 당시 히브리인들은 주로 가정에서 자녀들을 엄격하게 교육했다. 당시에는 책이 드물어 입으로 전해지는 하나님의 법과 삶의 도리를 아버지가 권위를 가지고 가르쳤다.

"내가 선한 도리를 너희에게 전하노니 내 법(my teaching)을 떠나지 말라(2절)." 아비는 너희에게 전해 주는 것은 값지고 건전한 교훈(sound learning)이니 이 가르침을 잊지 마라. 도리는 입으로 전해주고, 전해 받는 교훈을 말한다.

"나도 내 아버지에게 아들이었으며 내 어머니 보기에 유약한 외아들이었노라(3절)." 3-9절은 솔로몬 자신이 어린 시절 자신의 부모, 곧 다윗과 밧세바에게서 들었던 교훈을 아들에게 전하는 형식으로 기록하였다. 자신도 한때는 외아들로서 부모의 사랑을 받던 어린 시절이 있었다고 말한다. 여기서 '유약한 외아들(tender and the only son)' 이라 한 것은 다윗이 솔로몬을 두고 하나님께 '어리고 연약하다' 고 고백한 것과 연관이 있다(대상 22:5, 29:1). 솔로몬에게는 세 명의 친 동생이 있었다(대상 3:5). 그럼에도 불구하고 외아들이라 한 것은 이 훈계를 받았을 때는 동생이 아직 태어나지 않았던 때였음을 말해준다.

"아버지가 내게 가르쳐 이르기를 내 말을 네 마음에 두라 내 명령을 지키라 그리하면 살리라(4절)." 4절부터 19절까지 아버지로부터 받은 교훈을 그대로 인용하고 있다. 이것은 자신의 교훈이 아버지의 교훈과 조화를 이루고 있음을 보여준다. 그때 아버지는 이런 말씀으로 나를 교훈하셨다. "내가 하는 말을 기억하고 잊지 말아라. 내 명령을 지켜라. 그러면 네가 살 것이다."

"지혜를 얻으며 명철을 얻으라 내 입의 말을 잊지 말며 어기지 말라(5절)." 지혜와 깨달음을 얻어라. 내 말을 잊어버리거나 무시하지 마라.

"지혜를 버리지 말라 그가 너를 보호하리라 그를 사랑하라 그가 너를 지키리라(6절)." 지혜를 저버리지 않으면 그 지혜가 너를 지켜줄 것이다. 슬기를 사랑하면 그 슬기가 너를 보살펴 줄 것이다.

"지혜가 제일이니 지혜를 얻으라 네가 얻은 모든 것을 가지고 명철을 얻을지니라(7절)." 지혜는 가장 소중한 것이다. 지혜와 비교할 수 있는 것은 아무것도 없다. 그러니 지혜를 얻어라. '네가 얻은 모든 것,' 곧 네가 값을 지불하고 지금 가지고 있는 것을 다 희생한다 할지라도(though it cost all you have) 깨달음을 얻어라. 그만큼 지혜가 가치가 있다는 말이다.

"그를 높이라 그리하면 그가 너를 높이 들리라 만일 그를 품으면 그가 너를 영화롭게 하리라(8절)." 지혜를 높이면 지혜가 너를 높일 것이다. 지혜를 고이 간직하면 지혜가 너를 영화롭게 할 것이다.

"그가 아름다운 관을 네 머리에 두겠고 영화로운 면류관을 네게 주리라 하셨느니라(9절)." 지혜가 우아한 은혜의 화관(a garland of grace)을 네 머리에 씌우고 영광스러운 면류관(a crown of splendor)을 너에게 줄 것이다. 이것이 그의 아버지 다윗의 가르침이었다. 이 모든 것을 볼 때 솔로몬이 지혜를 사랑하게 된 것은 다윗의 작용도 컸음을 알 수 있다.

2. 마음을 지켜 악에서 떠나라(10-27절)

1) 지혜로운 길(10-13절)

"내 아들아 들으라 내 말을 받으라 그리하면 네 생명의 해(years of your life)가 길리라(10절)." 아비의 말을 듣고 받아들이면 장수할 것임을 말하고 있다.

성경의 여러 부분에서 장수의 비결을 가르쳤다. 첫째는 부모와 연관된다. 십계명에서는 부모를 공경할 때, 잠언 4:10에서는 부모의 말을 듣고 받을 때 장수한다 했다. 둘째, 하나님의 법을 잊어버리지 말고 마음으로 그 명령을 지킬 때다(잠 3:1, 2). 셋째, 지혜를 얻을 때다(잠 3:13, 16). 넷째, 하나님을 경외할 때다(잠 10:27). 다섯째, 탐욕을 미워할 때다(잠 28:16).

"내가 지혜로운 길을 네게 가르쳤으며 정직한 길로 너를 인도하였은즉(11절)." 부모로서 자녀에게 지혜로운 길(the way of wisdom)을 가르쳐주었고 너를 곧은 길(straight paths)로 이끌어주었다. 지혜와 옳은 길을 가르쳤음을 강조하고 있다. 정직한 길은 걷기가 수월한 평탄한 길로서 도덕적으로 바르고 선한 삶을 가리킨다.

"다닐 때에 네 걸음이 곤고하지 아니하겠고 달려갈 때에 실족하지 아니하리라(12절)." 길에 장애물이 있거나 어두울 때 걸어가는 경우 넘어지게 된다. 그러나 지혜와 바른 길을 가르쳐주었기에 네가 걸어가도 앞길이 막히지(hampered) 않고 뛰어가도 넘어지지 아니하리라는 것이다. '다닐(walk) 때' 는 매일 매일의 일상적인 생활을, '달려갈(run) 때' 는 신속한 판단과 행동이 요구되는 비상시기를 의미한다. 정직한 자의 삶은 잘 다듬어진 대로를 지나듯 두려움이나 막힘이 없이 전개된다. 지혜의 길은 환하게 열려있다. 달려가도 넘어지지 않는다. 결국 주의 말씀이 항상 도움을 준다는 것을 강조하고 있다.

히브리인의 랍비문헌에서도 이처럼 인간의 삶을 길 가는 여행에 비유하여 윤리적인 가르침을 주었다. 예를 들어 유대인의 할라카(Halakah)는 삶의 다양한 규칙들을 제시하고 있는데, 할라카는 '길' 이라는 뜻을 가지고 있다. 예수님도 바른 삶의 선택을 길에 비유하여 말씀하셨다(마 7:13-14).

"훈계를 굳게 잡아 놓치지 말고 지키라 이것이 네 생명이니라(13절)." 이 교훈을 흘려버리지 말고 굳게 잡아야 한다. 그것이 네 목숨(your life)이니 잘 지켜야 한다. 훈계가 네 생명이다.

2) 악한 길(14-17절)

"사악한 자의 길에 들어가지 말며 악인의 길로 다니지 말지어다(14절)." 사악한 자(the wicked)는 아주 간사스럽고 나쁜 사람을 말한다. 악인이라는 말이다. 그러니 악인들이 가는 곳에 가지 말고 그들의 행동을 본받지 말라는 것이다.

"그의 길을 피하고 지나가지 말며 돌이켜 떠나갈지어다(15절)." 너는 악한 길을 피하고 그들의 길로 가지 말며 돌아서라. 악인의 길에서 벗어나라는 말이다.

"그들은 악을 행하지 못하면 자지 못하며 사람을 넘어뜨리지 못하면 잠이 오지 아니하며(16절)." 악인들은 나쁜 짓을 하지 않으면 직성이 풀리지 않는다. 남을 해치지 않으면 잠이 오지 않는다. 이것은 악인의 타락이 극심함을 보여준다.

"불의의 떡을 먹으며 강포의 술을 마심이니라(17절)." 그들은 악의 빵(the bread of wickedness)을 먹고 폭력의 술(the wine of violence)을 마신다. 음식을 먹는 것처럼 죄가 생활의 일부가 되었다는 말이다. 16, 17절은 악한 자의 특성을 잘 드러내고 있다.

3) 각 길의 결과(18, 19절)

"의인의 길은 돋는 햇살 같아서 크게 빛나 한낮의 광명에 이르거니와(18절)." 올바른 사람의 앞길은 동틀 녘의 햇살 같아서 점점 밝아져 대낮처럼 환해진다. 돋는 햇살(the first gleam of dawn)은 새벽을 여는 첫 햇살처럼 밝고 맑은 상태를 말한다. 선한 인간의 삶을 극적으로 묘사하고 있다. 그 작은 햇살이 점점 크게 빛나 한 낮의 광명(the full light of day)에 이른다. 이것이 바로 의로운 자의 길이다.

"악인의 길은 어둠 같아서 그가 걸려 넘어져도 그것이 무엇인지 깨닫지 못하느니라(19절)." 이와 반대로 악인의 길은 캄캄한 어두움과 같아서 그들이 넘어져도 무엇에 걸려 넘어졌는지조차 알 수 없다. 이 구절은 요한복음 11:10, 12:35에 나타난 예수님의 가르침과 연결된다.

4) 네 마음을 지키라(20-23절)

"내 아들아 내 말에 주의하며 내가 말하는 것에 네 귀를 기울이라(20절)." 내가 하는 말에 귀를 기울이고 주의 깊게 들어라.

“그것을 네 눈에서 떠나게 하지 말며 네 마음속에 지키라(21절).” 이 말에서 한시도 눈을 떼지 말고, 너의 마음 속 깊이 잘 간직하여라.

“그것은 얻는 자에게 생명이 되며 그의 온 육체의 건강이 됨이니라(22절).” 내 말은 깨닫는 자에게 생명이 되고 온 몸에 건강이 된다.

“모든 지킬 만한 것 중에 더욱 네 마음을 지키라 생명의 근원이 이에서 남이니라(23절).” 그 무엇보다도 네 마음(your heart)을 지켜라. 여기서부터 생명의 샘(the wellspring of life)이 흘러나온다. 성경에서 마음은 감정, 명철, 분별, 묵상, 의지 등 여러 가지 의미로 사용된다. 사람의 마음을 지켜야 하는 이유는 악한 생각들이 마음에 스며들기 때문이다. 예수님께서는 사람이 마음에 가득한 것을 입으로 말한다 하셨다(눅 6:45).

5) 마음을 지키기 위해 주의해야 할 사항들(24-27절)

마음을 지키기 위해서는 다음 사항에 주의해야 한다.

첫째, “구부러진 말을 네 입에서 버리며 비뚤어진 말을 네 입술에서 멀리 하라(24절).” 왜곡된 말(perversity), 더럽고 추한 말은 네 입에서 없애 버리고, 부패한 말(corrupt talk), 거짓되고 잘못된 말은 입 밖에도 내지 말라. 하나님의 사람은 말도 달라야 한다는 것이다.

둘째, “네 눈은 바로 보며 네 눈꺼풀은 네 앞을 곧게 살펴(25절).” 눈으로는 앞만 똑바로 보고(look straight ahead), 시선은 앞으로만 곧게 두어라(fix your gaze directly). 시선을 다른 곳으로 돌리지 말라.

셋째, “네 발이 행할 길을 평탄하게 하며 네 모든 길을 든든히 하라(26절).” 발로 디디고 가야할 곳을 평탄하게 하라(make level paths). 네 걸음을 조심하고 무엇을 하든지 확실하게 하라. 디딜 곳을 잘 살펴라. 그러면 네 모든 길이 안전할 것이다.

끝으로, “좌로나 우로나 치우치지 말고 네 발을 악에서 떠나게 하라(27절).” 좌로든 우로든 빗나가지 말고, 악에서 네 발길을 끊어 버려라. 하나님의 자녀는 말하는 것, 보는 것, 행하는 것, 방향 모두에서 달라야 한다.

제5장

음녀의 위험과 부부사랑의 기쁨

1. 음녀의 위험(1-6절)

"내 아들아 내 지혜에 주의하며 내 명철에 네 귀를 기울여서(1절)." 지혜와 통찰력으로 가르치는 말을 잘 귀담아 들으라. '네 귀를 기울여서' 는 주의 깊게 듣고 마음을 집중하는 것을 말한다.

"근신을 지키며 네 입술로 지식을 지키도록 하라(2절)." 그래야 너를 보호할 슬기와 지식을 얻고 그것이 네 입술을 지켜줄 것이기 때문이다. '근신을 지키며 (maintain discretion)' 는 모든 일에 신중하게 하는 것을 말한다. 계속해서 신중함을 기하라는 것이다. '네 입술로 지식을 지키도록 하라(preserve knowledge)' 는 것은 네 말에 지식, 곧 지혜와 명철이 깃들여 있음을 보여 주라는 것이다.

"대저 음녀의 입술은 꿀을 떨어뜨리며 그의 입은 기름보다 미끄러우나(3절)." 음녀(adulteress)의 입술에선 꿀이 떨어진다. 그녀의 말은 꿀처럼 달고 매력적이다. 그의 입(speech)은 기름보다 미끄럽다. 악하고 거짓된 그의 말(가르침)이 아주 그럴듯하게 남을 속여 넘긴다. 이방 우상도 마찬가지다.

"나중은 쑥 같이 쓰고 두 날 가진 칼 같이 날카로우며(4절)." 그 끝은 쑥(gall), 곧 소태처럼 쓰고 양쪽에 날선 칼처럼 날카롭다. 쑥은 쓴 맛이 나는 고대 근동지방의 식물로 치료용 약제라기보다 독초로 여겨졌다. '쑥처럼 쓰다' 는 것은 비통함과 슬픔에 대한 비유적인 표현이다. 저주의 의미와 같다. '두 날 가진 칼 같이 날카롭다' 는 것은 날카로운 칼에 베어 고통을 당하게 될 것을 뜻한다. 음녀는 처음에는 아주 매력적이지만 결국 쓰라림과 고통만 남겨준다는 것이다.

"그의 발은 사지로 내려가며 그의 걸음은 스올로 나아가나니(5절)." 그 발은 죽음으로 내려가고 그 걸음은 지옥으로 향한다. 그런 여자는 지옥을 향해 죽음의 길을 치닫고 있다는 것이다. 종국은 죽음뿐이다.

"그는 생명의 평탄한 길을 찾지 못하며 자기 길이 든든하지 못하여도 그것을 깨닫지 못하느니라(6절)." 생명의 길에 대해서는 아랑곳하지 않는다(give no thought). 자기 길이 비뚤어져도 그것을 깨닫지 못한다. 어디로 가는지도 모르고 길을 헤맬 뿐이다. 그러니 음녀, 곧 이방신에게 마음을 쏟지 말라는 것이다.

2. 음행의 궁극적인 결과(7-14절)

7-14절은 음녀와의 음행에 대해 경고하는 말씀이다.

"그런즉 아들들아 나에게 들으며 내 입의 말을 버리지 말고(7절)." '내 아들들아' 라 하였다. 하나님의 자녀들을 향한 말씀이다. 이제 너희는 내가 하는 말을 잘 듣고 잊지 말라 한다.

"네 길을 그에게서 멀리 하라 그의 집 문에도 가까이 가지 말라(8절)." 네 길에서(to a path) 그 여자를 멀리 떨어져 있게(keep far from her) 하여라. 그 여자의 집 문 가까이에도 가지 말라. 이방신전 근처도 가지 말라.

"두렵건대 네 존영이 남에게 잃어버리게 되며 네 수한이 잔인한 자에게 빼앗기게 될까 하노라(9절)." 그렇지 않으면, 네가 쌓은 모든 영예가 다른 사람에게 넘어가고, 네 아까운 세월을 포학자들에게 빼앗길 것이다. 이 모든 영예를 잃은 뒤 후회하게 된다는 말이다. 존영은 지위가 높고 영화로움을 뜻하지만 여기에서는 젊었을 때의 최고의 정력과 힘(your best strength)을 상징한다. 그 때 영예도 쌓고 재산도 많이 모은다. 그 모두를 잃게 된다는 말이다. '네 수한' 은 그 젊은 시절을 말한다. 그것도 잔인하고 난폭한 사람에게 빼앗기게 된다. 잔인한 자가 누구인가에 대해서는 여러 의견이 있다. 음녀를 두고 돈을 긁어모으는 포주나 음녀의 남편 등 음녀의 측근, 사단, 이방신에 물든 자라는 주장도 있다.

"두렵건대 타인이 네 재물로 충족하게 되며 네 수고한 것이 외인의 집에 있게 될까 하노라(10절)." 다른 사람이 네 재산으로 배불리고 네 애쓴 보람이 엉뚱한 집에 돌아갈까 두렵다. 재물을 잃은 뒤에 후회한다는 말이다. 외인은 이방 여인이나 음녀를 뜻한다.

"두렵건대 마지막에 이르러 네 몸, 네 육체가 쇠약할 때에 네가 한탄하여(11절)." 살이 마르고 가죽만 남아 신세를 망치고 나서 이렇게 울부짖을 것이다. '네 육체가 쇠약할 때' 는 노년기로 볼 수도 있지만 오히려 육체가 병들어 못 쓰게 될 때를 가리킨다. 그 때 한탄한다. 이미 늦었다는 말이다.

"말하기를 내가 어찌하여 훈계를 싫어하며 내 마음이 꾸지람을 가벼이 여기고(12절)." 어쩌자고 내가 훈계를 싫어하고 꾸지람을 우습게 여겼을까. 음녀와 가까이 한 자는 영예를 잃고, 재산을 잃고, 육체가 병든 후에 후회하게 된다.

"내 선생의 목소리를 청종하지 아니하며 나를 가르치는 이에게 귀를 기울이지 아니하였던고(13절)." 그 때 왜 스승의 말씀을 좇지 아니하고 그 가르침에 귀를 기울이지 않았던고 비로소 후회하게 된다.

"많은 무리들이 모인 중에서 큰 악에 빠지게 되었노라 하게 될까 염려하노라(14절)." 기어이 이 모양이 되고 말았구나. 온 회중 앞에서 이런 변을 당하게 되었구나. 탄식하게 된다. '큰 악에 빠지게 되었노라' 는 큰 수치, 처절한 재난, 완전한 파멸 직전(brink of utter ruin)에 놓였다는 말이다. '많은 무리들이 모인 중' 은 일반적으로 이스라엘 사람들이 특정 목적을 위해 모인 집회, 재판을 위한 70명의 장로나 원로들의 모임 등을 가리킨다. 죄로 인해 모든 회중이 모인 자리에서 처벌받게 된 상태를 묘사한 것이다.

3. 부부간에 누릴 수 있는 사랑의 기쁨(15-20절)

"너는 네 우물에서 물을 마시며 네 샘에서 흐르는 물을 마시라(15절)." 너는 네 아내에게 성실하고 그녀만 사랑하라는 말이다. 우물이나 샘은 이스라엘 사람들의 생활이나 목축에서 꼭 필요한 것이어서 거의 모든 사람이 이것을 가지고 있었다. 그래서 이 단어를 아내를 빗대어 사용했다. 영적으로는 우상을 섬기지 말고 오직 하나님만을 사랑해야 한다는 것이다.

"어찌하여 네 샘물을 집 밖으로 넘치게 하며 네 도랑물을 거리로 흘러가게 하겠느냐(16절)." 어찌하여 네 샘을 바깥으로 흘려보내고 그 물줄기를 거리로 흘려보내느냐. 샘물과 도랑물은 정당한 결혼을 통해 얻은 자식을 뜻한다. 그러므로 이 구절은 네가 다른 여인에게 정을 주어 자식을 낳게 할 이유가 무엇이냐는 뜻을 가지고 있다.

"그 물이 네게만 있게 하고 타인과 더불어 그것을 나누지 말라(17절)." 그 물은 너 혼자만의 것으로 삼고, 다른 사람과 함께 마시지 마라. 네 자녀들의 행복을 다른 사람과 나누지 못하게 하라는 것이다. 합법적으로 맺어진 아내와 순결한 부부생활을 통해 순결한 혈통의 자식들이 태어나게 하라는 것이다. '그것' 은 자식을 의미한다. 순결한 사랑과 충실한 가정생활을 강조하고 있다.

"네 샘으로 복되게 하라 네가 젊어서 취한 아내를 즐거워하라(18절)." 네 샘이 복된 줄 알고, 네가 젊어서 맞은 아내와 더불어 즐겁게 살라. 샘은 아내를 가리키며, 복은 아내가 자식을 낳는 것을 말한다. '네 샘으로 복되게 하라' 는 것은 네 아내가 네 자식을 낳는 복을 받게 하라는 것이다. '아내를 즐거워하라' 는 것은 아내와의 관계에서 기쁨을 얻으라는 것이다.

"그는 사랑스러운 암사슴 같고 아름다운 암노루 같으니 너는 그의 품을 항상 족하게 여기며 그의 사랑을 항상 연모하라(19절)." 아내는 사랑스러운 암사슴, 아름다운 암노루와 같다. 그녀를 암사슴처럼 사랑스럽고 아름답게 여겨 그 품을 항상 만족하게 여기며 그녀의 사랑을 항상 사모하라. 암사슴, 암노루는 아내를 가리키는 말이다.

"내 아들아 어찌하여 음녀를 연모하겠으며 어찌하여 이방 계집의 가슴을 안겠느냐(20절)." 네가 무엇 때문에 음란한 여자에게 정을 주어야 하며 남의 아내 가슴을 안아야 하겠느냐. 영적으로는 이방우상에 혹할 이유가 없다는 말이다.

4. 하나님은 죄를 심판하신다(21-23절)

"대저 사람의 길은 여호와의 눈앞에 있나니 그가 그 사람의 모든 길을 평탄하게 하시느니라(21절)." 하나님은 사람이 하는 일을 다 지켜보시므로 네가 무엇을 하든지 다 알고 계신다. 사람의 발자국 하나하나 살피시니 사람의 일이 그의 눈길에서 벗어날 수 없다. '여호와의 눈 앞(full view of the LORD)' 은 하나님은 사람의 모든 행위를 아신다는 뜻이다. '평탄케 하신다' 는 것은 '감찰하신다(examine)' 는 뜻이다.

"악인은 자기의 악에 걸리며 그 죄의 줄에 매이나니(22절)." 악인은 자기 악에 스스로 걸려 넘어진다(ensnare him). 제 잘못에 걸린다. 그리고 자기 죄의 줄(the cords of his sin), 곧 제 죄의 올무에 자기가 곧 얽매이게 된다(hold him fast).

"그는 훈계를 받지 아니함으로 말미암아 죽겠고 심히 미련함으로 말미암아 혼미하게 되느니라(23절)." 그런 사람은 진리의 교훈을 듣지 않으므로 죽을 것이고 너무 어리석은 탓에 길을 잃고 방황할 것이다. 교훈을 받지 않아 죽게 되고 너무나 어리석어 망하게 된다는 말이다. 두려운 결말로 끝이 날 것이라는 말씀이다. 하나님은 죄를 심판하신다.

제6장

보증, 게으름, 불량행동, 음행에 대한 경계

1. 보증에 대한 경계(1-5절)

솔로몬은 사람을 가난하게 만드는 두 가지 일, 곧 채무보증을 서는 일과 게으른 생활에 대해 경고했다. 이 단락은 채무 보증에 관한 것이다.

"내 아들아 네가 만일 이웃을 위하여 담보하며 타인을 위하여 보증하였으면(1절)." 이웃을 위해 담보물(security)을 잡히고 다른 사람의 빚보증(pledge)을 선 경우에 대한 경고다. 이스라엘 민족의 경우 돈을 빌리는 것은 동족을 돕기 위한 것이지 오늘날처럼 이자를 받기 위한 것이 아니었다. 책임질 의무가 없는 사람을 위해 채무보증, 곧 담보를 서거나 남의 보증을 서지 말라는 것이다.

"네 입의 말로 네가 얽혔으며 네 입의 말로 인하여 잡히게 되었느니라(1, 2절)." 네가 한 말에 네가 걸려들고 네가 한 약속에 네가 얽매이게 되었다. 채무보증을 한 것은 자신이 한 말로 함정에 빠진 것과 같다.

"내 아들아 네가 네 이웃의 손에 빠졌은즉 이같이 하라 너는 곧 가서 겸손히 네 이웃에게 간구하여 스스로 구원하되(3절)." 그렇게 하면 네 이웃의 손아귀(your neighbor's hands)에 걸려든 것이다. 그의 처분에 맡겨질 수밖에 없다. 그러므로 속히 그 이웃에게 가서 겸손한 태도로 간청(your plea)하여 보증 선 것을 취소시켜 달라 부탁하여 가능한 한 거기에서 벗어나도록 하라. 자존심일랑 버리고 끈덕지게 간청하라는 말이다.

"네 눈을 잠들게 하지 말며 눈꺼풀을 감기게 하지 말고(4절)." 너는 그 일을 미루지 말며 그 문제를 해결할 때까지 잠을 자거나 긴장을 풀지 말라. 잠잘 궁리도 말고 눈 붙일 생각도 말라는 것이다.

"노루가 사냥꾼의 손에서 벗어나는 것 같이, 새가 그물 치는 자의 손에서 벗어나는 것 같이 스스로 구원하라(5절)." 산양이 사냥꾼 손에서 달아나듯, 새가 함정에서 빠져 나가듯 벗어나라. 큰 곤경에 빠지기 전에 무마시켜 채무의무를 벗어나야 한다는 것이다. 그만큼 급박한 일이다. 곧 그 지경에 빠질 것이니 스스로 책임질 의도가 없는 한 절대로 남의 채무보증을 서서는 안 된다는 말이다.

2. 게으름에 대한 경계(6-11절)

"게으른 자여 개미에게 가서 그가 하는 것을 보고 지혜를 얻으라(6절)." 게으른 자는 가난해질 수밖에 없다. 따라서 개미에게 가서 그 사는 모습을 보고 지혜를 깨쳐야 한다.

"개미는 두령도 없고 감독자도 없고 통치자도 없으되(7절)." 개미는 우두머리(commander)도 없고 지휘관(overseer)도 없고 감독관(ruler)이 없다.

"먹을 것을 여름 동안에 예비하며 추수 때에 양식을 모으느니라(8절)." 지휘관이 없어도 여름 동안 부지런히 일하여 양식을 장만하고 추수 때 겨울 철에 먹을 양식을 모은다.

"게으른 자여 네가 어느 때까지 누워 있겠느냐 네가 어느 때에 잠이 깨어 일어나겠느냐(9절)." 그런데 게으른 자는 잠만 자고 있다. 언제까지 잠만 자겠는가. 언제 잠에서 깨어 일어나겠는가. 게으른 사람은 잠을 즐긴다. "문짝이 돌쩌귀를 따라서 도는 것 같이 게으른 자는 침상에서 도느니라(잠 26:14)."

"좀 더 자자, 좀 더 졸자, 손을 모으고 좀 더 누워 있자 하면(10절)." 게으른 자는 조금만 더 자자, 조금만 더 눈을 붙이자, 조금만 더 손을 놓고 쉬자 한다.

"네 빈궁(poverty)이 강도 같이 오며 네 곤핍(scarcity)이 군사 같이 이르리라(11절)." 네가 자는 동안에 가난이 강도(bandit)같이 너에게 들이닥칠 것이다. 빈곤이 방패로 무장한 용사(an armed man)처럼 달려들 것이다.

3. 불량 행동에 대한 경계(12-15절)

이 단락은 남을 속이고 분쟁을 일삼는 사람들의 행동을 경계하는 말씀이다.

"불량하고 악한 자는 구부러진 말을 하고 다니며(12절)." 불량하고 악한 자(a scoundrel and villain)는 거짓말만 하고 돌아다닌다. 불량하고 악한 자는 불량배, 협잡꾼들, 건달, 악인들이다. 하나님에게서 멀리 떠난 배교자로 보기도 한다. 그들은 구부러진 말, 곧 부패한 입술(corrupt mouth)을 가지고 있어서 그릇된 말, 거짓말이나 하며 돌아다닌다.

"눈짓을 하며 발로 뜻을 보이며 손가락질을 하며(13절)." 남을 속이려고 눈짓, 손짓, 발짓을 한다. 서로 눈짓을 하고 손짓, 발짓으로 신호를 해대는 모습은 온갖 수단과 방법을 동원한다는 것을 말해준다.

"그의 마음에 패역을 품으며 항상 악을 꾀하여 다툼을 일으키는 자라(14절)." 마음은 패역(deceit), 곧 비뚤어지고 잘못되어 항상 악한 음모를 꾸미며 어디를 가나 말썽만 일으킨다.

"그러므로 그의 재앙이 갑자기 내려 당장에 멸망하여 살릴 길이 없으리라(15절)." 결국 갑자기 닥쳐오는 재앙을 만나, 순식간에 망하고, 회복되지 못한다. 결국은 패망이라는 말이다. 패역의 죄 값은 피할 수 없다. 그것은 점진적인 죽음이 아니라 급진적인 죽음이다. 배교자는 하나님의 심판을 면할 수 없다.

4. 하나님이 미워하시는 일곱 가지 죄(16-19절)

"여호와께서 미워하시는 것 곧 그의 마음에 싫어하시는 것이 예닐곱 가지이니(16절)." 하나님께서 미워하고 싫어하는 것이 여섯, 일곱 가지가 있다. 한두 가지, 서너 가지, 너댓 가지 등은 시가서에서 종종 나타난다. 이런 표현을 사용하는 것은 마지막 항목을 강조하기 위한 뜻도 담겨 있다. 여기서는 일곱 가지를 들었다. '칠' 은 완전을 의미하는 수로, 일곱 가지 죄악을 특정하고 있지만 '모든 죄를 다 종합한 죄' 라는 뜻을 담고 있다.

"곧 교만한 눈과 거짓된 혀와 무죄한 자의 피를 흘리는 손과(17절)." 17절에는 교만한 눈(haughty eyes), 거짓말하는 혀(lying tongue), 죄 없는 자를 무고하게 죽이는 손(hands that shed innocent blood) 세 가지가 먼저 제시되었다.

"악한 계교를 꾀하는 마음과 빨리 악으로 달려가는 발과(18절)." 그 다음 악한 계획을 세우는 마음(a heart that devises wicked schemes)과 악을 행하려고 빨리 달려가는 발(feet that are quick to rush into evil)이다.

"거짓을 말하는 망령된 증인과 및 형제 사이를 이간하는 자이니라(19절)." 그리고 거짓말을 토하는 거짓 증인(false witness)과 형제 사이에 이간을 붙이는 자(man who stirs up dissension among brothers)이다. 잠언은 이웃을 해하고자 거짓 증거 하는 것을 자주 정죄하고 있다.

우리는 이 가르침에 따라 마음을 지키고 입술을 조심하며 눈과 발을 바르게 사용하여 하나님이 미워하고 싫어하시는 것을 피해야 한다.

5. 음행에 대한 경고(20-35절)

"내 아들아 네 아비의 명령을 지키며 네 어미의 법을 떠나지 말고(20절)." 아비의 훈계를 지키고 어미의 가르침을 저버리지 말라. 하나님이 주신 생명의 말씀을 잊지 말라는 것이다.

"그것을 항상 네 마음에 새기며 네 목에 매라(21절)." 그 말을 언제나 네 가슴에 달아두고 네 목에 걸어두라. 마음에 새기고 깊이 간직하라는 것이다.

"그것이 네가 다닐 때에 너를 인도하며 네가 잘 때에 너를 보호하며 네가 깰 때에 너와 더불어 말하리니(22절)." 네가 어디로 가든지 가는 곳마다 너를 이끌어 준다. 자리에 누우면 너를 보살펴 준다. 그리고 눈을 뜨면 말동무가 되어준다. 다닐 때에는 너를 인도하고, 밤에는 너를 보호하며, 낮에는 너에게 조언을 해 줄 것이라는 말이다.

"대저 명령은 등불이요 법은 빛이요 훈계의 책망은 곧 생명의 길이라(23절)." '대저'는 '왜냐하면'이라는 뜻으로, 앞 구절, 곧 20-22절에 대한 이유를 설명하기 위한 것이다. 그 훈계는 등불(a lamp)이 되고 그 가르침은 빛(a light)이 되며 교육적인 책망은 생명의 길이 되기 때문이다. 지혜의 훈계를 받아들이는 사람은 생명의 길(the way to life)로 나아갈 수 있다. 그러나 그 훈계를 미워하는 사람은 죽음의 길로 나아가게 된다.

"이것이 너를 지켜 악한 여인에게, 이방 여인의 혀로 호리는 말에 빠지지 않게 하리라(24절)." 이것이 음녀(immoral woman)에게 빠지지 않게 지켜주고 외간 여자(wayward wife)의 꾐에 걸려들지 않게 해준다. 악한 여인이나 이방 여인 모두 음녀를 가리킨다. 이것이 너를 지켜 음란한 여자들의 유혹에 빠지지 않게 할 것이란 말이다.

"네 마음에 그의 아름다움을 탐하지 말며 그 눈꺼풀에 홀리지 말라(25절)." 그런 여인의 아름다움을 탐내지 말고 그 눈짓에도 걸려들지 마라. '눈꺼풀(her eyelids)'은 음란한 눈짓을 가리킨다. 솔로몬은 25절부터 35절까지 육욕에 빠지지 않도록 경고하고 그 이유를 설명하였다.

"음녀로 말미암아 사람이 한 조각 떡만 남게 됨이며 음란한 여인은 귀한 생명을 사냥함이니라(26절)." 음란한 여자는 사람의 재산뿐 아니라 사람의 귀중한 생명까지 도둑질해 간다. '한 조각 떡(a loaf of bread)'은 음녀에게 빠져 거지신세가 된다는 말이다. 음란한 여인은 성적 관계가 난잡한 유부녀로, 다른 곳에서는 창기로도 표현되어 있다. 그 여인은 귀한 생명, 곧 바로 네 생명(your very life)까지도 먹이로 삼는다.

"사람이 불을 품에 품고서야 어찌 그의 옷이 타지 아니하겠으며(27절)." 사람이 옷을 태우지 않고 어떻게 불을 품에 품고 다닐 수 있겠는가. 유부녀와 간통하는 것은 불장난을 하는 것과 같다는 말이다.

"사람이 숯불을 밟고서야 어찌 그의 발이 데지 아니하겠느냐(28절)." 발을 데지 않고 어떻게 숯불을 밟겠느냐. 결국 해를 받게 된다는 말이다.

"남의 아내와 통간하는 자도 이와 같을 것이라 그를 만지는 자마다 벌을 면하지 못하리라(29절)." 이와 마찬가지로 남의 아내와 간통하는 자도 그리 된다. 남의 아내를 건드리는 자가 무사할 리 없다.

“도둑이 만일 주릴 때에 배를 채우려고 도둑질하면 사람이 그를 멸시하지는 아니하려니와(30절).” 허기진 배를 채우려고 훔쳤다 해도 남의 것을 훔쳤으면 욕을 보게 마련이다. 들키면 자기 죄에 대해 충분한 벌금을 내야 했다.

“들키면 칠 배를 갚아야 하리니 심지어 자기 집에 있는 것을 다 내주게 되리라(31절).” 만일 훔치다 들키면 일곱 갑절, 아니 집에 있는 재물을 다 털어 갚아야 한다. 출애굽기 22:1-4에는 2, 4, 5배를 갚도록 했다. 도적질에 대해서는 그 배상으로 다섯 배 이상 요구하지 않는다. 그런데 여기서 칠 배의 칠은 상징적인 수로 완전한 지불을 해야 한다는 것을 보여준다. 도적질에 대한 형벌이 심하다고 하지만 간음죄에 비하면 아무것도 아니라는 말이다. 다른 사람의 아내를 ‘훔치는’ 행위는 용서받을 수 없다.

“여인과 간음하는 자는 무지한 자라 이것을 행하는 자는 자기의 영혼을 망하게 하며(32절).” 이처럼 남의 아내와 간통하는 것은 미련한 짓이다. 간음하는 사람은 그 죄의 형벌을 알면서 죄를 범하기 때문에 어리석은 짓이다. 남의 아내를 범하는 것은 자기 영혼을 망하게 한다. 여기서 영혼은 육체적 생명뿐 아니라 도덕적, 영적 생명까지 포함한다. 이스라엘에서 간통은 사형에 처해질 만큼 중죄이다(레 20:10, 신 22:21-24). 간통은 자살 행위나 다름없고, 자기의 모든 것을 잃게 한다는 말이다.

“상함과 능욕을 받고 부끄러움을 씻을 수 없게 되나니(33절).” 간음한 자는 맞아 터지고 멸시를 받으며 씻을 수 없는 수모를 받게 된다. 대중 앞에서 심하게 얻어맞고 온갖 치욕을 당하게 된다.

“남편이 투기로 분노하여 원수 갚는 날에 용서하지 아니하고(34절).” 그 남편이 질투에 불타 앙갚음하는 날엔 조금도 사정을 봐주지 않을 것이다. 원수 ‘갚는 날’ 은 사적인 보복과 법적인 보복 모두를 포함하고 있다.

“어떤 보상도 받지 아니하며 많은 선물을 줄지라도 듣지 아니하리라(35절).” 어떤 보상을 준다 해도 거들떠보지 않을 것이고, 아무리 많은 위자료를 주어도 화를 풀지 않을 것이다. 여자의 남편에게 돈을 주어 무마시키려 해도 아무 소용이 없다는 말이다. ‘보상(koper, ransom)’ 은 배상금(compensation)을 뜻하고, 선물(sohad, gifts)은 뇌물(bribe)로 벌을 면하기 위한 돈을 뜻한다.

제7장

음녀의 유혹에 빠지지 말라

1. 지혜와 명철이 너를 음녀에게 빠지지 않게 하리라(1-5절)

이 단락에서는 음녀에게 빠지지 않기 위해 무엇보다 지혜와 명철을 가까이 하도록 했다.

"내 아들아 내 말을 지키며 내 계명을 간직하라(1절)." 음행을 경계하기 전에 아비의 말을 지키며 아비의 교훈을 잘 간직하도록 했다.

"내 계명을 지켜 살며 내 법을 네 눈동자처럼 지키라(2절)." 내 명령을 지켜라. 그러면 네가 살 것이다. 나의 가르침을 네 눈동자처럼 지키라. 눈동자(apple of your eye)는 귀중한 것을 가리킨다. 여기서는 중심, 핵심 등의 의미를 가지고 있다. 가장 삶의 중심 되는 법과 계명을 지키라는 것이다.

"이것을 네 손가락에 매며 이것을 네 마음 판에 새기라(3절)." 그것을 네 손가락에 매고 네 마음속에 새겨두어라. 이스라엘 사람들은 이 구절을 문자적으로 지켜 양피지 조각들로 성구함(작은 가죽상자)을 만들어 그 함을 가죽 줄에 연결해 손과 이마에 매고 다녔다. 이것을 '테필린(tefillin)' 이라 한다. 하지만 이 말씀은 모든 행실에 있어서 주의 교훈이 삶을 지배하도록 하라는 것이다.

"지혜에게 너는 내 누이라 하며 명철에게 너는 내 친족이라 하라(4절)." 지혜에게는 '너는 내 누이(my sister)' 라 말하고, 명철에게는 '너는 내 친척(kinswoman)' 라고 불러라. 공동번역에서는 '지혜를 네 신부로 삼고 슬기를 네 애인이라 불러라' 했다. 친족은 히브리어로 '모다(moda)' 로 친한 친구, 친척을 뜻한다. 지혜와 명철을 의인화 하면서 이것과 가까이 하고 신뢰하며 아껴야 한다는 것이다. 이것은 지혜와 명철이 인간과 아주 밀접한 관계가 있음을 말해준다.

"그리하면 이것이 너를 지켜서 음녀에게, 말로 호리는 이방 여인에게 빠지지 않게 하리라(5절)." 그래야 지혜가 너를 창녀에게 빠지지 않도록 지켜주고, 달콤한 말(seductive words)로 호리는 외간 여자의 유혹에 걸려들지 않게 해준다. 이것이 너를 지켜 음란한 여자들의 유혹에 빠지지 않게 한다는 말이다.

2. 음녀를 경계하라(6-23절)

솔로몬은 여인에게 유혹 당하는 과정을 생생하게 이야기 식으로 묘사하면서 여인의 이런 함정에 빠지지 말 것을 간곡히 훈계한다.

"내가 내 집 들창으로, 살창으로 내다보다가(6절)." 나는, 나의 집 창(window)가에서 창살문(lattice)으로 내다보고 있었다. 집의 창문을 통해 유혹하고, 유혹당하는 장면을 보았다는 것이다.

"어리석은 자 중에, 젊은이 가운데에 한 지혜 없는 자를 보았노라(7절)." 어리석은 자(the simple)들을 자주 보았다. 그런데 어수룩한 젊은이들 가운데 지혜가 없는 한 젊은이를 보았다. 특별히 지각없는 청년을 주목해 보았다는 말이다.

"그가 거리를 지나 음녀의 골목 모퉁이로 가까이 하여 그의 집 쪽으로 가는데(8절)." 그는 음란한 여자가 살고 있는 집 모퉁이가 있는 거리를 따라 걷고 있었다. 그녀의 집 쪽으로 발걸음을 옮기고 있었다. 그녀의 집을 목표로 간 것이라기보다 그 주변을 서성였다는 말이다.

"저물 때, 황혼 때, 깊은 밤 흑암 중에라(9절)." 저녁이 되어 땅거미가 지고, 밤이 되어 어두워진 때였다. 어둠은 크게 황혼, 저녁, 밤, 흑암 등 네 단계로 나누어지는데, 흑암(the dark of night)은 한 밤중을 가리킨다.

"그 때에 기생의 옷을 입은 간교한 여인이 그를 맞으니(10절)." 그 때 기생처럼 예쁘게 차려 입은 여자가 교활한 마음을 품고 그를 맞으러 나왔다. 19, 20절을 볼 때 '기생의 옷을 입은 간교한 여인' 은 남편이 있는 유부녀다. '간교한(with crafty intent)' 은 숨은 마음을 가졌음을 뜻한다. 자신의 육체적 만족을 위해 만나는 사람마다 사랑하고 아끼는 척 하지만 속마음은 다른 곳에 있다. 현혹하는 말과 행동으로 자기의 속마음을 숨긴다. 영적으로 볼 때 이것은 이방 신앙과 거짓된 가르침을 빗댄 표현이다.

"이 여인은 떠들며 완악하며 그의 발이 집에 머물지 아니하여(11절)." 그 여자는 마구 떠들며, 예의 없이 굴며, 발이 집에 머물러 있지를 못한다. '완악하며(defiant)' 는 멍에 메지 않은 짐승처럼 제어할 수 없음을 말한다. 집에 붙어 있지 않고 제멋대로 돌아다닌다.

"어떤 때에는 거리, 어떤 때에는 광장 또 모퉁이마다 서서 사람을 기다리는 자라(12절)." 어떤 때는 길거리에서, 어떤 때는 광장에서, 어떤 때는 길 이 모퉁이 저 모퉁이에 서서 남자를 기다린다. 남자를 유혹하기 위해서다. 창녀와 같다는 말이다.

"그 여인이 그를 붙잡고 그에게 입 맞추며 부끄러움을 모르는 얼굴로 그에게 말하되(13절)." 그 여자가 젊은이를 와락 붙잡고 입을 맞추며 부끄러운 줄도 모르고 아주 뻔뻔스러운 얼굴로 그에게 말한다. '부끄러움을 모르는 얼굴로(with a brazen face)' 은 외식하면서도 전혀 양심의 가책을 느끼지 못한다는 것이다.

"내가 화목제를 드려 서원한 것을 오늘 갚았노라(14절)." 나는 오늘 서원에 따른 화목제(peace offerings, fellowship offerings)를 드리고 내가 서약한 것을 다 갚았다. 화목제의 희생의 고기는 제사 드리는 그 날 먹어야 한다. 그러나 서원하며 드린 희생의 고기는 이튿날까지 먹을 수 있다(레 7:12-16). 이 여자는 서원에 따른 화목제를 드려 희생의 고기가 많이 남아있다고 말하면서 자기 집에 가서 같이 먹자고 유혹하고 있다.

"이러므로 내가 너를 맞으려고 나와 네 얼굴을 찾다가 너를 만났도다(15절)." 그래서 나는 당신을 맞으러 나왔고 당신을 애타게 찾다가 이렇게 만나게 되었다. 마침 잘 만났다는 말이다.

"내 침상에는 요와 애굽의 무늬 있는 이불을 폈고(16절)." 내 침대에는 요도 깔아 놓았고 이집트에서 만든 여러 색깔의 무늬 있는 이불(fine linen)도 펴놓았다.

"몰약과 침향과 계피를 뿌렸노라(17절)." 누울 자리에는 몰약과 침향과 육계향 등 각 가지 향료도 뿌려 두었다. 몰약(myrrh)은 아라비아 산 나무에서 추출한 진액으로 상쾌한 향기를 낸다. 침향(aloes)은 향료로 쓰이는 물질이다. 계피(cinnamon)는 계수나무의 얇은 껍질로 향기가 있다.

"오라 우리가 아침까지 흡족하게 서로 사랑하며 사랑함으로 희락하자(18절)." 어서 가서 아침이 되도록 한껏 사랑에 빠지고, 서로 사랑하면서 즐기자. 동침할 것을 제의하는 말이다.

"남편은 집을 떠나 먼 길을 갔는데(19절)." 남편도 사업차 먼 여행길을 떠나서 집에 없다. 원문에는 남편이라는 단어보다 '그 사람(he)' 이라 했다. 남편을 무시하는 말이다.

"은 주머니를 가졌은즉 보름날에나 집에 돌아오리라 하여(20절)." 돈주머니에 돈을 많이 가지고 갔으니, 보름달(full moon)까지는 집에 돌아오지 않을 것이다. 안심시키며 유혹하는 말이다.

"여러 가지 고운 말로 유혹하며 입술의 호리는 말로 꾀므로(21절)." 이렇게 여러 가지 달콤한 말, 곧 설득하는 말(persuasive words)로 유혹하고 호리는 말(smooth talk)로 꾀었다. 쾌락으로 이끄는 자의 유혹은 달콤해 넘어가기 쉽다. 육신의 욕망과 세상의 쾌락은 언제나 어리석은 자를 삼키려 한다.

"젊은이가 곧 그를 따랐으니 소가 도수장으로 가는 것 같고 미련한 자가 벌을 받으려고 쇠사슬에 매이러 가는 것과 같도다(22절)." 그는 선뜻 이 여자의 뒤를 따라 나섰다. 그는 마치 도살장으로 끌려가는 소와도 같았고, 사슴이 올가미 속으로 뛰어 드는 것 같았다. 미련한 자는 말 못하는 짐승처럼 아무 반항 없이 멸망의 길로 따라간다. 어리석기 그지없는 사람이라는 말이다.

"필경은 화살이 그 간을 뚫게 되리라 새가 빨리 그물로 들어가되 그의 생명을 잃어버릴 줄을 알지 못함과 같으니라(23절)." 마치 자기 목숨을 잃는 줄도 모르고 그물 속으로 쏜살같이 날아드는 새와 같으니, 결국 화살이 그의 간을 꿰뚫을 것이다. 위험이 곧 닥친다는 말이다.

3. 성적 유혹을 피하는 길(24-27절)

“이제 아들들아 내 말을 듣고 내 입의 말에 주의하라(24절).” 솔로몬은 음녀의 유혹과 어리석은 자의 모습을 적나라하게 소개한 뒤 자신의 말에 명심하도록 한다. 그는 음녀의 위험에서 벗어날 수 있는 세 가지 방법을 제시한다.

“네 마음이 음녀의 길로 치우치지 말며 그 길에 미혹되지 말지어다(25절).” 첫째는 네 마음이 그 여자가 가는 길로 기울지 않게 하라. 동요하지 않도록 마음을 지키라는 것이다. 둘째, 그 여자가 가는 길로 빠져 들지 않게 하라. 음녀에게서 멀리 떨어지라는 것이다.

“대저 그가 많은 사람을 상하여 엎드러지게 하였나니 그에게 죽은 자가 허다하니라(26절).” 셋째는 음녀를 보기 전에 사망이 이르는 음행의 결과를 보라는 것이다. 이 내용이 26, 27절에 담겨 있다. 그 여자에게 상처를 입고 쓰러진 사람이 많고, 그 여자 때문에 죽은 남자도 헤아릴 수 없이 많다. 수많은 시체들로 뒤덮여 있는 전쟁터와 같다.

“그의 집은 스올의 길이라 사망의 방으로 내려가느니라(27절).” 그런 여자의 집은 스올로 트인 길, 곧 무덤으로 가는 고속도로이고 죽음의 안방(the chambers of death)으로 내려가는 길이다. 음행을 저지른 사람은 여인의 남편에 의해 살해될 수도 있고 재산의 탕진이나 병, 죄책감 등 여러 이유로 죽게 될 수 있기 때문이다.

제8장

지혜가 너희를 부른다

1. 지혜는 모든 사람에게 필요하다(1-5절)

“지혜가 부르지 아니하느냐 명철이 소리를 높이지 아니하느냐(1절).” 지혜와 명철을 의인화시켜 보다 강렬한 설득을 하고 있다. 지혜가 우리를 부르고 총명이 소리를 높인다.

“그가 길 가의 높은 곳과 네거리에 서며 성문 곁과 문어귀와 여러 출입하는 문에서 불러 이르되(2, 3절).” 지혜가 길가의 높은 언덕, 곧 도시의 중앙과 사거리와 성문 입구와 여러 출입문 곁에 서서 외친다. 성의 안쪽뿐 아니라 성으로 들고 나가는 모든 사람들을 향해 말한다. 음녀는 어두운 곳에서 은밀하게 사람을 꾀지만 지혜는 사람의 이목이 집중되는 곳에서 당당하고 자신 있게 사람을 부른다.

“사람들아 내가 너희를 부르며 내가 인자들에게 소리를 높이노라(4절).” 사람들아, 내가 너희 를 부르며 모든 사람들에게 외쳐 말한다. ‘사람들아’ 의 사람들은 높은 지위에 있는 특정한 사람들을 가리키고, ‘인자들’ 은 사람들의 아들들(the sons of men)로 일반 대중, 곧 모든 사람들(all mankind)을 가리킨다. 지혜는 지위의 높낮이와 관계없이 모두를 초청한다는 말이다.

“어리석은 자들아 너희는 명철할지니라 미련한 자들아 너희는 마음이 밝을지니라(5절).” 어리석은 자들(naive ones)은 분별력을 얻고, 미련한 자들(fools)은 지혜를 이해하고 사리에 밝은 자가 되라. 지혜는 모두에게 필요한 것이지만 특별히 어리석고 미련한 자들에게는 절실하게 요청된다. 그래서 지혜는 이들을 더 부르고 초청한다.

2. 지혜는 악을 미워한다(6-13절)

“너희는 들을 지어다 내가 가장 선한 것을 말하리라 내 입술을 열어 정직을 내리라(6절).” 너희는 내 말을 들어라. 내가 아주 고귀한 것을 너희에게 말하겠다. 내가 하는 말은 다 옳은 것이다. 지혜는 곧은 말만 하고 바른 소리만 입 밖에 낸다는 것이다. 선한 것은 문자적으로 ‘왕자다운 것’ 으로 고귀하고 가치 있는 것(worthy things)을, 정직은 옳은 것(what is right)을 뜻한다.

“내 입은 진리를 말하며 내 입술은 악을 미워하느니라(7절).” 내 입은 진실(what is true)을 말하고, 내 입술은 악(wickedness)을 미워한다. 내 혀는 그른 소리를 꺼려한다.

“내 입의 말은 다 의로운즉 그 가운데에 굽은 것과 패역한 것이 없나니(8절).” 내 입에서 나오는 말은 모두 옳은 말일뿐, 내 말엔 잘못이나 거짓이 없다. 굽은(crooked) 것은 비뚤어진 것, 패역한(perverse) 것은 그릇된 것을 뜻한다. 지혜의 말은 모두 건전하고 참되며 하나도 잘못되었거나 악한 것이 없다는 말이다.

“이는 다 총명 있는 자가 밝히 아는 바요 지식 얻은 자가 정직하게 여기는 바니라(9절).” 총명이 있는 사람(the discerning)은 지혜의 말들이 옳다는 것을 밝히 안다. 또한 지식이 있는 사람은 이 모든 말이 흠이 없음(faultless)을 안다. 지혜의 모든 말을 인정한다는 말이다.

“너희가 은을 받지 말고 나의 훈계를 받으며 정금보다 지식을 얻으라(10절).” 네가 받아야 할 것은 은이 아니라 내 교훈이고 순금이 아니라 지식이다. 지혜는 은이나 금보다 귀하다는 말이다.

“대저 지혜는 진주보다 나으므로 원하는 모든 것을 이에 비교할 수 없음이니라(11절).” 지혜는 진주보다 좋으며, 네가 갖고 싶어 하는 그 어떤 것도 이것과 비교할 수 없다. 지혜의 가치가 물질적인 것, 땅의 그 어떤 것보다 뛰어나다는 것이다. 세상의 그 어느 것과 비교할 수 없을 만큼 가치가 크다는 말이다. 지혜는 비교불가의 가치가 있다.

“나 지혜는 명철로 주소를 삼으며 지식과 근신을 찾아 얻나니(12절).” 나 지혜는 명철과 한 집에서 살고 있다. 지식과 분별력을 얻어 뜻을 세워나가려면 나에게 오라는 말이다. 그러면 어리석은 자도 슬기롭게 된다.

"여호와를 경외하는 것은 악을 미워하는 것이라 나는 교만과 거만과 악한 행실과 패역한 입을 미워하느니라(13절)." 하나님을 경외하는 것은 악을 미워하는 것이다. 나는 교만과 오만, 악한 행동과 거짓된 입을 미워한다. 지혜로운 사람은 하나님을 경외한다.

3. 지혜는 통치의 열쇠다(14-21절)

"내게는 계략과 참 지식이 있으며 나는 명철이라 내게 능력이 있으므로(14절)." 나, 곧 지혜에게는 좋은 계략과 바른 판단력이 있고 예지와 능력이 있다. 계략(esha, counsel)은 상담, 충고, 조언의 뜻을 가지고 있다. 기묘한 방책이다, 계략은 참 지식, 명철 등과 함께 메시야적인 왕이 가진 능력을 나타낸다. 지혜는 왕에게 이 능력을 주며, 왕은 이 능력을 받아 공의와 정직으로 통치하게 된다(사 11:2-4). 지혜는 여호와 하나님과 여호와의 신, 곧 지혜와 총명의 신, 모략과 재능의 신과 직결된다.

"나로 말미암아 왕들이 치리하며 방백들이 공의를 세우며(15절)." 왕들이 옳게 다스리고 고관들이 바른 명령을 내리려면 나, 지혜의 도움을 받아야 한다. 왕들은 지혜의 가르침을 통해 세상을 다스리고 통치자들은 의로운 법을 만든다. 일반 사람들도 일상의 삶에 지혜가 필요하지만 통치자인 왕도 나라를 다스림에 있어서 지혜가 필요하다는 말이다. 지혜가 부족하면 공정한 법률도 제정하지 못한다.

"나로 말미암아 재상과 존귀한 자 곧 모든 의로운 재판관들이 다스리느니라(16절)." 내 도움으로 지도자들이 바르게 다스리고, 고관들 곧 공의로 재판하는 자들도 올바른 판결을 내린다. 통치자는 하나님이 주시는 지혜를 통해 백성들을 잘 다스릴 수 있다.

"나를 사랑하는 자들이 나의 사랑을 입으며 나를 간절히 찾는 자가 나를 만날 것이니라(17절)." 나는, 나를 사랑하는 사람을 사랑하며, 나를 간절히 찾는 사람을 만나 준다. '나를 사랑하는 자들이 나의 사랑을 입으며' 는 지혜를 얻음으로 여러 가지 유익을 얻는다는 말이다. 우리는 하나님의 사랑, 곧 하나님의 은혜로 살아간다. 공기뿐 아니라 살아갈 수 있는 지혜와 분별력을 주셨기 때문에 가능하다.

"부귀가 내게 있고 장구한 재물과 공의도 그러하니라(18절)." 부귀(riches)와 영화(honor)도 내게 있으며, 든든한 재물과 의도 내게 있다. 장구한 재물(enduring wealth)은 오랫동안 쌓여 온 보물을 말하고, 공의는 하나님이 주신 번영(prosperity)을 뜻한다. 이 모두 지혜가 주는 상급이다.

"내 열매는 금이나 정금보다 나으며 내 소득은 순은보다 나으니라(19절)." 여기서 열매(fruit)는 지혜를 얻게 되는 결실을 말한다. 지혜를 생명나무로 비유되기도 하는 데(잠 3:18) 여기서는 그 열매로 보았다. 지혜에게서 얻는 열매가 금이나 순금(fine gold)보다 좋고 그것에서 거두는 소출은 순은(choice silver)보다 좋다. 지혜가 주는 것은 순금이나 순은보다 낫다는 말이다.

"나는 정의로운 길로 행하며 공의로운 길 가운데로 다니나니(20절)." 지혜는 의로운 길(the way of righteousness)로 가고 공정한 길(the paths of justice)을 따라 걷는다. 공의는 법정에서 선고를 내릴 때 공정성을 기한다는 점에서 자주 사용되고, 정의로움은 그 공의를 실행하는 사람의 행위를 말한다.

"이는 나를 사랑하는 자가 재물을 얻어서 그 곳간에 채우게 하려 함이니라(21절)." 이것은 나, 곧 지혜를 사랑하는 사람에게 재물을 주어서, 그의 창고가 차고 넘치게 하기 위함이다. 축복하겠다는 말이다.

4. 하나님은 지혜를 먼저 지으셨다(22-31절)

"여호와께서 그 조화의 시작 곧 태초에 일하시기 전에 나를 가지셨으며(22절)." 하나님께서 우주를 창조하실 때 그 무엇보다 나, 곧 지혜를 먼저 지으셨다. '가지셨다(possessed)' 의 원문은 '카나(qana)' 로 '창조하다,' '소유하다' 는 뜻을 가지고 있다. 따라서 이 구절은 하나님이 창조하실 때 그 무엇보다 지혜를 창조하셨음을 보여준다.

“만세 전부터, 태초부터, 땅이 생기기 전부터 내가 세움을 받았나니(23절).” 영원(eternity) 전, 처음(the beginning)부터, 땅도 생기기 전에, 나는 이미 세움을 받았다. 지혜는 세상이 창조되기 전부터 있었다는 말이다.

“아직 바다가 생기지 아니하였고 큰 샘들이 있기 전에 내가 이미 났으며(24절).” 깊은 바다(oceans)가 생기기 전에, 큰 샘(springs)에서 물이 솟기도 전에 나는 이미 태어났다.

“산이 세워지기 전에, 언덕이 생기기 전에 내가 이미 났으니(25절).” 산(the mountains)과 언덕(the hills)이 생기기 전에 내가 태어났다.

“하나님이 아직 땅도, 들도, 세상 진토의 근원도 짓지 아니하셨을 때에라(26절).” 하나님이 아직 땅과 들과 어떤 티끌(the dust)도 만들지 않았을 때다.

“그가 하늘을 지으시며 궁창을 해면에 두르실 때에 내가 거기 있었고(27절).” 하나님이 하늘을 만드시고 바다 표면에 수평선(the horizon)을 그으실 때(깊은 바다 둘레에 테를 두르실 때)에 나, 지혜가 거기 있었다. 궁창(expanse)은 히브리어로 ‘후그(hug)’로 ‘원(a circle),’ ‘활’을 뜻한다. 창조 때 윗물과 아랫물을 갈라 하늘과 땅의 경계를 이룬 곳이다(창 1:6).

“그가 위로 구름 하늘을 견고하게 하시며 바다의 샘들을 힘 있게 하시며(28절).” 하나님이 하늘에 구름을 만드시고 바다의 샘들(the springs of the deep)을 확고히 정하실 때도 지혜가 그 곁에 있었다(30절)는 말이다.

“바다의 한계를 정하여 물이 명령을 거스르지 못하게 하시며 또 땅의 기초를 정하실 때에(29절).” 물이 바닷가를 넘지 못하게 경계를 그으시고 땅의 터전을 잡으실 때 지혜가 그 곁에 있었다는 말이다.

“내가 그 곁에 있어서 창조자가 되어 날마다 그의 기뻐하신 바가 되었으며 항상 그 앞에서 즐거워하였으며(30절).” 나, 지혜는 그분 곁에서 창조의 명공(기능공, 조수)이 되어, 날마다 그분을 즐겁게 하여 드리고, 나 또한 그분 앞에서 늘 기뻐하였다. ‘창조자가 되어’는 ‘기능공(a master workman)이 되어’라는 뜻이다. 하나님은 지혜를 활용해 창조사역을 하셨다는 것이다. 지혜는 세련된 솜씨를 발휘했을 것이다. ‘날마다 그의 기뻐하신 바가 되었으며’는 창조주 하나님께서 자신이 만드신 피조물을 보고 기뻐하셨듯이 지혜 또한 그 가운데서 기쁨을 얻었다는 말이다.

"사람이 거처할 땅에서 즐거워하며 인자들(the sons of men)을 기뻐하였느니라(31절)." 나, 지혜는 사람들과 같이 있는 것이 즐거워 그가 만드신 땅 위에서 뛰놀았다. 그분이 지으신 땅을 즐거워하며, 그분이 지으신 사람들을 내 기쁨으로 삼았다는 말이다.

5. 지혜를 얻는 자는 생명을 얻는다(32-36절)

"아들들아 이제 내게 들으라 내 도를 지키는 자가 복이 있느니라(32절)." '이제'는 6-31절을 통해 지혜가 주장한 내용을 근거로 내린 결론임을 말해준다. 결론적으로 말해 이제는 나, 곧 지혜의 말을 들으라는 것이다. 지혜의 길을 따르는 사람이 복이 있기 때문이다.

"훈계를 들어서 지혜를 얻으라 그것을 버리지 말라(33절)." 내 훈계를 들어서 지혜를 얻고, 그것을 결코 무시하지 말라는 것이다.

"누구든지 내게 들으며 날마다 내 문 곁에서 기다리며 문설주 옆에서 기다리는 자는 복이 있나니(34절)." 날마다 나의 문을 지켜보며, 내 문설주 곁에 지키고 서서, 내 말을 듣는 사람은 복이 있다. 반가운 사람을 맞이하기 위해 애타게 기다리듯 지혜를 구하라는 것이다. 이 말은 음녀의 집 문 가까이 가지 말라는 경고와 대조를 이루고 있다.

"대저 나를 얻는 자는 생명을 얻고 여호와께 은총을 얻을 것임이니라(35절)." 지혜를 얻는 자가 복이 있음은 지혜를 얻는 사람은 생명을 얻고, 하나님으로부터 은총(favor)을 받을 것이기 때문이다. 지혜만이 생명이다. 영생은 바로 하나님과 그리스도를 아는 것이다(요 17:3). 하나님과 그리스도를 아는 자가 지혜로운 자다.

"그러나 나를 잃는 자는 자기의 영혼을 해하는 자라 나를 미워하는 자는 사망을 사랑하느니라(36절)." 하지만 지혜를 찾지 못하는 자는 자기 자신을 해치는(harm himself) 자이며 지혜를 미워하는 자는 죽음을 사랑하는 자이다. 지혜는 생명의 길이고 어리석은 사망의 길이다.

제9장

지혜의 초대와 어리석음의 초대

1. 지혜의 초대(1-6절)

"지혜가 그의 집을 짓고 일곱 기둥을 다듬고(1절)." 지혜가 일곱 기둥(seven pillars)을 다듬어 자기 집을 짓는다. 일곱 기둥이 무엇일까? 7일 간의 천지창조로 보기도 하고, 해와 달을 포함한 태양계를 가리킨다고도 하고, '그 집'의 웅장함을 드러내기 위해 쓰인 말이라 하기도 한다. 일곱은 '완전,' '완전함'을 의미한다.

"짐승을 잡으며 포도주를 혼합하여 상을 갖추고(2절)." 짐승을 잡아 고기를 준비하고, 포도주에 물이나 향료를 섞어 상(table)을 차린다. 포도주를 혼합한다는 것은 두 가지로 생각할 수 있다. 하나는 맛을 위해 포도주에 물을 섞는 것이다. 다른 하나는 몰약과 다른 향료들을 섞어 향기와 농도를 더한다. 향료를 섞은 포도주를 마시면 쉽게 취한다고 한다. 모두 잘 빚은 포도주라는 말이다.

"자기의 여종을 보내어 성중 높은 곳에서 불러 이르기를(3절)." 지혜가 자기의 여종들(her maids)을 보내 성의 제일 높은 곳에 가서 외치게 한다. 여기서부터 지혜의 말이 시작된다. 이것은 13절의 미련한 여인이 하는 말과 대조된다. 둘 다 똑같은 장소에서 같은 사람들에게 말한다. 그 말을 듣고 어떻게 행동하는가에 따라 그 결과가 다르다. 지혜를 따르면 삶이 오고, 미련한 여인을 따르면 죽음이 온다.

"어리석은 자는 이리로 돌이키라 또 지혜 없는 자에게 이르기를(4절)." "어리석은 자들아, 다 이리로 발길을 돌리라." 한다. 지혜는 또 지각없는 자들을 향해 외친다.

"너는 와서 내 식물을 먹으며 내 혼합한 포도주를 마시고(5절)." 너희는 와서 내가 차려 놓은 음식을 먹고 내가 잘 빚은 포도주를 마셔라. 지혜의 여종이 하는 초대의 말은 예수님의 혼인잔치에서도 찾아볼 수 있다(마 22:1-14, 눅 14:15-24).

"어리석음을 버리고 생명을 얻으라 명철의 길을 행하라 하느니라(6절)." 복되게 살려거든 어리석음(simple ways)을 버리고 생명의 길을 찾아 지혜롭게 행하라는 말이다. 어리석음을 버리면 살 것이라는 말이다.

2. 거만한 자와 지혜 있는 자의 차이와 그 결과(7-12절)

"거만한 자를 징계하는 자는 도리어 능욕을 받고 악인을 책망하는 자는 도리어 흠이 잡히느니라(7절)." 거만한 자(a mocker)를 바로 잡으려다가 오히려 모욕(insult)을 당하고, 악한 자를 책망하려다가 오히려 약점만 잡힌다. 냉대와 욕설(abuse)만 돌아온다.

"거만한 자를 책망하지 말라 그가 너를 미워할까 두려우니라 지혜 있는 자를 책망하라 그가 너를 사랑하리라(8절)." 거만한 자를 책망하면 오히려 미움(hate)을 사기 쉽다. 그러나 지혜 있는 자를 책망하면 오히려 책망을 고마워하고 그 사람을 사랑(love)한다. 그만큼 책망에 대한 반응이 다르다.

"지혜 있는 자에게 교훈을 더하라 그가 더욱 지혜로워질 것이요 의로운 사람을 가르치라 그의 학식이 더하리라(9절)." 지혜로운 사람은 책망을 들을수록 더욱 슬기로워지고(wiser), 의로운 사람은 배울수록 학식이 더해진다(add to his learning).

"여호와를 경외하는 것이 지혜의 근본이요 거룩하신 자를 아는 것이 명철이니라(10절)." 하나님을 경외하는 것이 지혜의 근본, 곧 첫걸음(the beginning)이요, 거룩하신 이를 아는 것이 깨달음(understanding), 곧 슬기의 근본이다. '거룩하신 자(qedosim)' 는 복수형으로 되어 있다. 거룩하신 자 중에 가장 거룩하신 자(the Holy One), 곧 하나님을 가리킨다(잠 30:3). 가장 거룩하신 자를 아는 것과 하나님을 경외하는 것은 따로 떼어놓을 수 없다.

"나 지혜로 말미암아 네 날이 많아질 것이요 네 생명의 해가 네게 더하리라

(11절).” 나 지혜로 말미암아 네가 오래 살 것이요, 네 생명의 해, 곧 수명도 길어진다(added to your life). 지혜가 시키는 대로 살아야 장수한다는 것이다.

“네가 만일 지혜로우면 그 지혜가 네게 유익할 것이나 네가 만일 거만하면 너 홀로 해를 당하리라(12절).” 네가 지혜로우면 그 지혜가 네게 유익하고 보상(reward)을 가져온다. 그러나 네가 거만하면 그 거만이 너만 해롭게 하고 고통을 줄(suffer) 것이다. 지혜는 유익을 가져오고, 거만은 해로움을 가져온다는 말이다. 지혜를 얻게 될 때 누리게 될 유익함이 잠언 여러 곳에 소개되어 있다(잠 3:16-18, 4:22, 8:35, 9:8-11, 14;14).

3. 미련한 여인의 초대와 초대받은 자가 가게 될 곳(13-18절)

“미련한 여인이 떠들며 어리석어서 아무것도 알지 못하고(13절).” 어리석음이 미련한 여인(the woman Folly)으로 의인화되어 있다. 미련한 여인은 부끄러운 줄도 모르고 주책없이 떠들어댄다. 수다스럽다는 말이다. 훈련되지 못해 예의도 없다(undisciplined). 아는 것도 없다(without knowledge).

“자기 집 문에 앉으며 성읍 높은 곳에 있는 자리에 앉아서(14절).” 자기 집 문턱이나 시가지 높은 곳에 앉아서 지혜가 했던 것처럼 똑같이 사람을 부른다. 지혜의 집 일곱 기둥이나 지혜의 여종도 없다. 지혜에 비해 당당함이 없다.

“자기 길을 바로 가는 행인들을 불러 이르되(15절).” 음녀는 자기 집 앞에서 멈추지 않고 지나가는(pass by) 사람, 곧 그녀에 관심을 두지 않고 똑바로 자기 길을 가는(go straight on their way) 사람들까지 불러 말한다.

“어리석은 자는 이리로 돌이키라 또 지혜 없는 자에게 이르기를(16절).” “어리석은 자들아, 다 이리로 발길을 돌려라.” 미련한 여인도 지혜가 초대하는 말을 흉내 낸다. 그러나 속도 다르고 그 결과도 다르다. 또 지혜 없는 자들을 향해 말한다.

“도둑질한 물이 달고 몰래 먹는 떡이 맛이 있다 하는도다(17절).” 훔쳐서 마시는 물이 더 달고 몰래 먹는 빵(훔쳐 먹는 빵)이 맛이 있다며 거짓을 가르친다. 부도덕, 불륜의 관계마저 부추긴다.

"오직 그 어리석은 자는 죽은 자들이 거기 있는 것과 그의 객들이 스올 깊은 곳에 있는 것을 알지 못하느니라(18절)." 그런데도 어리석은 사람은, 그녀를 따라가는 그곳에 죽음의 그늘이 드리워져 있고, 그녀의 유혹에 빠진 자들은 이미 스올의 깊은 곳, 곧 지옥에 가 있다는 것을 알지 못한다. 멋모르고 들어섰다가 지옥에 들어섰음을 알게 된 다음에는 이미 늦었다는 것이다. 미련한 여인의 초대는 생명이 아니라 사망이다.

제10장

지혜로운 자와 어리석은 자

1. 지혜로운 자와 어리석은 자(1-22절)

"솔로몬의 잠언이라 지혜로운 아들은 아비를 기쁘게 하거니와 미련한 아들은 어미의 근심이니라(1절)." 처음에 "솔로몬의 잠언(The proverbs of Solomon)이라" 한 것은 잠언 10:1에서 22:16까지의 총 제목에 해당한다. 1-9장의 내용이 일반적이고 서론적인 성격을 띠고 있다면 이 부분은 잠언의 중심 부분으로 간단한 경구를 사용하여 지혜(의)와 어리석음(죄)에 대해 구체적으로 가르친다. 의인은 번성하고 악인은 망한다는 주체를 통해 지혜로운 삶을 살아가고자 하는 사람들에게 하나님의 축복을 약속하고 있다.

10-15장은 의인과 악인의 문제를 대조하며 다루고 있다. 이 부분에 속한 구절들은 대부분 반의(antithetic), 대구법(parallelism)으로 되어 있다.

1절에서는 지혜로운 아들(wise son)과 미련한 아들(foolish son)이 대비된다. 지혜로운 아들은 자기 아버지를 기쁘게 한다. 지혜는 바른 삶이 무엇인지를 깨닫고 그것을 실천해 가는 도덕적이고 지성적인 능력이기 때문이다. 하지만 미련한 아들은 자기 어머니를 슬프게 한다. 미련함은 그러한 점조차 알지도 실천하지도 못하기 때문이다. 이 경구는 지혜로운 아들은 아비만 기쁘게 하고 미련한 아들은 어미만 슬프게 한다는 뜻이 아니다. 아들은 아비와 어미 모두에게 기쁨이 되기도 하고 슬픔이 되기도 한다. 아비와 어미를 나누어 사용한 것은 잠언의 독특한 표현법이다. 자식은 부모의 관심아래 양육되기 때문이다.

"불의의 재물은 무익하여도 공의는 죽음에서 건지느니라(2절)." 부정한 방법으로 얻은 재물은 아무 유익이 없어도 정직은 생명을 구한다. 불의의 재물(ill-gotten treasures)은 도적질이나 속임수로 부당하게 얻은 재물을 가리킨다. 이런 재물은 헛것(no value)이 되고 하나님의 심판을 초래한다. 그러나 공의(righteousness), 곧 바르게 살면 죽을 자리에서도 빠져 나간다. 이 공의는 인간 사이의 변치 않는 신의를 가리키는 것이 아니고 하나님의 말씀에 굳게 서서 그 말씀을 변치 않고 이행하는 신앙인의 절개와 굳은 의지를 가리킨다.

"여호와께서 의인의 영혼은 주리지 않게 하시나 악인의 소욕은 물리치시느니라(3절)." 하나님은 의로운 생명은 주리지 않게 하시지만, 악인의 탐욕(craving)은 좌절시키신다(thwart). 의인의 영혼에서 '영혼(the soul)' 은 육과 정신을 포함한 전인을 의미한다. 영 · 육간에 부족한 모든 것을 채워주신다는 말씀이다. '악인의 소욕' 은 타인의 파멸과 재앙을 은근히 기다리는 악한 기대감을 말한다. 악인들의 욕망은 깨버리신다.

"손을 게으르게 놀리는 자는 가난하게 되고 손이 부지런한 자는 부하게 되느니라(4절)." 게으른 손(lazy hands)과 부지런한 손(diligent hands)을 대비시키고 있다. 굶주림의 원인은 게으름이다. 잠언에서는 근면을 강조한다. 부는 하나님이 주시는 복이다. 불의가 재물을 얻을 경우 악이다. 소유가 삶의 목적이 되어서는 안 되지만 성실한 노동은 생계를 위해 필요하고 안식을 가져다 준다.

"여름에 거두는 자는 지혜로운 아들이나 추수 때에 자는 자는 부끄러움을 끼치는 아들이니라(5절)." 지혜로운 아들과 부끄러움을 끼치는 아들(disgraceful son)이 대비된다. 여름에 거두는 자는 곡식이 익었을 때에 거두어들이는 것을 말한다. 우리 식으로 말하면 추수기인 가을이다. 추수기에 거두어들이는 자는 지혜가 있는 아들이다. 지각이 있는 아들이기 때문이다. 하지만 추수 때에 잠만 자고 있다면 부끄러운 아들이다. 추수기에 낮잠만 자 집안 망신시킨다.

"의인의 머리에는 복이 임하나 악인의 입은 독을 머금었느니라(6절)." 의인의 머리(the head of the righteous)와 악인의 입(the mouth of the wicked)이 대비되고 있다. 의로운 자의 머리에는 언제나 복이 머물러 있다. 하나님이 기뻐하시기 때문이다. 이에 비해 악인의 입은 독이 있어 남을 해친다. 독을 머금었다는 것은 만만한 상대를 기습하기 위해 자기 속마음을 드러내지 않기 때문이다. 악인이 내는 말은 결국 자신을 파멸시킨다.

"의인을 기념할 때에는 칭찬하거니와 악인의 이름은 썩게 되느니라(7절)." 착한 사람은 칭송을 받으며 기억된다. 의로운 자를 기억하는 것은 복된 일(a blessing)이다. 하지만 나쁜 사람은 더러운 이름을 남긴다. 악인들의 이름은 썩어(rot) 곧 기억에서 사라질 것이다.

"마음이 지혜로운 자는 계명을 받거니와 입이 미련한 자는 멸망하리라(8절)." 지혜로운 사람은 훈계를 받아들인다. '계명(commands)' 은 모세의 계명이 아니라 지혜를 가르치는 스승의 훈계를 말한다. 이에 비해 어리석은 사람은 부질없이 지껄이다가 망한다. 입이 미련한 자(a chattering fool)는 어리석게 지껄여대는 사람을 말한다. 이 구절에서는 안으로 침묵을 지키는 자와 밖으로 떠벌리는 어리석음이 대비된다.

"바른 길로 행하는 자는 걸음이 평안하려니와 굽은 길로 행하는 자는 드러나리라(9절)." 바른 길로 행하는 자(the man of integrity)는 정직하게 사는 자요 흠없이 사는 자다. 그런 자는 그의 길이 안전하고 떳떳하다. 앞길이 평안하다. 그러나 굽은 길로 행하는 자(he who takes crooked paths)는 부정한 자요 그릇되고 비뚤게 사는 자다. 이런 자는 그 성품이 어떠한지 밝혀지고 꼬리가 잡히고 만다.

"눈짓하는 자는 근심을 끼치고 입이 미련한 자는 멸망하느니라(10절)." 눈짓은 겉과 속이 다름을 나타내는 말이다. 눈짓하는 자(he who winks maliciously)는 은근히 간계를 꾸미고 나쁜 짓을 도모하는 사람이다. 고의적으로 악을 추구하는 자다. 이런 자는 피해자에게 근심을 준다. 입이 미련한 자(a chattering fool)는 입을 어리석게 입을 놀리며 지껄여대는 사람을 가리킨다. 이런 자는 패망한다.

"의인의 입은 생명의 샘이라도 악인의 입은 독을 머금었느니라(11절)." 의인의 입과 악인의 입이 대비된다. 의인의 입에서는 사람을 살리는 생수가 흘러나온다. 지혜는 생명을 주므로 생명의 샘(a fountain of life)은 지혜의 근원을 뜻한다. 이에 반해 악인의 입에서는 독이 흘러나온다. 그 입에 남을 죽이는 독, 곧 폭력(violence)의 마음이 가득하기 때문이다.

"미움은 다툼을 일으켜도 사랑은 모든 허물을 가리느니라(12절)." 미움은 삶의 모든 방면에서 말썽을 일으키지만 사랑은 온갖 허물을 덮어준다. 사랑은 모든 죄를 덮어주고 드러내지 않으며 용서해 주고 잊어버린다. 사랑은 삶을 조화 있게 하고 남의 허물을 덮어준다. 이스라엘의 현자들은 조용하고 침착하며 다투지 않는 삶을 최상의 삶으로 여겼다.

"명철한 자의 입술에는 지혜가 있어도 지혜 없는 자의 등을 위하여는 채찍이 있느니라(13절). 명철한 자와 지혜 없는 자가 대비된다. 명철한 자는 올바른 길을 스스로 선택하는 자이다. 이런 사람의 입에서는 지혜가 나온다. 이에 반해 지혜 없는 자는 분별력이 없고 동물처럼 강압적인 수단에 의해서만 움직이는 사람이다. 이런 자의 등에는 채찍(a rod)이 떨어진다. 다시 말해 어리석은 자는 채찍으로 다스려야 한다는 것이다.

"지혜로운 자는 지식을 간직하거니와 미련한 자의 입은 멸망에 가까우니라(14절)." 지혜로운 자는 지식(knowledge)을 간직한다. 분별력이 있는 사람은 시간, 장소, 그리고 사람에 따라 적절한 말을 준비하고 있다. 하지만 미련한 자는 무턱대고 함부로 지껄여 자신뿐 아니라 다른 사람 모두를 멸망에 빠뜨린다. 멸망에 가깝다는 것은 멸망을 초래한다(invite ruin)는 말이다.

"부자의 재물은 그의 견고한 성이요 가난한 자의 궁핍은 그의 멸망이니라(15절)." 부자의 재산은 그의 견고한 성(fortified city), 곧 요새가 된다. 친구들이 그에게 모여들고 권세가 따른다. 궁핍(poverty)은 가난을 뜻한다. 빈궁한 사람은 가난으로 여러 문제에 봉착한다. 친구뿐 아니라 그 형제들도 그를 멀리하고 힘이 없어 위험에 빠진다. 이 말씀은 부자를 칭찬하고 가난한 자를 책망하는 말이 아니다. 재산의 유무가 현실에서 그만큼 차이가 크다는 말이다. 잠언 19장에서도 가난한 사람들이 당하는 여러 형편들을 소개하고 있다. 잠언 저자는 곳곳에서 부의 위험성을 경고하고 있다. 나아가 가난에서 오는 물질적, 사회적 박탈감 때문에 생기는 도덕적인 타락에 대해서도 함께 경고하고 있다.

"의인의 수고는 생명에 이르고 악인의 소득은 죄에 이르느니라(16절)." 의로운 자들의 수입(wages)은 그들에게 생명을 가져온다. 그러나 악인의 소득(income)은 처벌(punishment)을 가져온다. 의인의 소득은 선한 일에 쓰이지만 악인들의 소득은 죄를 짓는 데 쓰인다는 말이다. 그러므로 착한 사람은 복된 삶을 상급으로 받지만 나쁜 사람은 죄밖에 받을 것이 없다.

"훈계를 지키는 자는 생명 길로 행하여도 징계를 버리는 자는 그릇 가느니라(17절)." 훈계(discipline)에 주목하고 따르는 사람은 생명의 길(the way to life), 곧 복된 길에 들어선다. 그러나 꾸지람(correction)을 거절하는 자는 잘못된 길에 빠진다.

"미움을 감추는 자는 거짓된 입술을 가진 자요 중상하는 자는 미련한 자이니라(18절)." 증오심(hatred)을 감추는 사람은 거짓된 입술(lying lips)을 가진 자, 곧 거짓을 말하는 사람이다. 거짓말하는 입에는 미움이 숨어 있기 때문이다. 중상하는 자(slander), 곧 간사하고 못된 말로 남을 비방하며 험담을 일삼는 사람은 미련한 사람이다.

"말이 많으면 허물을 면하기 어려우나 그 입술을 제어하는 자는 지혜가 있느니라(19절)." 말이 많으면 실수하기 마련이고 허물(sin), 곧 죄를 짓기 쉽다. 그 입술을 제어하는(hold his tongue) 자, 말을 삼가고 조심하는 사람이 지혜로운 자이다.

"의인의 혀는 순은과 같거니와 악인의 마음은 가치가 적으니라(20절)." 의인은 말로 덕을 세운다. 따라서 의로운 사람의 혀는 순은(choice silver)과 같다. 순은은 불순물이 전혀 포함되지 않은, 품질이 아주 뛰어난 은이다. 반면에 악인의 말은 거짓과 비방, 그리고 수다로 가득 차 있다. 따라서 악인의 생각은 별로 가치가 없다.

"의인의 입술은 여러 사람을 교육하나 미련한 자는 지식이 없어 죽느니라(21절)." '교육하다(nourish)' 는 것은 '양육하다,' '보호하다' 는 의미를 가지고 있다. 의인은 지혜를 통해서 다른 사람들을 가르치고 인도한다. 의인의 입술은 많은 사람을 먹여 살린다. 반면 미련한 자, 어리석은 자는 지각이 없어(lack of judgment) 아무 생각 없이 살다가 죽고 만다.

"여호와께서 주시는 복은 사람을 부하게 하고 근심을 겸하여 주지 아니하시느니라(22절)." 하나님이 축복(blessing)하시면 부하게 된다. 하나님은 의롭고 부지런한 자에게 부유하게 하신다는 것이다. 진정한 부는 하나님의 선물이다. 나아가 이런 복을 주시면서 근심을 함께 더해 주시지 않는다(add no trouble to it).

2. 의인에게 주시는 복(23-32절)

"미련한 자는 행악으로 낙을 삼는 것 같이 명철한 자는 지혜로 낙을 삼느니라(23절)." 미련한 사람은 나쁜 일을 저지르는 데서 낙(pleasure)을 누린다. 하지만 명철한 사람은 지혜로 기쁨(delight)을 삼는다. 이 구절에서는 행악(evil conduct)과 지혜가 대조되어 있다. 이는 지혜의 본질 속에 도덕이 있음을 보여준다.

"악인에게는 그의 두려워하는 것이 임하거니와 의인은 그 원하는 것이 이루어지느니라(24절)." 악인에게는 그가 두려워하는 일(dreads), 곧 재난이 밀어닥치지만, 의인에게는 바라는 일(desire)이 이루어진다. 하나님께서 의인이 바라는 것, 곧 축복을 주시기 때문이다.

"회오리바람이 지나가면 악인은 없어져도 의인은 영원한 기초 같으니라(25절)." 회오리바람(the storm), 곧 재난이 폭풍처럼 밀어닥치면 악인은 없어진다. 이 회오리바람은 하나님의 심판을 상징한다. 심판이 임할 때 악인은 구원을 받지 못한다. 하지만 의로운 사람은 영원한 기초처럼 끄떡도 하지 않는다. 의인은 견고하게 남게 된다. 예수님은 모래 위에 세운 집과 반석 위에 세운 집을 대조하시고, 반석 위에 집을 짓는 자를 지혜로운 자라 하셨다(마 7:24-27). 지혜로운 자는 주의 말씀을 듣고 행하는 자로서, 의인을 가리킨다. 후대에 랍비들은 '의인은 영원한 기초 같으니라.' 는 이 구절이 메시야에게 적용된다고 보았다. 그분은 의로우시고 영원한 기초가 되시기 때문이다.

"게으른 자는 그 부리는 사람에게 마치 이에 식초 같고 눈에 연기 같으니라(26절)." 식초(vinegar)는 입에 시고, 연기(smoke)는 눈을 따갑게 한다. 고통을 준다. 게으른 자는 고용주에게 상한 이빨에 식초 같고 눈에 연기 같다. 맡겨진 일을 제대로 하지 않기 때문에 대단히 귀찮고 역겨운 존재라는 말이다.

"여호와를 경외하면 장수하느니라 그러나 악인의 수명은 짧아지느니라(27절)."

여호와를 두려운 마음으로 섬기면 장수할 것이다. 그러나 악인의 수명은 길지 못할 것이다. 나쁜 일을 하면 수명이 줄어든다는 말이다.

"의인의 소망은 즐거움을 이루어도 악인의 소망은 끊어지느니라(28절)." 의로운 사람의 희망(prospect)은 기쁨(joy)가운데 이루어진다. 반면에 악인의 소망은 무너진다. 아무 것도 이루어지지 않는다(come to nothing).

"여호와의 도가 정직한 자에게는 산성이요 행악하는 자에게는 멸망이니라(29절)." 여호와의 도(the way of the LORD)는 의인과 악인에게 상반된 영향력을 끼친다. 의인에게는 생명이요 악인에게는 사망이다. 산성(refuge)은 '안전한 장소,' '피난처' 를 의미한다. 산성은 주로 자기 백성을 보호하시는 하나님을 가리키는 용어로 사용된다. 하나님은 정직한 자를 보호하시고 힘(strength)을 주신다.

"의인은 영영히 이동되지 아니하여도 악인은 땅에 거하지 못하게 되느니라(30절)." 의로운 사람은 언제나 안전하여 흔들리지 않는다. 결코 제거 당하지 않는다(never be removed). 온유한 자는 하나님의 통치 가운데서 땅을 기업으로 받는다(마 5:5). 하지만 악인은 땅에서 살아남지 못한다. 나쁜 일 하면 땅에서조차 배겨내지 못한다.

"의인의 입은 지혜를 내어도 패역한 혀는 베임을 당할 것이니라(31절)." 의로운 사람의 입은 지혜를 말하고 슬기를 낸다. '내다(bring forth)' 는 말은 문자적으로 '열매를 맺다' 는 뜻이다. 나무에 열매가 맺히는 것이 당연하듯 의인이 지혜로운 말을 내는 것이 당연하다는 것이다. 반면 패역한 혀(a perverse tongue), 곧 악하고 더러운 혀는 베임을 당한다, 거짓말을 일삼는 혀는 잘린다.

"의인의 입술은 기쁘게 할 것을 알거늘 악인의 입은 패역을 말하느니라(32절)." 의인의 입술은 남을 기쁘게 하는 말, 유익한 말이 무엇인지 안다. 하지만 악인의 입은 악하고 추한 말, 거짓말을 함부로 내뱉는다.

제11장

여의인의 형통과 악인의 패망

1. 의인의 형통과 악인의 패망(1-23절)

"속이는 저울(dishonest scales)은 여호와께서 미워하시나 공평한 추(accurate weights)는 그가 기뻐하시느니라(1절)." 저울의 눈금을 속이면 여호와께서 미워하신다. 정직하게 달면 그가 기뻐하신다. '공평한 추'는 '충분한, 완전한 돌'로 그 시대에는 무게를 달기 위해 금속을 사용하지 않고 돌을 사용했음을 보여준다(신25:13). 당시는 화폐가 생기기 전이라 상거래를 위해 저울을 사용했다. 그러다 보니 부당한 이익을 취하기 위해 팔 때는 가벼운 추를 저울에 놓아 조금 주고, 살 때는 무거운 추를 놓아 많이 받았다. 성경은 이 같은 부정직을 비난하고 정직한 상거래를 하도록 했다. 율법에서는 추나 저울을 속여 사용하는 것을 금하였고, 성전에는 표준이 되는 추와 계량기가 비치되기까지 했다.

"교만이 오면 욕(disgrace)도 오거니와 겸손한 자에게는 지혜가 있느니라(2절)." 사람이 교만하면 수치를 당한다. 이미 필요한 모든 것을 다 알고 있다고 자만하는 것은 지혜에 이르는 커다란 걸림돌이다. 잘난 체하다가는 창피를 당한다. 하지만 겸손(humility)한 자에게는 지혜가 따른다. 슬기로운 사람은 분수를 차린다. 배우고자 하는 겸손한 자세를 가질 때 지혜를 알게 된다. 겸손한 자는 비굴할 정도로 자신을 낮추어 처신하는 자를 가리키는 말이 아니다. 자신의 신분과 처지를 확실하게 깨닫고 맡은 바 임무를 성실하게 수행하는 자를 가리킨다.

"정직한 자의 성실(integrity) 자기를 인도하거니와 사악한 자(the unfaithful)의 패역은 자기를 망하게 하느니라(3절)." 정직한 사람은 성실하게 살아, 바른길로 간다. 앞길이 열리는 것이다. 하지만 신실하지 못한 사람은 정직하지 못한 것,

곧 표리부동과 이중성 때문에(by their duplicity) 망하고 만다. 사기꾼은 속임수를 쓰다가 제 꾀에 넘어진다는 것이다.

"재물은 진노하시는 날에 무익하나 공의는 죽음에서 건지느니라(4절)." 재물은 진노의 날에 아무 쓸모가 없다. '진노하시는 날(the day of wrath)' 은 하나님의 심판 날을 가리킨다. '무익하다' 는 것은 어떤 피난처도 제공받지 못함을 의미한다. 아무리 부자라 할지라도 하나님의 심판 앞에서 면제될 수 없다. 이에 반해 공의, 곧 의로움(righteousness)은 생명을 구한다. 죽을 자리에서 빠져 나오게 해준다. 진노의 날에 재물과 공의는 이처럼 다르다.

"완전한 자의 공의는 자기의 길을 곧게 하려니와 악한 자는 자기의 악으로 말미암아 넘어지리라(5절)." 완전한 자는 흠 없는 사람(the blameless)을 말한다. 이런 사람은 공의, 곧 그의 옳은 행실로 인해 그의 사는 길을 곧게(make a straight way) 한다. 옳게 살았기 때문에 앞길이 펴진다. 하지만 악한 자는 자신의 악(their own wickedness) 때문에 넘어진다. 제 잘못으로 거꾸러진다.

"정직한 자의 공의는 자기를 건지려니와 사악한 자는 자기의 악에 잡히리라(6절)." 정직한 사람은 의로움으로 구원을 받는다. 의롭게 살아 구원을 받는다. 하지만 정직하지 못한 사람은 자기 악, 곧 악한 욕심(evil desires)에 사로잡히고 그 욕심에 걸려 넘어진다.

"악인은 죽을 때에 그 소망이 끊어지나니 불의의 소망이 없어지느니라(7절)." 악인은 죽을 때에 그들의 희망도 함께 끊어지고, 불의에 걸었던 기대도 물거품이 된다. 불의하게 살면 기다리던 것도 죽음과 함께 수포로 돌아간다. 허튼 짓을 하면 바라던 것도 물거품이 될 수밖에 없다.

"의인은 환난에서 구원을 얻으나 악인은 자기의 길로 가느니라(8절)." 의인은 재난((trouble)에 빠져도 구원을 받는다. 의롭게 살면 곤경에서도 빠져 나온다. 하지만 그 환난이 그 대신 악인에게 미친다. 억울하게 부과된 의인의 화를 악인이 대신 받는다는 뜻이다. 의인은 환난에서 나오고, 악인은 환난으로 들어간다. 다니엘의 대적들은 다니엘을 죽이려 했지만 결국 그를 대신해 사자굴에 던져졌다(단 6:24). 모르드개는 하만을 죽이려고 나무를 세웠지만 결국 그 나무에 자기가 달려

죽었다(에 5:14, 7:10).

"악인은 입으로 그의 이웃을 망하게 하여도 의인은 그의 지식으로 말미암아 구원을 얻느니라(9절)." 악인, 곧 하나님을 저버린 사람은 혀로 이웃을 죽인다. 중상모략으로 이웃을 망하게 한다. 그러나 의인, 곧 하나님을 경외하는 사람은 자기가 가진 지식으로 위험에서 벗어난다. '그의 지식으로 말미암아 구원을 얻는다'는 것은 일차적으로 의인 자신이 구원을 받는다는 것을 뜻한다. 하지만 의인의 지식(knowledge), 곧 전도와 기도로 그의 이웃들을 구원하는 것도 포함된다. 의인의 기도는 이웃을 살린다.

"의인이 형통하면 성읍이 즐거워하고 악인이 패망하면 기뻐 외치느니라(10절)." 의인이 잘 되면 온 성읍 사람들이 기뻐하고, 악인이 망하면 환호한다. 의인은 사회에 좋은 영향력을 끼친다. 따라서 성읍 사람들은 그의 형통함을 기뻐한다. 반대로 악인은 중상모략과 사기로 사회에 큰 해를 끼친다. 따라서 성읍 사람들은 악인의 망하는 것을 기뻐한다.

"성읍은 정직한 자의 축복으로 인하여 진흥하고 악한 자의 입으로 말미암아 무너지느니라(11절)." 성읍은 정직한 사람의 축복(blessing)을 통해서 발전한다. 정직한 사람이 축복하면 성읍이 흥하고 발전한다. 정직한 자가 성읍을 위해 기도하고 선한 영향력을 발휘하기 때문이다. 소돔 성에 의인 열 명만 있었어도 하나님께서 그 성을 멸하지 않으셨을 것이다. 반면 성읍은 악한 자의 입 때문에 멸망한다. 악한 사람이 입을 열면 그 입에서 나오는 나쁜 말로 인해 성읍을 깨뜨리기 때문이다.

"지혜 없는 자는 그의 이웃을 멸시하나 명철한 자는 잠잠하느니라(12절)." 어리석은 자는 그 이웃을 멸시하고 모욕하지만 지각 있는 사람은 그의 혀를 조심하고 입을 다문다.

"두루 다니며 한담하는 자는 남의 비밀을 누설하나 마음이 신실한 자는 그런 것을 숨기느니라(13절)." 험담하며 돌아다니는 수다쟁이는 남의 비밀을 새게 한다. 남을 비방하면 결국 다툼과 분쟁을 일으킨다. 우리 앞에서 다른 사람을 헐뜯는 사람은 다른 사람들 앞에서 우리를 헐뜯을 것이다. 험담은 신뢰감을 무너뜨린다. 하지만 마음이 믿음직한 사람(trustworthy man)은 비밀을 지키고 숨긴다. 지혜로운 사람은 설령 이웃의 잘못을 안다 해도 조용히 덮어둔다. 신실함은 인간에게 맡겨진 일을 잘 수행하는 데서만 나타나는 것이 아니라 이웃의 비밀에 대해서 떠벌리지 않고 조용히 맡은 일을 수행하는 데서도 드러난다. 비밀을 지키는 자와 없는 자의 사람됨이 이처럼 다르다.

"지략이 없으면 백성이 망하여도 지략이 많으면 평안을 누리느니라(14절)." 지략(counsel, guidance)은 히브리어로 '배의 돛을 조정하는 장치' 나 '조종기술' 을 뜻한다. 따라서 지략은 무지를 막는 기술이다. 무지가 멸망의 원천이 되기 때문이다. 지략의 결핍(lack of guidance)은 나라를 망하게 한다. 지략을 가진 훌륭한 지도자가 없으면 나라가 망하고, 지략이 없는 지휘관을 가진 군대는 패하기 십상이다. 그러나 지략을 가진 사람들(advisers, counsellors)가 많으면 전쟁에서 승리하고 평안을 누린다.

"타인을 위하여 보증이 되는 자는 손해를 당하여도 보증이 되기를 싫어하는 자는 평안하니라(15절)." 남의 보증을 서는 사람(guarantor)은 쓰라린 고통을 당한다. 보증을 서면 고생한다는 말이다. 그러나 남의 보증서기를 싫어하고 거절하는 사람은 평안하다. 함부로 보증을 서지 말라는 것이다.

"유덕한 여자는 존영을 얻고 근면한 남자는 재물을 얻느니라(16절)." 덕이 있는 여자(kindhearted woman)는 여호와를 경외함으로 속사람을 단장하는 여자를 의미한다. 인간적으로 호의만 베푸는 여인을 뜻하지 않고 신앙가운데 바르게 행하는 여인을 말한다. 이런 여인은 존경을 받는다. 하지만 부지런한 남자, 곧 하나님을 경외하는 것과는 달리 무자비할 만큼 억척스런 남자(ruthless men)는 오직 재물만을 얻을 뿐이다(gain only wealth). 존경을 얻는 것과 재물을 얻는 것은 속성이 다르다는 말이다.

"인자한 자는 자기의 영혼을 이롭게 하고 잔인한 자는 자기의 몸을 해롭게 하느니라(17절)." 인자한 사람(merciful man)은 자기의 생명을 이롭게 한다. 여기서 인자(loving-kindness, love)는 히브리어로 '헤세드(hesed)' 로 하나님의 사랑처럼 지속적인 사랑을 가리킨다. 사람이 친절하고 인자를 베풀면 자기 자신에게 유익을 준다. 그 보답을 받는다는 말이다. 그러나 잔인한 사람(cruel man)은 자기 몸을 해친다. 사람이 잔인하면 자신 뿐 아니라 다른 사람에게도 해를 끼친다. 인간은 자신이 행한 행위로 인해 복을 받거나 벌을 받는다.

"악인의 삯은 허무하되 공의를 뿌린 자의 상은 확실하니라(18절)." 악인에게 돌아오는 삯은 헛것(deceptive wages)이다. 실질적인 소득이 없다. 왜 그럴까? 악인이 아무리 부당하게 돈을 벌어도 그것은 오래 가지 못하기 때문이다. 그러나 의의 씨를 뿌리는 사람은 그 상이 확실하다. 참 보상(a sure reward)을 받는다.

"공의를 굳게 지키는 자는 생명에 이르고 악을 따르는 자는 사망에 이르느니라(19절)." 의에 굳게 서는 자(the truly righteous man)는 생명에 이르지만 악을 따르는 자는 죽음을 불러들인다. 의는 생명에, 악은 사망에 이르게 한다는 구절은 잠언의 중심 주제 가운데 하나이다.

"마음이 굽은 자는 여호와께 미움을 받아도 행위가 온전한 자는 그의 기뻐하심을 받느니라(20절)." 마음이 비뚤어지고 잘못된 사람(men of perverse heart)은 하나님께서 미워하신다. 하나님이 미워하시는 것으로 패역한 삶, 거짓말, 사악한 행위, 교만, 부정직한 거래 등이 있다. 그러나 행실이 올바르고 흠이 없는 사람(those whose ways are blameless), 올바른 길을 걷는 사람은 하나님께서 기뻐하고 사랑하신다.

"악인은 피차 손을 잡을지라도 벌을 면하지 못할 것이나 의인의 자손은 구원을 얻으리라(21절)." '피차 손을 잡는 것(hand join in hand)' 은 틀림없음(assured)을 의미하는 히브리인의 관용구이다. 악인은 서로 손을 잡아도 형벌을 면치 못할 것이 틀림없고, 의인의 자손은 구원을 얻을 것이 틀림없다는 것이다. 악인은 겉으로는 서약을 한다 해도 진심이 아니기 때문에 그들의 서약은 무의미하다. 의인의 자손은 혈통에 따른 자손이 아니라 의로운 삶을 사는 사람을 가리킨다. 예수님은 바리새인들을 향해 '아브라함의 자손이면 아브라함이 행한 일들을 하라(요 8:39)' 하셨다. 의인의 혈통임을 삶을 통해 보이라는 말씀이다.

"아름다운 여인이 삼가지 아니하는 것은 마치 돼지 코에 금 고리 같으니라(22절)." 아름다운 여인이 분별력이 없거나 행동이 단정치 못하고 방종하면 돼지 코에 금 고리와 같다. 금 고리(a ring of gold)는 코걸이를 말한다(창 24:22, 47, 사

3:21). 오늘날 여성들은 귀걸이를 하거나 반지를 끼지만 당시 이스라엘 여인들은 몸치장을 위해 코걸이를 했다. 코에 금 고리를 단다고 해서 돼지가 아름다워지는 것이 아니듯 아무리 외모가 출중해도 무분별하게 행동하면 지각이 없다(lack discretion)는 평가를 받는다는 말이다. 신중하지 못하다는 것이다. 수다스럽고 거짓된 언어생활을 피하고 과묵하고 신뢰감 넘치는 언어생활을 하라는 말이다.

"의인의 소원은 오직 선하나 악인의 소망은 진노를 이루느니라(23절)." 의로운 사람의 소원(desire)은 좋은 결실을 가져온다. 그 소원이 이루어지기 때문이다. 하지만 악한 자의 희망(expectation)은 진노(wrath)로 끝난다. 하나님의 진노를 불러일으키기 때문이다. 악인의 바람은 결국 수포로 돌아간다.

2. 흩어 구제하는 자와 자기 재물을 의지하는 자(24-31절)

"흩어 구제하여도 더욱 부하게 되는 일이 있나니 과도히 아껴도 가난하게 될 뿐이니라(24절)." 남을 위해 아낌없이 나누어주는 데도 더욱 부유해지는 사람이 있다. '흩어(scatter)' 는 히브리어로 '파자르(pazzer)' 로 '후하게 주다' 는 뜻을 가지고 있다. 관대함을 베푸는 것은 축복과, 보다 나은 번영을 누리는 길임을 가르쳐 준다. 이에 비해 마땅히 쓸 것까지 지나치게 아껴 써도 여전히 가난해지는 사람이 있다. '과도히 아껴도(miyoser wehowsek, withhold more than what is justly due)' 는 '집착하여 물고 늘어져도' 라는 뜻을 가지고 있다. 그만큼 아끼는 데도 가난해질 뿐이다. 이 말씀은 우리가 일시적인 것을 잃어야 영원한 것을 얻는다는 역설적 사실을 가르치고 있다.

"구제를 좋아하는 자는 풍족하여질 것이요 남을 윤택하게 하는 자는 자기도 윤택하여지리라(25절)." 남에게 베풀기를 좋아하는 사람(generous man)이 풍부해지고(will prosper), 남을 대접해야(he who refreshes others) 저도 대접을 받는다(will himself be refreshed).

"곡식을 내놓지 아니하는 자는 백성에게 저주를 받을 것이나 파는 자는 그의 머리에 복이 임하리라(26절)." 곡식을 한꺼번에 사두었다가 기근이 들었을 때나

품귀현상이 일어날 때 비싼 가격으로 파는 것은 가장 손쉽게 돈을 벌 수 있는 방법이다. 그러나 곡식을 많이 사들이고 값이 오르기를 기다리는 사람은 원망과 저주를 듣게 된다. 사람들이 이기적 행동을 싫어하기 때문이다. 오히려 적정 이윤만 받고 적절한 가격에 파는 사람을 축복한다. 한 마디로 매점매석으로 폭리를 취하지 말라는 말이다.

"선을 간절히 구하는 자는 은총을 얻으려니와 악을 더듬어 찾는 자에게는 악이 임하리라(27절)." 선을 추구하는 사람은 은총(goodwill)을 얻고, 악을 추구하는 사람은 저주를 받는다. 좋은 일을 애써 찾으면 은총을 받는다. 하지만 나쁜 일을 애써 추구하면 오히려 나쁜 것을 되받는다.

"자기의 재물을 의지하는 자는 패망하려니와 의인은 푸른 잎사귀 같아서 번성하리라(28절)." 돈을 소유하는 것은 잘못이 아니다. 하지만 돈을 사랑하고 그것에 의지하는 사람은 망하게 된다(잠 23:5, 딤전 6:9, 10, 약 1:11). 이에 반해 의인은 돈이 아니라 하나님을 의지한다. 이 때문에 그는 푸른 잎사귀(a green leaf)처럼 번성한다(시 1:3, 4, 92:12-15).

"자기 집을 해롭게 하는 자의 소득은 바람이라 미련한 자는 마음이 지혜로운 자의 종이 되리라(29절)." 자기 집을 해롭게 하는 자(he who brings trouble on his family)는 자기 집에 문제를 가져오는 자, 곧 미련한 자이다. 이러한 자는 탐욕을 부려 아무리 재물을 모아도 그의 소득은 바람과 같다. 그런 사람은 마지막에 지혜로운 자의 종이 되어 생을 근근이 이어가는 신세로 전락하게 된다.

"의인의 열매는 생명나무라 지혜로운 자는 사람을 얻느니라(30절)." 의로운 자의 열매는 생명 나무이다. 지혜로운 자는 사람을 얻는다. '사람을 얻다(win souls)' 는 것은 '의로운 데로 인도하다' 는 뜻을 가지고 있다. 지혜로운 사람은 많은 사람을 옳은 데로 돌아오게 한다(단 12:3, 고전 9:19-22, 약 5:20).

"보라 의인이라도 이 세상에서 보응을 받겠거든 하물며 악인과 죄인이리요(31절)." 의로운 사람도 이 세상에서 보응을 받는다. 모세와 다윗도 죄를 범했을 때 이 세상에서 징벌을 받았다. 그러므로 악인과 죄인이 어떻게 보응을 받지 않겠는가. 악인은 말할 것 없이 징벌을 받게 된다는 것이다(벧전 4:18).

제12장

훈계를 좋아하는 자와 싫어하는 자

1. 훈계를 좋아하는 자와 싫어하는 자(1-8절)

"훈계를 좋아하는 자는 지식을 좋아하거니와 징계를 싫어하는 자는 짐승과 같으니라(1절)." 훈계(discipline)는 잘못된 행실을 타이르고 바로 잡아 더 이상 그런 행실이 계속되지 않도록 가르치는 것을 말한다. 이 말이 징계로도 번역되고 있다. 훈계받기를 좋아하는 사람은 지식을 사랑하는 자다. 하지만 책망받기(reproof)를 싫어하는 사람은 짐승같이 우둔한 자다. '짐승과 같다(brutish)' 는 것은 우둔하다는 뜻이다.

"선인은 여호와께 은총을 받으려니와 악을 꾀하는 자는 정죄하심을 받으리라(2절)." 선한 사람은 하나님으로부터 은총(favor)을 받는다. 하지만 악을 꾀하는 사람(crafty man)은 하나님으로부터 정죄를 받는다(condemn).

"사람이 악으로서 굳게 서지 못하거니와 의인의 뿌리는 움직이지 아니하느니라(3절)." 사람은 악행(wickedness)으로 터를 굳게 세울 수(established) 없다. 하지만 의로운 자의 뿌리는 흔들리지 않는다. 뽑히지(uprooted) 않고 견고하다는 말이다.

"어진 여인은 그 지아비의 면류관이나 욕을 끼치는 여인은 그 지아비의 뼈가 썩음 같게 하느니라(4절)." 어진 아내는 고상한 인격(noble character)을 가진 여인으로, 현숙한 여인을 말한다. 이런 여인은 남편의 면류관(crown)이다. 어진 아내로 인해 남편은 자부심을 느끼고 존귀를 얻는다. 하지만 욕을 끼치는 아내(disgraceful wife), 곧 도덕적으로 정숙하지 못한 여인은 근심과 고통을 안겨줘 남편의 뼛속을 썩게 한다. 이런 여인은 치명적인 병균처럼 남편의 골수까지 썩게 하고 그를 파멸시킨다.

"의인의 생각은 정직하여도 악인의 도모는 속임이니라(5절)." 의인의 생각과 계획(plans)은 곧다(just). 사사롭고 편벽되지 않다. 하지만 악인의 궁리(advice)는 속임수뿐(deceitful)이다.

"악인의 말은 사람을 엿보아 피를 흘리자 하는 것이거니와 정직한 자의 입은 사람을 구원하느니라(6절)." 악인이 하는 말은 피 흘릴(in wait for blood) 음모뿐이다. 사람을 해친다. 하지만 정직한 자의 말은 사람을 구한다(rescue).

"악인은 엎드러져서 소멸되려니와 의인의 집은 서 있으리라(7절)." 악인들은 쓰러져서(overthrown) 사라진다(are no more). 하지만 의인의 집은 든든히 서 있다(stand firm). 의인의 가족은 다 안전하다.

"사람은 그 지혜대로 칭찬을 받으려니와 마음이 굽은 자는 멸시를 받으리라(8절)." 사람은 그 지혜(kelow, insight)대로 칭찬을 받는다. 하지만 마음이 비뚤어진 사람은 멸시를 받는다. 마음이 비뚤어진 사람은 패역하여(perverse, with warped minds) 곧게 생각할 수 없는 사람이다. 지혜로움과 패려함은 서로 반대된다.

2. 성실한 자와 불의한 이를 탐하는 자(9-14절)

"비천히 여김을 받을지라도 종을 부리는 자는 스스로 높은 체하고도 음식이 핍절한 자보다 나으니라(9절)." 업신여김을 받더라도 종을 부리는 사람은, 스스로 높은 체하면서 먹을 빵이 없는 사람보다 낫다. 여기서 '종을 부리는 자'는 지체 높은 양반은 아니지만 부유한 평민을 가리킨다. 그래서 '비천히 여김을 받을 지라다'라는 말을 달았다. 사사기 6:15, 27을 보면 당시 평범한 가정에서도 종을 부렸음을 알 수 있다. 지위와 혈통을 자랑으로 떠벌리면서도 먹을 것 하나 없어 굶주리며 사는 양반, 그러면서도 자기가 상당한 사람(somebody)인체 하는 사람보다 비록 멸시를 받을 정도로 천한 신분, 곧 아무 것도 아닌 사람(nobody)이지만 그래도 종을 부리며 풍족하게 사는 사람이 더 낫다는 것이다.

"의인은 자기의 가축의 생명을 돌보나 악인의 긍휼은 잔인이니라(10절)." 의인은 자기 가축에게 지금 무엇이 필요한지 알고 잘 돌보아 준다. 동물에도 관심을 주고 자비롭게 대한다. 하지만, 악인은 가장 큰 자비(the kindest acts)를 베풀 때조차도 잔인하다. 그 짐승에게까지 잔인하게 대한다.

"자기의 토지를 경작하는 자는 먹을 것이 많거니와 방탕한 것을 따르는 자는 지혜가 없느니라(11절)." 열심히 일하는 농부(he who works his land)는 먹을 것이 풍족하다. 하지만 헛된 일을 추구하는 사람(he who chases fantasies)은 지각이 없는 자, 곧 분별력이 없는 자이다. 일확천금을 노리지 말고 성실하게 일하며 살라는 말이다.

"악인은 불의의 이익을 탐하나 의인은 그 뿌리로 말미암아 결실하느니라(12절)." 악인은 부정한 이득, 곧 악한 자들의 약탈품(the plunder of evil men)을 탐한다. 하지만 의로운 사람은 노력의 대가로 만족한다. 그 뿌리(the root)가 결실을 맺게 하기(flourish) 때문이다.

"악인은 입술의 허물로 말미암아 그물에 걸려도 의인은 환난에서 벗어나느니라(13절)." 악인은 자기가 한 죄악 된 말(his sinful talk)로 덫에 걸린다(trapped). 하지만 의로운 사람은 환난(trouble)에서 벗어난다. 이와 비슷한 가르침이 마태복음 12:36, 37에 있다. 성경에서 환난은 다른 사람으로부터 괴롭힘을 당한다는 뜻을 가지고 있다. 따라서 환난의 원인은 하나님의 심판이나 사람들의 핍박이 될 수 있다.

"사람은 입의 열매로 말미암아 복록에 족하며 그 손이 행하는 대로 자기가 받느니라(14절)." 입의 열매(the fruit of his lips)는 말을 뜻한다. 열매 맺는 말을 한 사람은 복록, 곧 좋은 것(good things)을 넉넉하게 얻는다. 진실한 말을 하고 살면 큰 만족을 얻는다는 말이다. 그리고 열심히 수고하면 그만큼 돌려받는다. '그 손이 행하는 대로(as the work of his hands)' 는 친절을 행했으면 친절로, 악을 행했으면 악으로 보응을 받는다는 것이다.

3. 진실한 입술과 거짓 입술(15-23절)

"미련한 자는 자기 행위를 바른 줄로 여기나 지혜로운 자는 권고를 듣느니라

(15절).” 어리석은 사람은 자신의 행위(way)를 옳다고 여긴다. 남의 충고에 귀 기울이지 않고 제 잘난 멋에 사는 것이다. 하지만 지혜로운 사람은 남의 충고(advice)에 귀를 기울이고, 그 충고를 기쁘게 받아들인다.

“미련한 자는 당장 분노를 나타내거니와 슬기로운 자는 수욕을 참느니라(16절).” 미련한 자는 당장 분노를 터뜨린다. ‘당장(at once)’ 은 문자적으로 ‘그 날에,’ 곧 ‘같은 날에’ 라는 뜻을 가지고 있다. 이에 반해 슬기로운 자(a prudent man)는 모욕을 당해도 참는다. 수욕을 참는다는 것은 모욕을 당하더라도 자제함으로 그 모욕에 대해 못 들은 척 지나치거나(overlook) 용서하는 것을 의미한다(삼하 16:11-12).

“진리를 말하는 자는 의를 나타내어도 거짓 증인은 속이는 말을 하느니라(17절).” 말은 사람의 인격을 나타낸다. 진실한 사람(a truthful witness)은 참된 증인을 말한다. 그 증인은 말에서 의를 나타낸다. 정직하고 바르게 증언(honest testimony)을 한다. 그러나 거짓 증인(a false witness)은 거짓말을 할 뿐이다.

“칼로 찌름 같이 함부로 말하는 자가 있거니와 지혜로운 자의 혀는 양약과 같으니라(18절).” 칼로 찌르는 것처럼 뼈아픈 말을 함부로 지껄여대는 사람이 있다. 사람의 마음을 상하게 하므로 지혜롭지 못하다. ‘함부로(reckless)’ 의 히브리어 ‘보테(bowteh)’ 는 ‘경솔하게,’ ‘지각없이’ 라는 뜻을 가지고 있다. 그러나 지혜로운 자는 낙담한 자에게 위로의 말을 전해줌으로서 아픈 상처를 어루만져 주고 용기를 준다. 양약과 같다는 것은 치유(healing)한다는 말이다.

“진실한 입술은 영원히 보존되거니와 거짓 혀는 잠시 동안만 있을 뿐이니라(19절).” 진실한 말(truthful lips)은 영원히 남지만 거짓말(a lying tongue)은 한 순간만(only a moment) 통할 뿐이다. 진실은 영원히 살아 있지만(endure forever) 거짓은 그 수명이 매우 짧다는 것이다.

“악을 꾀하는 자의 마음에는 속임이 있고 화평을 의논하는 자에게는 희락이 있느니라(20절).” 악한 것을 계획하는 사람의 마음에는 속임수, 곧 사기성으로 가득 차 있다. 하지만 화평, 곧 선한 것을 계획하는(promote peace) 사람의 마음에는 기쁨으로 가득 차 있다. 그 마음에 악을 꾀하는가, 화평을 꾀하는가에 따라 내재

하는 성격이 다르다.

“의인에게는 어떤 재앙도 임하지 아니하려니와 악인에게는 앙화가 가득하리라(21절).” 의인은 아무런 해도 입지 않지만, 악인은 재난에 파묻혀(fill of trouble) 산다. 의인에게는 환난이나 고통이 전혀 없다는 뜻이 아니고 범죄에 수반되는 하나님의 징벌로서의 재앙이 없다는 뜻이다. 사도 바울은 환난이 의인을 해치지 못하고 오히려 유익이 된다고 했다(롬 8:28).

“거짓 입술은 여호와께 미움을 받아도 진실하게 행하는 자는 그의 기뻐하심을 받느니라(22절).” 하나님은 거짓말을 하는 입술은 미워하신다. 하지만 진실하게 사는 사람은 기뻐하신다.

“슬기로운 자는 지식을 감추어도 미련한 자의 마음은 미련한 것을 전파하느니라(23절).” 슬기로운 사람은 자기가 아는 것을 나타내지 않는다. 그 지식을 시기적절하게 사용하기 위해 평상시에는 그 나타냄을 자제한다. 하지만 미련한 사람은 아무 자리에서나 자신의 뛰어남을 자랑하려고 아는 척을 한다. 자기의 어리석음을 떠벌리고 다닌다.

4. 부지런한 자와 게으른 자(24-27절)

“부지런한 자의 손(diligent hands)은 사람을 다스리게 되어도 게으른 자는 부림을 받느니라(24절).” 부지런한 자는 사람을 다스려도(rule) 게으른 자는 종살이(slave labor)를 면치 못한다. 9, 11절에서와 같이 게으르고 소홀한 태도와 근면을 대조시키고 근면의 덕을 강조하고 있다.

“근심이 사람의 마음(anxious heart)에 있으면 그것으로 번뇌하게 되나 선한 말(kind word)은 그것을 즐겁게 하느니라(25절).” 마음에 근심이 있으면 번민이 인다(weigh a man down). 근심은 사람을 침울하게 한다. 하지만 좋은 말은 사람의 마음을 기쁘게 한다(cheer him up). 좋은 말 한 마디로도 사람을 기쁘게 할 수 있다. 근심은 낙담과 절망을 가져온다. 그러므로 지나친 근심은 금물이다(마 6:34, 벧전 5:7). 복음을 위해 옥에 갇혔던 바울은 오히려 ‘기뻐하라(빌 4:4)’ 하였다.

"의인은 그 이웃의 인도자가 되나 악인의 소행(the way of the wicked)은 자신을 미혹하느니라(26절)." 의인은 이웃에게 바른길을 보여 준다. 하지만, 악인은 이웃을 나쁜 길로 빠져 들게 한다. 따라서 친구를 삼는 일에 매우 주의할 필요가 있다. 의인은 아무나 친구를 사귀지 않는다. 친구를 선택할 때 아주 신중하게(cautious in friendship, NIV) 한다(잠 18:24, 22:24).

"게으른 자는 그 잡을 것도 사냥하지 아니하나니 사람의 부귀는 부지런한 것이니라(27절)." '그 잡을 것도 사냥하지 아니하나니' 는 여러 뜻으로 해석할 수 있다. 첫째, 게으른 사람은 사냥한 것도 불에 구우려 하지 않는다. 사냥한 고기도 요리하지 않을 정도로 게으르다는 말이다. 둘째, 사람이 게으르면 추구하는 것을 얻지 못한다는 것이다. 이에 반해 부지런한 사람은 귀한 재물을 얻는다. 열심히 일하면 재산을 모은다.

"공의로운 길에 생명이 있나니 그 길에는 사망이 없느니라(28절)." 의의 길(the way of righteousness)에는 생명(life)만이 있을 뿐 그 길에는(along that path) 죽음이 없다(immortality). 의의 길은 단지 윤리적인 선을 행하는 것 이상을 담고 있다. 그것은 하나님의 계명을 따르고 지키는 길이다. 따라서 의의 길을 가는 자는 물질적 축복에만 머물지 않고 영생의 축복까지 얻게 된다.

제13장

부를 이루는 원천과 소망을 이루는 원천

1. 부를 이루는 원천(1-11절)

"지혜로운 아들은 아비의 훈계(instruction)를 들으나 거만한 자는 꾸지람을 즐겨 듣지 아니하느니라(1절)." 지혜로운 아들(a wise son)은 자기 아버지가 타이르는 말이나 가르침을 주의 깊게 듣는다. 하지만 거만한 자(a mocker)는 꾸지람(rebuke)을 들으려고 하지 않는다. 태도부터 다르다는 말이다.

"사람은 입의 열매(the fruit of his lips)로 인하여 복록을 누리거니와 마음이 궤사한 자(the unfaithful)는 강포(violence)를 당하느니라(2절)." 선한 사람은 열매 맺는 말을 하여 복록(good things), 곧 좋은 것을 누리게 된다. 자기가 한 말로 복을 누리고 산다는 말이다. 하지만 마음이 궤사해 남을 해치려 한 자는 그 계교가 결국 자기들의 머리로 돌아가 보복이 돌아올 뿐이다. 악한 자의 계교는 폭력, 곧 보복을 부른다(a craving for violence). 말뿐 아니라 마음도 좋게 써야 한다는 것을 가르치고 있다.

"입을 지키는 자는 자기의 생명을 보전하나 입술을 크게 벌리는 자에게는 멸망이 오느니라(3절)." 자기 입을 지키는 자는 자기의 생명을 보전할 수 있다. 하지만 입술을 크게 벌리는 자, 곧 입을 함부로 떠벌리고 지껄여대는 자는 파멸하게 된다. 죽고 사는 것이 입에 달려있다는 말이다. 지혜로운 자는 혀를 잘 다스리지만 경솔한 자는 자신이 지킬 수 없는 약속도 하고 남의 마음을 상하게도 한다. 사람들은 그런 사람의 말을 듣지 않거나 피한다. 따라서 그런 사람은 멸망을 자초하게 된다. 하나님이 우리에게 입을 주신 것은 우리를 금과 은처럼 단련시켜 진리를 증거 하기 위함이다. 따라서 입을 제어할 필요가 있다.

"게으른 자는 마음으로 원하여도 얻지 못하나 부지런한 자의 마음은 풍족함을 얻느니라(4절)." 게으른 자(the sluggard)는 아무리 원하는 것이 있다 해도 아무 것도 얻지 못한다. 하지만 부지런한 사람(the diligent)은 원하는 것을 풍족하게 얻는다. 만족하고도 남는다. 그러니 게으른 자가 되지 말라는 말이다.

"의인은 거짓말을 미워하나 악인은 행위가 흉악하여 부끄러운 데에 이르느니라(5절)." 의인은 거짓말하기를 싫어하고 미워한다. 하지만, 악인은 항상 거짓말만 하다가 결국 부끄러움을 당한다(come to shame). 흉악하다(loathsome)는 것은 성질이나 행동이 음흉하고 몹시 악하다는 뜻이다. 흉악은 히브리어로 '얍이쉬(yabis)' 로 '악취를 내다,' '코를 찌르다' 는 뜻이다. 악인의 거짓된 행동이 악취를 풍길 만큼 남에게 해를 준다는 말이다.

"공의는 행실이 정직한 자를 보호하고 악은 죄인을 패망하게 하느니라(6절)." 의(righteousness)는 정직하고(upright) 순전한 자를 보호하고 악(wickedness)은 죄인을 망하게 한다.

"스스로 부한 체하여도 아무 것도 없는 자가 있고 스스로 가난한 체하여도 재물이 많은 자가 있느니라(7절)." 부자인 체해도(pretend) 가진 것이 없는 자가 있고 가난한 체해도 재물이 많은 자가 있다. 이 구절은 겉으로 드러내는 허세와 실제적인 내용이 정반대임을 보여준다. 따라서 우리는 사람을 외모로 판단해서는 안 된다. 나아가 여기서 주의해야 할 것은 물질적인 빈부가 영적인 빈부와 직결되는 것이 아니라는 것이다. 물질적으로 부하다 해도 영적으로 빈곤할 수 있고, 물질적으로 가난하다 해도 영적으로 부요할 수 있기 때문이다.

"사람의 재물이 자기 생명의 속전일 수 있으나 가난한 자는 협박을 받을 일이 없느니라(8절)." 부자는 자신의 재물로 위급한 상황에서 자기 목숨을 구할 수도 있다. 다시 말해 그의 재물을 노리는 강도에게 잡혔을 때 몸값(ransom)을 지불하고 빠져나올 수 있다. 하지만 가난한 자는 재물이 없기 때문에 아예 그런 협박을 받을 일이 없다(잠 10:51, 렘 41:8).

"의인의 빛은 환하게 빛나고 악인의 등불은 꺼지느니라(9절)." 의인의 빛(the

light of the righteous)은 의인이 평생을 통해 걸어왔던 아름다운 발자취를 말한다. 그의 삶에는 인자와 온유와 공의가 있어 밝게 빛난다. 그 빛은 하나님이 친히 그의 마음에 밝혀주신 빛이어서 더욱 빛난다(shine brightly). 사람들은 그 빛나는 발자취를 통해 교훈을 배우게 된다. 하지만 악인의 등불(the lamp of the wicked)은 꺼져버린다(snuffed out). 그 빛은 악인 자신이 만든 빛이기 때문이다. 빛이나 등불은 육체적인 생명을 가리키는 비유적인 표현이다. 따라서 등불이 꺼지는 것은 죽음을 상징한다. 이 구절은 의로운 사람은 밝게 빛나는 빛과 같고 악인은 꺼져가는 등불과 같다는 말이다.

"교만에서는 다툼만 일어날 뿐이라 권면을 듣는 자는 지혜가 있느니라(10절)." 교만(pride)은 다툼을 일으킬(breed quarrels) 뿐이다. 이에 반해 지혜(wisdom)는 충고를 받아들이는 사람에게서 발견된다. 지혜 있는 사람은 충고를 받아들인다. 충고를 듣는 자는 지혜로운 사람이다.

"망령되이 얻은 재물은 줄어가고 손으로 모은 것은 늘어가느니라(11절)." 망령되이 얻는 재물(dishonest money)은 탈취하거나 속임수로 얻은 재물을 말한다. 이렇듯 부당하게 얻은 재물은 오래 가지 못한다(잠 10:2, 13:22, 23:5). 줄어간다(dwindle away). 그러나 조금씩 손수 모은 재산(gather money little by little), 곧 힘들여 정직하게 번 돈은 늘어간다(make it grow). 예나 지금이나 사람들은 힘써 일하는 것보다 벼락부자를 꿈꾼다. 하지만 쉽게 얻은 것은 쉽게 없어진다. 이 진리를 깨닫고 근면의 습관을 기르고 근면을 통해 인생의 참된 보람을 느낄 수 있어야 한다.

2. 소망을 이루는 원천(12-25절)

"소망이 더디 이루어지면 그것이 마음을 상하게 하거니와 소원이 이루어지는 것은 곧 생명나무니라(12절)." 사람은 바라던 것이 제대로 이루어지지 않을 때 그 소원이 지체됨(hope deferred)으로 인해 상심하게 된다. 심리적으로 무력감에 빠지고 심지어 병을 얻게 된다. 라헬이 아기를 가지지 못했을 때 바로 그랬다(창

30:1). 하지만 소원하던 것이 이루어지면(a longing fulfilled) 생명나무(a tree of life)를 얻는다. 몸과 마음이 새로운 활력으로 넘쳐나고 기뻐하고 즐거워한다. 이것이 일반적 현상이기는 하지만 성도가 낙심하는 것은 옳지 못하다. 참다운 소망을 가졌다면 인내로써 성취해 가야 한다.

"말씀을 멸시하는 자는 자기에게 패망을 이루고 계명을 두려워하는 자는 상을 받느니라(13절)." 하나님의 말씀(instruction)을 멸시하는 자는 스스로 망한다. 그 대가를 받는다(pay for it). 하지만 그 계명(a command)을 두려워하는 자, 곧 그 계명에 순종하는 자는 상을 받는다(rewarded).

"지혜 있는 자의 교훈은 생명의 샘이니 사망의 그물에서 벗어나게 하느니라(14절)." 지혜 있는 사람의 가르침(teaching)은 생명의 샘(a fountain of life) 같아서 사람을 죽을 위기에서 구해낸다. 사망의 그물(the snares of death)은 짐승이 예기치 못하게 그물에 사로잡히는 것처럼 이른 죽음을 가리킨다. 그 죽음의 그물에서 벗어나게 한다는 것이다. 그러므로 지혜자의 가르침을 존중하라는 말이다. 여기서 '교훈(the law)' 은 히브리어로 '토라(towrat)' 로 종교적인 진리를 의미하는 말이다. 하지만 여기서는 특별히 모세의 율법을 가리킨다. 따라서 지혜자의 교훈은 인간적인 사고에 바탕을 둔 것이 아니라 하나님의 말씀에 입각한 교육임을 알 수 있다.

"선한 지혜는 은혜를 베푸나 사악한 자의 길은 험하니라(15절)." 선한 지혜(good understanding)는 은혜를 베푼다(win favor). 교양 있는 사람은 은혜를 끼친다. 하지만 신실치 못한 자의 길(the way of the unfaithful)은 험하기만(hard) 하다. 악한 자의 길은 스스로 멸망하는 길이다. 악인이 자신의 행위가 잘못됨을 깨닫지 못하고 같은 행위를 계속 저지르기 때문이다. 그래도 변하지 않는다. '험하니라' 는 황폐한 땅의 상태를 말하고 있어 생명의 샘과 대조되고 있다.

"무릇 슬기로운 자는 지식으로 행하거니와 미련한 자는 자기의 미련한 것을 나타내느니라(16절)." 행동은 그 사람의 인격을 드러낸다. 슬기로운 사람(prudent man)은 신중하게 생각하고 행동한다(act out of knowledge). 상황을 잘 판단하고 행동한다. 하지만 미련한 자는 말을 해도 자기의 어리석음(his folly)만 드러낸다.

“악한 사자(a wicked messenger)는 재앙에 빠져도 충성된 사신(a trustworthy envoy)은 양약이 되느니라(17절).” 못된 전령은 사람을 재앙에 빠지게 한다(fall into trouble). 그를 보낸 사람들을 잘못 대변함으로써 말썽을 일으키기 때문이다(잠 26:6). 하지만 충직한 사신은 양약(healing)이 된다. 모든 일을 능란하고 정직하게 처리함으로써 쌍방에게 유익을 주고(잠 25:13) 재앙을 물리친다. 양약은 문자적으로는 ‘마르페(marpe)’로 ‘시원함,’ ‘건강’을 뜻한다.

“훈계를 저버리는 자에게는 궁핍과 수욕이 이르거니와 경계를 받는 자는 존영을 받느니라(18절).” 훈계(discipline)를 저버리면 가난과 수치가 닥친다. 하지만 책망을 들을 줄 아는 사람(whoever heeds correction)은 존경을 받는다.

“소원을 성취하면 마음에 달아도 미련한 자는 악에서 떠나기를 싫어하느니라(19절).” 소원이 이루어진다는 것은 얼마나 좋은 일인가! 마음이 즐겁다. 그럼에도 불구하고 미련한 자들은 악에서 떠나기(손 떼기)를 싫어한다. 결국 그가 바라던 것이 이루어지지 않는다는 말이다.

“지혜로운 자와 동행하면 지혜를 얻고 미련한 자와 사귀면 해를 받느니라(20절).” 지혜로운 사람과 함께 다니는 사람(he who walks with the wise)은 지혜를 얻고(grow wise) 미련한 자와 사귀는 사람(a companion of fools)은 해를 입는다(suffer harm). 이 구절은 친구를 선택할 때 신중할 것을 가르친다. 사람은 다른 사람의 행동을 보고 선과 악에 관해 많은 것을 배우기 때문이다.

“재앙은 죄인을 따르고 선한 보응은 의인에게 이르느니라(21절).” 죄인에게는 재앙(misfortune)이 따르고 의로운 사람에게는 축복(prosperity)이 따른다. 선한 보응(the reward)을 하시는 분은 하나님이시다(잠 12:14). 죄인과 의인에 대한 보응은 온전히 하나님께 달려있다.

“선인은 그 산업을 자자손손에게 끼쳐도 죄인의 재물은 의인을 위하여 쌓이느니라(22절).” 선한 사람(a good man)은 그의 산업(an inheritance), 곧 자기 재산을 후손에게 물려준다. 그 유산은 자손 대대로 이어진다. 하지만 죄인의 재산(wealth)은 선한 사람을 위해 쌓인다(stored up). 죄인이 부당하게 얻은 재산은 결국 의인의 수중으로 들어간다는 말이다. 욥은 이런 일이 종종 일어난다고 했다 (욥 27:16-17).

“가난한 자는 밭을 경작함으로 양식이 많아지거니와 불의로 말미암아 가산을 탕진하는 자가 있느니라(23절).” 가난한 사람이 열심히 경작해서 많은 양식을 얻을 수 있다. 그러나 불의(injustice)가 판을 치면 그에게 돌아갈 몫이 없다. 불의가 그것을 쓸어 가 버리기 때문이다. 나쁜 사람들 때문에 때로는 애써 수확한 것까지 잃을 수 있다는 말이다.

“매를 아끼는 자는 그의 자식을 미워함이라 자식을 사랑하는 자는 근실히 징계하느니라(24절).” 매(the rod, staff)는 어버이나 스승이 잘못을 징계하려고 회초리로 종아리를 때리는 것을 말한다. 매를 아끼는 것은 자식을 미워하는 것이다. 다시 말해 자식을 사랑하지 않는 것이다. 진정으로 자식을 사랑하는 부모는 성실하게 자식을 징계한다. 훈계를 게을리 하지 않는다. 매를 아끼면 아이를 망칠 수 있기 때문이다. ‘근실히(diligently, carefully, quickly)’는 ‘아침 일찍이,’ ‘인생의 아침에,’ ‘악한 습성이 형성되기 전에,’ ‘잘못한 바로 직후에’ 등 여러 뜻을 담고 있다. 매질은 자녀에게 고통을 준다. 하지만 자녀의 나쁜 행동이나 어리석은 태도를 바로잡아준다. 아이는 지혜를 얻게 된다. 그러나 이 훈계는 사랑에 바탕을 두어야 한다. 잠언이 강조하는 징계는 원칙적으로 사랑의 표현이다. “아이를 체벌한 뒤에 사과를 주라”는 말이 있다. 사랑으로 훈육하라는 말이다. 사랑이 없는 아동학대는 비윤리적이다.

“의인은 포식하여도 악인의 배는 주리느니라(25절).” 의로운 사람은 배불리 먹는다. 이것은 의인이 식생활에 있어서 부족함이나 부족함이 없음(enough to satisfy his appetite)을 나타낸다. 의인은 수고한 것에 대해 감사와 만족을 느끼기 때문에 부족함을 모른다. 하지만 악인은 배(the stomach)를 주린다. 언제나 허기증을 느낀다. 이 구절은 훈계를 저버리는 악인과 계명을 지키는 의인의 결과가 어떻게 다른가를 보여준다.

제14장

정직한 자와 미련한 자

1. 정직한 자와 미련한 자(1-19절)

"지혜로운 여인은 자기 집을 세우되 미련한 여인은 자기 손으로 그것을 허느니라(1절)." 지혜로운 여자(wise woman)는 집을 세운다(build her house). 하나님이 주신 지혜로 가정을 돌보고 행복하게 꾸민다. 그로 인해 가정이 번창한다. 하지만, 어리석은 여자(foolish one)는 제 손으로 집을 무너뜨린다. 스스로 가정을 파괴한다.

"정직하게 행하는 자는 여호와를 경외하여도 패역하게 행하는 자는 여호와를 경멸하느니라(2절)." 정직하게(upright) 사는 사람, 곧 바른 길을 걷는 사람은 여호와를 두려워한다. 하지만 그릇된(devious) 길을 걷는 사람은 교만하여 여호와를 멸시한다.

"미련한 자는 교만하여 입으로 매를 자청하고(bring a rod to his back) 지혜로운 자의 입술은 자기를 보전하느니라(3절)." 미련한 자는 교만한 말로 화를 불러일으킨다. 하지만 지혜로운 자는 그 말로 자기를 보호한다. 지혜로운 말이 그를 지켜준다.

"소가 없으면 구유는 깨끗하려니와 소의 힘으로 얻는 것이 많으니라(4절)." 소가 없으면 구유(manger)는 비어 있고 깨끗하다. 외양간도 깨끗하다. 하지만 소가 힘을 쓰면 소출이 많아진다(an abundant harvest). 소의 힘이 아니면 수확을 풍성하게 거둘 수 없다. 큰 유익을 얻기 위해서는 그에 따르는 자그마한 어려움을 참고 극복할 수 있어야 한다. 노동에는 그만한 대가가 주어진다. 어떤 일이든 노력을 기울이면 그 열매를 얻게 된다.

"신실한 증인은 거짓말을 아니 하여도 거짓 증인은 거짓말을 뱉느니라(5절)." 진실한 증인(truthful witness)은 어떤 압력이나 뇌물에 굴하지 않고 사실대로 말한다. 거짓말을 하지 않는다. 하지만 거짓 증인(false witness)은 스스로 거리낌 없이 거짓말을 내뱉는다. 이 구절은 법정에서 위증을 하지 말라는 경고다. 잠언 여러 곳에서 이 문제를 다루고 있다(잠 6:19, 9:21, 12:17. 19:5, 9, 21:28, 24:28, 25:18).

"거만한 자는 지혜를 구하여도 얻지 못하거니와 명철한 자는 지식 얻기가 쉬우니라(6절)." 거만한 사람(mocker)은 지혜를 구해도 얻지 못한다. 하지만 총명한 사람(the discerning)은 쉽게 지식을 얻는다. 거만한 사람이 지혜를 얻지 못하는 이유는 두 가지다. 하나는, 하나님 경외하기를 무시하기 때문이다. 거만한 자가 아무리 지혜를 구해보려 해도 자기 힘으로는 그것을 얻을 수 없다. 지혜는 겸손히 하나님을 경외하는 자에게만 주어지기 때문이다(시 25:12, 잠 1:7, 9:10). 지혜의 근본은 하나님을 경외하는 데 있다. 다른 하나는, 다른 사람의 훈계를 받아들이지 않기 때문이다. 거만한 자는 모든 것을 자기중심으로 생각하기 때문에 다른 사람의 훈계나 하나님의 교훈을 받아들일 줄 모른다. 이런 사람은 참된 지혜를 얻지 못한다.

"너는 미련한 자의 앞을 떠나라 그 입술에 지식 있음을 보지 못함이니라(7절)." 미련한 자(a foolish man)를 멀리하라. 그런 자에게서는 아무것도 배울 것이 없기 때문이다. 그 입에서 나오는 어떤 말도 도움이 되지 못한다.

"슬기로운 자의 지혜는 자기의 길을 아는 것이라도 미련한 자의 어리석음은 속이는 것이니라(8절)." 슬기로운 사람의 지혜는 자기가 가는 길을 깨닫게 한다(give thought to their ways). 그 지혜로 자기의 앞길을 아는 자는 슬기로운 사람이다. 하지만 미련한 사람의 어리석음(the folly)은 속이는 데(deception) 있다. 남을 속인다 해도 결국 탄로 나기 마련인데 그럼에도 불구하고 계속 속이려 한다. 자기는 신중하다고 생각할지 모르지만 그것은 자신의 어리석음을 드러내는 것이자 결국 자기마저 속이는 것이다. 성공을 거두기커녕 파멸을 자초한다.

"미련한 자는 죄를 심상히 여겨도 정직한 자 중에는 은혜가 있느니라(9절)."

미련한 사람은 죄를 대수롭지 않게 생각한다. 속죄제사도 우습게 여긴다(mock at making amends for sin). 자신의 행위가 다른 사람에게 해를 끼친다는 것에 대해서도 무관심하다. 하지만 정직한 사람은 죄를 두렵게 여기고 다른 사람을 헤아려 호의(goodwill)를 베푼다. 그 결과 하나님의 은총을 누리게 된다. 하나님은 마음이 정직한 자에게 은혜를 주신다.

"마음의 고통은 자기가 알고 마음의 즐거움은 타인이 참여하지 못하느니라(10절)." 마음의 고통(its own bitterness)은 자기만 안다. 마음의 즐거움(its joy)도 남이 나누어 가지지 못한다. 마음의 고통이나 기쁨은 진정한 의미에서 다른 사람은 알 수 없고 맛볼 수 없다는 말이다. 인간의 속마음은 그 누구도 알 수 없다. 오직 하나님만이 그 마음을 헤아리신다(잠 15:11, 16:2, 20:12, 24:12).

"악한 자의 집은 망하겠고 정직한 자의 장막은 흥하리라(11절)." 악한 사람의 집은 망하고, 정직한 사람의 집은 번창한다. 집이나 장막은 재산이나 가족을 상징한다. '흥하리라(flourish)' 는 것은 문자적으로는 새싹이 나오는 것을 뜻한다. 성장하고 번영하고 발전한다는 말이다.

"어떤 길은 사람이 보기에 바르나 필경은 사망의 길이니라(12절)." 어떤 길(derek, a way)은 사람의 눈에 바른 길 같이 보이지만 마침내는 죽음에 이르는 길이 있다는 말이다. 히브리 본문에서 사망의 '길(darke, the ways)' 은 복수형이다. 이것은 파멸에 이르는 길에 여러 종류가 있으며, 어떤 것은 곧게 보이는 가짜 길도 있음을 보여준다. 그 길에 속지 말 것이다.

"웃을 때에도 마음에 슬픔이 있고 즐거움의 끝에도 근심이 있느니라(13절)." 우리 삶에 있어서 웃음과 눈물, 기쁨과 고통은 종종 연이어 생긴다. 그런데 웃어도(in laughter) 마음이 아플 때(ache)가 있다. 웃는다고 해서 슬픔이 잊히는 것은 아니기 때문이다. 즐거워도(joy) 끝에 가서 슬플 때가 있다(end in grief). 웃음이 끝나면 슬픔은 여전히 가슴에 남는다. 인간의 웃음과 기쁨은 이처럼 한정적이다. 참다운 기쁨은 하나님을 경외하는 데서 얻어져야 한다.

"마음이 굽은 자는 자기 행위로 보응이 가득하겠고 선한 사람도 자기의 행위로 그러하리라(14절)." 마음이 굽은 자(sug, the backslider)는 고의로 의를 멀리하는 자, 의에서 마음이 떠난 자를 말한다. 한 마디로 신실함이나 믿음이 없는 자(the faithless)다. 이런 악한 사람은 악한 행위에 대한 대가를 충분히 받는다(fully repaid for their ways). 자기가 한 만큼 보응을 받는다. 선한 사람(good man)도 선한 행위에 대해 자기가 한 만큼 보상을 받는다(rewarded for his).

"어리석은 자는 온갖 말을 믿으나 슬기로운 자는 자기의 행동을 삼가느니라(15절)." 어리석은 사람(simple man)은 아무 말이나 다 믿는다. 다른 사람들의 말에 쉽게 영향을 받는다. 순수하게 받아들인다는 뜻이 아니라 아무 생각 없이 경솔하게 듣는 데로 믿어버린다. 이에 반해 슬기로운 사람(prudent man)은 자기 행동을 삼간다. 조심스럽게 살핀다. 다른 사람의 말을 맹목적으로 따르지 않고 단계단계마다 신중하게 분별하며 행동한다(give thought to his steps). 어리석은 자의 경솔함과 슬기로운 자의 신중함이 대조된다.

"지혜로운 자는 두려워하여 악을 떠나나 어리석은 자는 방자하여 스스로 믿느니라(16절)." '두려워하여' 는 두 가지로 생각할 수 있다. 하나는 하나님을 두려워하는 것이고, 다른 하나는 조심성 있고 신중하게 행동하는 것이다. 지혜로운 사람은 하나님을 두려워하여 악을 피한다. 그러나 어리석은 자는 자신만만해서 조심할 줄 모르고 함부로 행동한다. '방자하여(hotheaded, arrogant)' 는 어려워하거나 삼가지 않는 건방진 태도, 욱하며 성마른 태도를 말한다. '스스로 믿는다(confident, KJV)' 는 것은 하나님을 생각지 않고 함부로 행동한다(reckless, careless)는 뜻이다.

"노하기를 속히 하는 자는 어리석은 일을 행하고 악한 계교를 꾀하는 자는 미움을 받느니라(17절)." 성미가 급해 성을 잘 내는 사람(quick-tempered man)은 어리석은 짓(foolish things)을 하고 악한 음모를 꾸미는 자(a crafty man)는 미움을 받는다.

"어리석은 자는 어리석음으로 기업을 삼아도 슬기로운 자는 지식으로 면류관을 삼느니라(18절)." 기업(inheritance)은 원래 조상으로부터 상속받은 재산이나 순종에 대한 보상으로 하나님이 그의 백성에게 주신 선물이나 재산을 뜻한다. 어리석한 사람은 어리석음을 기업으로 삼는다. 어리석음을 유산으로 삼고, 어리석음을 상속받는다(inherit folly). 하지만 슬기로운 사람은 지식을 면류관으로 삼는다. 지식의 면류관을 쓰게 된다(crowned with knowledge).

"악인은 선인 앞에 엎드리고 불의한 자는 의인의 문에 엎드리느니라(19절)." 악한 사람은 선한 사람 앞에 굴복하고(bow down), 불의한 사람은 의로운 사람의 문(the gates of the righteous) 앞에 엎드린다. 궁극적으로는 선이 악을 누르고 승리한다는 말이다. '문에 엎드리다' 는 구걸하는 모습을 나타내기도 한다(삼상 2:36). 불의한 자가 아무리 번성한다 해도 그들의 승리는 오래가지 못한다. 마지막에는 의인에게 엎드려 호의와 자비를 구걸하게 된다.

2. 주를 경외하는 자와 이웃을 업신여기는 자(20-35절)

"가난한 자는 이웃에게도 미움을 받게 되나 부요한 자는 친구가 많으니라(20절)." 가난한 사람은 이웃에게도 미움을 받는다. 자기 이웃에게까지 업신여김을 당한다. 하지만 부자에게는 많은 친구가 따른다. 실제 그런 경우가 많다는 말이다. 이 구절만 보면 가난을 부정적으로 보게 될 위험이 있다. 이 구절은 21절과 연결해 해석하는 것이 바람직하다.

"이웃을 업신여기는 자는 죄를 범하는 자요 빈곤한 자를 불쌍히 여기는 자는 복이 있는 자니라(21절)." 자기 이웃을 멸시하는 사람은 죄를 짓는 사람이다. 하지만 가난한 자를 불쌍히 여기고 은혜를 베푸는 사람은 복이 있는 사람이다. 이 구절은 오히려 이웃에게 미움을 받는 가난한 자에게 선을 베풀 것을 강조하고 있다. 잠언은 게으름으로 인한 가난을 경고하고 있다(잠 10:4). 하지만 가난한 사람들이 사회적으로 소외당하고 정신적으로나 물질적으로 고통당하고 있는 것을 외면하지 않는다. 잠언은 가난한 자의 짐을 나누어짐으로써 건강한 사회를 만들도록 하고 있다. 그것이 궁극적으로 하나님을 존경하는 일이다(31절). 이것을 미루어 볼 때 가난을 극복할 수 있는 길은 개인의 근면과 사회정의의 조화를 통해 찾을 수 있다.

"악을 도모하는 자는 잘못 가는 것이 아니냐 선을 도모하는 자에게는 인자와 진리가 있으리라(22절)." 악한 일을 계획하는 사람은 잘못된 길을 가게 된다. 이에 반해 선한 일을 계획하는 사람은 인자와 진리(mercy and truth)를 얻는다. 인자와 진리는 선을 도모하는 자에게 내리시는 하나님의 복이다. 이런 사람은 친구들로부터 사랑과 신의(love and faithfulness)를 얻는다.

"모든 수고에는 이익이 있어도 입술의 말은 궁핍을 이룰 뿐이니라(23절)." 모든 수고에는 이득이 있는 법이다. 열심히 일하면 수입도 있다. 열심히 일하는 사람은 많은 것을 얻는다. '수고(eseb, labor)' 는 문자적으로 '고통,' '아픔' 이라는 뜻을 가지고 있다. 따라서 이익은 고통을 감수하고 노력한 결과로 얻어지는 것이다. 하지만 잡담만 하고 앉아 있으면 가난하게 된다. 실제 일은 하지 않고 일에 대해서 이야기만 하는 사람은 궁핍을 면치 못한다. 궁핍은 몹시 가난하고 궁한 것을 뜻한다. 이익은 떠벌린다고 해서 얻어지는 것이 아니기 때문이다. 무엇을 얻고자 하면 그저 말만 하기보다 실제의 수고가 중요하다.

"지혜로운 자의 재물은 그의 면류관이요 미련한 자의 소유는 다만 미련한 것이니라(24절)." 지혜로운 사람의 재물은 면류관(crown)과 같다. 지혜는 지혜 있는 사람의 면류관이라는 말이다(새번역). 이에 반해 미련한 자의 소유는 어리석음(folly)뿐이다. 어리석음(the foolishness)이 미련한 사람의 화환이라는 말이다(새번역).

"진실한 증인(true witness)은 사람의 생명을 구원하여도 거짓말을 뱉는 사람(deceitful witness)은 속이느니라(25절)." 증인이 법정에서 진실을 말하면 남의 생명을 건진다. 무죄한 사람을 사형선고에서 벗어나게 할 수 있다. 그만큼 진실한 증언이 중하다. 이에 반해 증인이 위증을 하면 배신자가 된다. 거짓 증언으로 죄를 범한 사람들 두둔하면 무죄한 사람에게 피해를 입힐 수 있기 때문이다. 한 마디로 거짓 증언 하지 말 것을 가르치고 있다.

"여호와를 경외하는 자에게는 견고한 의뢰가 있나니 그 자녀들에게 피난처가 있으리라(26절)." 여호와를 두려운 마음으로 섬기는 자에게는 안전한 요새(a secure fortress, NIV), 곧 강한 믿음(strong confidence, KJV)이 생긴다. 이것이 그의 자녀들에게도 피난처가 된다. 부모가 하나님을 경외하는 좋은 본을 보이면 자녀도 하나님을 경외하게 된다. 온 가족이 함께 하나님을 경외하며 믿음 생활을 철저히 하면 하나님의 축복은 물론 그의 보호하심을 받게 된다.

"여호와를 경외하는 것은 생명의 샘이니 사망의 그물에서 벗어나게 하느니라(27절)." 잠언 13:14에서는 지혜 있는 자의 교훈은 생명의 샘이니 사망의 그물에서 벗어나게 한다고 했다. 이 구절에서는 여호와를 경외하는 것은 생명의 샘이니 사망의 그물에서 벗어나게 한다 했다. 생명의 샘은 장수를 상징한다. 하나님을 경외하면 갑작스런 죽음의 올무(snares)에서 벗어나게 된다. 우리가 살려면 하나님을 경외하며 지혜의 가르침에 주목할 필요가 있다.

"백성이 많은 것은 왕의 영광이요 백성이 적은 것은 주권자의 패망이니라(28절)." 백성이 많으면 왕에게는 영광(king's glory)이 된다. 하지만 백성이 적으면 통치자의 몰락을 가져온다(ruined). 주권자도 별 볼일 없게 된다.

"노하기를 더디 하는 자는 크게 명철하여도 마음이 조급한 자는 어리석음을 나타내느니라(29절)." 좀처럼 화를 내지 않는 사람, 인내심이 있는 사람(patient man)은 매우 명철하고 지혜로운 자이다. 그러나 성미가 급한 사람(quick-tempered man)은 자기의 어리석음(folly)을 나타낼 뿐이다.

"평온한 마음은 육신의 생명이나 시기는 뼈를 썩게 하느니라(30절)." 마음이 평온하면 육신도 건강하다. 육신의 원문은 '베사림(besarim)으로 복수형이다. 몸 전체(the body)를 뜻한다. 몸 전체에 생기가 돈다는 말이다. 건강한 마음이 몸 전체에 활력을 불어넣는다. 하지만 시기와 질투를 하면 뼈마디까지 썩는다. 시기가 사람의 생명과 정력을 갉아먹는다. 사람의 감정은 이처럼 신체의 건강에 크게 영향을 준다. 인간은 영육일체의 존재이다. 마음에 평안을 누리고 기쁨의 생활을 하면 몸은 자연스럽게 건강하게 된다. 하지만 불안과 두려움, 분노의 감정을 갖게 되면 병에 걸리기 쉽다.

"가난한 사람을 학대하는 자는 그를 지으신 이를 멸시하는 자요 궁핍한 사람을 불쌍히 여기는 자는 주를 공경하는 자니라(31절)." 가난한 사람을 억압하고 학대하는 것은 그를 지으신 하나님을 모욕하고 멸시하는 것(contempt)이다. 하지만 가난한 사람을 불쌍히 여기고 은혜를 베푸는 것은 그를 지으신 하나님을 공경하는 것(honor God)이다. 하나님은 모든 사람을 동등하게 지으셨다. 그러나 하나님은 그 가운데서도 가난한 사람에 대해 특별한 관심을 가지고 계신다(잠 22:22-23, 마 25:40, 약 2:5). 그러므로 가난한 자를 학대하는 것은 하나님께 죄를 짓는 것이다. 궁핍한 자를 불쌍히 여기는 것은 하나님 앞에서 책임 있는 삶의 자세를 보여주는 것이다.

"악인은 그의 환난에 엎드러져도 의인은 그의 죽음에도 소망이 있느니라(32절)." 재난(calamity)이 오면 악인은 쓰러진다. 자기의 악행 때문에 넘어진다. 하지만 의로운 사람은 죽어도 희망이 있다. 하나님이 그에게 피난처(a refuge)가 되기 때문이다.

"지혜는 명철한 자의 마음에 머물거니와 미련한 자의 속에 있는 것은 나타나느니라(33절)." 지혜는 명철한 사람의 마음에 머문다(rest, repose). 지혜로운 사람은 애써 그것을 자랑하지 않는다. 지혜가 그의 마음 안에 거하고 있기 때문이다. 이에 반해 미련한 자의 태도는 다르다. 여기서 "미련한 자의 속에 있는 것은 나타나느니라"는 문자적으로 '지혜는 미련한 자의 속에서 스스로를 나타낸다(is made known, she lets herself be known)' 는 뜻을 가지고 있다. 미련한 사람은 그가 자진 조그마한 지식을 뽐낸다. 스스로 지혜 있다고 자만하며 과시한다는 것이다. 명철한 자와 어리석은 자는 분명 차이가 있다.

"공의는 나라를 영화롭게 하고 죄는 백성을 욕되게 하느니라(34절)." 의(righteousness)는 하나님과 인간에 대한 의무를 충실히 수행하는 것을 뜻하고, 죄(sin)는 하나님의 뜻을 벗어남을 뜻한다. 의는 나라를 높인다(exalt a nation). 이스라엘 민족이 하나님의 말씀에 순종할 때 복을 받고 번성했다. 반면 죄는 백성을 부끄럽게 한다(a disgrace to any people). 가나안 족속들은 그들이 저지른 죄 때문에 자기들이 살던 가나안에서 쫓겨났다. 이스라엘 민족도 같은 죄를 범함으로 인해 포로가 되었다.

"슬기롭게 행하는 신하는 왕에게 은총을 입고 욕을 끼치는 신하는 그의 진노를 당하느니라(35절)." 지혜로운 신하(a wise servant)는 왕의 총애를 받는다. 하지만 욕을 끼치는 신하(a shameful servant)는 왕의 분노(wrath)를 산다.

제15장

지혜로운 자의 입과 귀

1. 지혜로운 자의 입술(1-8절)

"유순한 대답은 분노를 쉬게 하여도 과격한 말은 노를 격동하느니라(1절)." 부드러운 대답(gentle answer)은 분노를 가라앉힌다. 기드온은 에브라임 사람들의 진노를 부드러운 말로 가라앉혔다(삿 8:1-3). 하지만 과격한 말(harsh word)은 분노를 일으킨다. 거친 말은 화를 돋운다. 다윗은 나발의 무례한 말을 전해 듣고 그를 죽일 결심을 했다(삼상 25:10-13). 잠언은 침착함과 자제심 있는 태도를 주요한 덕목으로 꼽았다(잠 15:4, 8, 12:16, 14:17, 30, 16:32, 19:11, 25:15). 노하기를 더디 하는 것 또한 하나님의 성품이다(출 34:6). 그 형상을 닮은 우리도 그 성품을 닮아야 한다.

"지혜 있는 자의 혀는 지식을 선히 베풀고 미련한 자의 입은 미련한 것을 쏟느니라(2절)." 지혜로운 사람의 혀는 지식이 돋보이게 말한다. 좋은 지식이라 사람들에게 도움이 된다. 하지만 미련한 자의 입은 어리석은 말만 쏟아낸다. 하등 도움이 되지 않는다.

"여호와의 눈(the eyes of the LORD)은 어디서든지 악인과 선인을 감찰하시느니라(3절)." 여호와께서는 어디서든지 악한 사람과 선한 사람을 모두 지켜보신다. '감찰하다(sopowt, behold, watch)'는 파수꾼이 망대에서 지켜보듯 선인과 악인 모두 돌아보시고 상과 벌을 주신다. 인간은 모두 하나님 앞에 서 있는 존재임을 인식하고 생각은 물론 행동도 바르게 가져야 한다.

"온순한 혀는 곧 생명나무이지만 패역한 혀는 마음을 상하게 하느니라(4절)." 따뜻하고 부드러운 말, 치유를 가져오는 말(tongue that brings healing)은 생명나무와 같다. 낙심가운데 빠져 있는 형제에게 위로와 격려의 말이 되기 때문이다. 그러나 가시 돋친 잔인한 말(a deceitful tongue)은 사람의 마음을 상하게 한다. 절망을 안겨주기 때문이다.

"아비의 훈계(father's discipline)를 업신여기는 자는 미련한 자요 경계(correction)를 받는 자는 슬기를 얻을 자니라(5절)." 아비의 가르침을 무시하는 사람은 미련한 자요 아비가 타이를 때 듣는 사람은 슬기로운 자이다. 어리석은 사람은 아비의 훈계를 업신여긴다. 하지만, 명철한 사람은 아비의 책망에 귀를 기울이고(heed) 소중하게 생각한다.

"의인의 집에는 많은 보물이 있어도 악인의 소득은 고통이 되느니라(6절)." 의로운 사람의 집에는 보물이 많다. 여기서 보물은 남에게 유익을 주는 위대한 보물(great treasure, NIV)이다. 하지만 악인의 소득은 부정한 수단으로 얻어진 것이어서 문젯거리(trouble)가 많아 다른 사람들에게 고통을 안겨준다. 여기에서 고통은 한 사람의 잘못으로 많은 사람에게 아픔을 주는 경우를 말한다. 여호수아 7장에 나오는 아간이 대표적이다.

"지혜로운 자의 입술은 지식을 전파하여도 미련한 자의 마음은 정함이 없느니라(7절)." 지혜로운 사람의 입술은 지식을 전해 유익되게 한다. 하지만 미련한 사람의 마음에는 그러한 생각이 없다(do not so). '정함이 없다' 는 것은 오히려 옳지 않은 것을 전한다는 말이다.

"악인의 제사는 여호와께서 미워하셔도 정직한 자의 기도는 그가 기뻐하시느니라(8절)." 여호와께서 악인의 제사(sacrifice of the wicked)는 미워하신다. 역겨워하신다(abomination to the LORD). 하나님과 올바른 관계에 있지 않는 사람은 아무리 제사를 드려도 소용이 없다. 하나님은 형식적인 제사를 받지 않으시기 때문이다. 하지만 정직한 사람의 기도는 기뻐하신다(잠 15:29, 21:3, 27, 28:9, 사 1:11-17, 약 5:16-17). 그의 기쁨(his delight)이 된다.

2. 여호와를 경외하는 자의 마음(9-21절)

"악인의 길은 여호와께서 미워하셔도 공의를 따라가는 자는 그가 사랑하시느니라(9절).” 하나님께서는 악인의 길(the way of the wicked)을 미워하신다. 하지만 의를 추구하는 사람을 사랑하신다. 싫어하는 대상과 사랑의 대상이 분명하시다.

“도(the way)를 배반하는 자는 엄한 징계를 받을 것이요 견책(reproof)을 싫어하는 자는 죽을 것이니라(10절).” 진리를 저버리는 자는 엄한 벌을 받는다. 옳은 길을 저버렸기 때문이다. 또한 책망을 싫어하는 사람은 죽게 된다.

“스올과 아바돈도 여호와의 앞에 드러나거든 하물며 사람의 마음이리요(11절).” 스올(Sheol)은 선인이나 악인이 죽으면 그 영혼이 가는 곳, 곧 음부이다. 죽음이 있는 곳이다. 아바돈(Abaddon)은 지옥의 가장 깊은 곳, 곧 무저갱을 가리킨다. 파멸이 있는 곳이다. 하나님은 음부도 샅샅이 살피신다(욥 26:6, 시 139:8). 죽음이 있는 음부와 파멸이 있는 무저갱도 여호와 앞에 숨김없이 드러나는데 사람의 마음이야 어찌 더욱 그러하지 않겠는가. 인간은 결코 자기 생각과 계획을 여호와께 숨길 수 없다는 말이다(시 38:9, 렘 17:9-10).

“거만한 자는 견책 받기를 좋아하지 아니하며 지혜 있는 자에게로 가지도 아니하느니라(12절).” 거만한 사람(scoffer)은 책망받기를 싫어한다. 자기를 책망하는 사람을 좋아하지 않기 때문이다. 또한 지혜로운 사람을 찾아가지도 않는다.

“마음의 즐거움은 얼굴을 빛나게 하여도 마음의 근심은 심령을 상하게 하느니라(13절).” 마음의 즐거움(a joyful heart)은 얼굴 표정을 밝게(make the face cheerful) 한다. 하지만 마음의 근심은 심령을 상하게 한다(crush the spirit).

“명철한 자의 마음은 지식을 요구하고 미련한 자의 입은 미련한 것을 즐기느니라(14절).” 명철한 사람의 마음(the discerning heart)은 지식을 찾는다. 하지만 미련한 사람의 입(the mouth of a fool)은 어리석음을 즐긴다. 지혜로운 자는 지식(knowledge)을 추구하지만 미련한 자는 어리석음(folly)을 즐긴다는 말이다.

“고난 받는 자는 그 날이 다 험악하나 마음이 즐거운 자는 항상 잔치하느니라(15절).” 고통당하는 자(the oppressed)의 삶은 비참하다. 모든 날이 다 불행한 날이기 때문이다. ‘그 날’ 은 모든 날(all the days)이다. 여기서 고난 받음은 외적 환경 때문이라기보다 영혼 때문이다. 내일을 염려하는 근심 때문에 인생이 축제가 될 수 없다. 그러나 마음에 기쁨을 가진 사람(the cheerful heart)에게는 빈부에 관계없이 모든 날이 잔칫날(a continual feast)이다. 염려가 없고 마음이 항상 즐겁기 때문이다.

"가산이 적어도 여호와를 경외하는 것이 크게 부하고 번뇌하는 것보다 나으니라(16절)." 재산이 적어 가난하다 해도 주님을 경외하며 사는 것이 부유하면서도 늘 번민(turmoil) 속에 사는 것보다 낫다. 가진 것이 없다 해도 여호와를 두려운 마음으로 섬기는 것이 재산이 많아서 다투며 사는 것보다 낫다는 말이다.

"채소를 먹으며 서로 사랑하는 것이 살진 소를 먹으며 서로 미워하는 것보다 나으니라(17절)." 한 접시의 채소(a meal of vegetables)를 먹어도 서로 사랑하며 사는 것이 살진 소(a fattened calf), 곧 진수성찬을 먹으면서 서로 미워하는 것보다 낫다. '한 접시의 채소'는 가난한 자나 생활을 절제하는 자의 음식을 가리킨다. 비록 가난해도 하나님과 함께 하며 그분의 은총을 받아 가족끼리 화목하고 사랑을 나누며 사는 것이 물질적인 풍요 속에서 사랑을 잃고 사는 것보다 낫다는 말이다.

"분을 쉽게 내는 자는 다툼을 일으켜도 노하기를 더디 하는 자는 시비를 그치게 하느니라(18절)." 화를 쉽게 내는 사람(hot-tempered man)은 다툼(strife)을 일으킨다. 하지만 성을 더디 내는 사람(the slow to anger)은 시비(a dispute), 곧 싸움을 그치게 한다.

"게으른 자의 길은 가시 울타리 같으나 정직한 자의 길은 대로니라(19절)." 게으른 자의 길은 가시덤불로 덮여 있는 가시밭(a hedge of thorns)과 같다. 하나님은 악한 자의 길을 가시로 막으신다(호 2:6). 하지만 정직한 자의 길은 확 트인 큰 길, 곧 고속도로(a highway)와 같다. 미움과 분노가 문제를 일으키는 것처럼 게으름도 문제를 일으킨다.

"지혜로운 아들은 아비를 즐겁게 하여도 미련한 자는 어미를 업신여기느니라(20절)." 지혜로운 아들은 자기 아버지를 기쁘게 한다(make a father glad). 하지만 미련한 아들은 자기 어머니를 업신여긴다(despise his mother).

"무지한 자는 미련한 것을 즐겨 하여도 명철한 자는 그 길을 바르게 하느니라(21절)." 여기서 무지한 자는 생각이 모자라는 사람, 마음속에 하나님에 대한 경외심이 없는 자를 말한다. 그런 자는 어리석음(folly)을 좋아하고 미련함을 즐긴다. 하지만 명철한 자, 곧 지혜 있는 자는 하나님의 가르침에 따라 길을 바로 걷는다(walk straight). 바른 길을 걷는다. 인간은 지혜를 통해 바른 삶을 살 수 있다.

3. 지혜로운 의인의 입과 귀(22-33절)

"의논이 없으면 경영이 무너지고 지략이 많으면 경영이 성립하느니라(22절)." 의논(consultation) 없이 세워진 계획은 실패한다. 조언을 무시했기 때문이다. 하지만 조언자들(counselors)이 많으면 그 계획이 이루어지고 성공한다. 힘들수록 독단적으로 처리하려 들지 말고 여러 사람의 의견을 모으는 것이 좋다.

"사람은 그 입의 대답으로 말미암아 기쁨을 얻나니 때에 맞는 말이 얼마나 아름다운고(23절)." 적절한 대답(an apt reply)은 사람을 기쁘게 한다. 경우에 합당한 말은 그것이 사랑의 말이든 격려의 말이든 책망의 말이든 그 말을 하는 사람과 듣는 사람 모두에게 유익이 된다. 제때에 적절한 말(a timely word)은 참으로 아름답다.

"지혜로운 자는 위로 향한 생명 길로 말미암음으로 그 아래에 있는 스올을 떠나게 되느니라(24절)." 지혜로운 사람이 걷는 생명의 길(the path of life)은 위쪽으로 나 있어서, 아래로 난 스올 길, 곧 음부의 길을 벗어난다. 걷는 길이 다르다는 말이다. '위로 향한 생명의 길'은 영원한 생명을 누릴 수 있는 생명의 길이다. 지혜로운 자는 썩어질 육신의 세상을 좇지 않고 늘 위에 있는 하늘나라를 바라보며 걷는다.

"여호와는 교만한 자의 집을 허시며 과부의 지계를 정하시느니라(25절)." 여호와는 교만한 자의 집을 헐어버리신다. 하지만 과부가 사는 곳의 경계선(boundaries)은 튼튼히 세워 주신다. 과부의 재산은 보호하신다는 말씀이다. 성경에서 과부는 이스라엘 사회에서 가장 약하고 보호받아야 할 대상이었다. 교만한 자는 과부를 학대하지만 하나님은 언제나 부당하게 억압당하는 과부의 편에 서셨다. 지계는 땅의 경계를 의미한다. 고대에서는 땅의 경계를 표시하기 위해 지계석을 사용했다. 이것을 옮기는 것은 땅을 훔치는 행위로 간주되었고, 그런 자는 저주의 대상이 되었다.

"악한 꾀는 여호와께서 미워하시나 선한 말은 정결하니라(26절)." 하나님은 악인의 꾀(the thoughts of the wicked)를 미워하신다. 그 생각이 악하기 때문이다. 하지만 마음이 순결한 사람(the pure)의 생각은 하나님이 기뻐하신다(pleasing to him). 선한 말은 하나님께 상달되는 순결한 말이다. 하나님은 그 말을 정결한 제물처럼 받으신다. 이 구절은 악하고 선한 것을 판단하시는 분은 오직 하나님이심을 보여준다.

"이익을 탐하는 자는 자기 집을 해롭게 하나 뇌물을 싫어하는 자는 살게 되느니라(27절)." 히브리어에서 '이익을 탐하는 것' 은 뇌물 등 부당한 방법이나 폭력을 사용하여 이익을 얻을 때 사용되는 말이다. 불의한 이익을 탐내는 사람(greedy man)은 자기 가족에게 해를 끼친다. 예를 들어 아버지가 부당한 돈으로 가족에게 쓸 것을 준비했을 경우 가족은 오히려 그 돈 때문에 고통을 당하게 된다. 하지만 뇌물을 싫어하고 그것을 거절하는 사람은 오래 산다.

"의인의 마음은 대답할 말을 깊이 생각하여도 악인의 입은 악을 쏟느니라(28절)." 의로운 사람은 대답한 말을 깊이 생각한다(weigh its answers). 신중하게 생각하여 지혜롭게 말을 한다. 하지만 악인은 악한 말을 아무 생각 없이 마구 내뱉는다. 악을 토해낸다(gush evil).

"여호와는 악인을 멀리 하시고 의인의 기도를 들으시느니라(29절)." 여호와께서는 악인을 멀리하신다. 하지만 의로운 사람의 기도는 들어주신다(hear the prayer).

"눈이 밝은 것은 마음을 기쁘게 하고 좋은 기별은 뼈를 윤택하게 하느니라(30절)." 눈이 밝다는 것은 지혜자의 격려로 기뻐하는 모습을 드러낸다. 그 표정도 아주 밝다. 친구의 밝은 얼굴 표정(cheerful look)과 격려의 말은 마음을 기쁘게 하고 삶의 의욕을 일으킨다. 좋은 소식(good news)은 지혜의 깨달음이자 그 빛이다. 좋은 소식은 사람을 낫게 한다. '뼈를 윤택하게 한다(give health to the bones)' 는 것은 건강에 좋다는 말이다. 지혜의 깨달음이 참된 건강의 기본이 된다.

“생명의 경계를 듣는 귀는 지혜로운 자 가운데에 있느니라(31절).” 생명의 경계(a life-giving rebuke)는 생명에 이르게 하는 영적인 교훈과 그 가르침을 말한다. 그 근원은 하나님을 경외하는 데 있다. 우리에게 생명을 주는 말씀, 경고의 말씀에 귀를 기울이는 사람은 지혜로운 사람이다.

“훈계 받기를 싫어하는 자는 자기의 영혼을 경히 여김이라 견책을 달게 받는 자는 지식을 얻느니라(32절).” 훈계(discipline)를 싫어하는 사람은 자기 생명을 가볍게 여기는 사람이다. 자기 자신을 멸시하는 것과 같다. 하지만 책망(correction)을 잘 듣고 달게 받는 사람은 지식, 곧 깨달음을 얻는다(gain under-standing).

“여호와를 경외하는 것은 지혜의 훈계라 겸손(humility)은 존귀의 길잡이니라(33절).” 하나님을 두려워하면 지혜를 얻는다. 지혜의 훈계는 지혜에 이르도록 하는 가르침을 말한다. 하나님을 경외하라는 것은 지혜가 주는 훈계이다. 사람은 영예를 얻기에 앞서(before honor) 먼저 겸손해야 한다. 겸손하면 영광이 따른다.

제16장

너의 행사를 여호와께 맡기라

1. 너의 행사를 여호와께 맡기라(1-9절)

"마음의 경영(the plans)은 사람에게 있어도 말의 응답(the reply)은 여호와께로부터 나오느니라(1절)." 계획은 사람이 세운다. 하지만 그 결과는 하나님께 달려있다. 결정은 주님께서 하신다는 말씀이다. 사람은 생각할 수 있고 계획을 말할 수 있다. 하지만 하나님이 그것을 실행할 능력을 주실 때 가능하다. 사람이 계획을 세운다고 다 되는 것은 아니다. 1-9절은 하나님이 전능하신 능력으로 인간사를 다스려 나가신다는 사실을 강조하고 있다.

"사람의 행위가 자기 보기에는 모두 깨끗하여도 여호와는 심령을 감찰하시느니라(2절)." 사람의 행위(man's ways)가 자기 보기에는 다 깨끗한 것 같아(innocent to him) 보인다. 하지만 마음을 살피시는 여호와 앞에서는 그렇지 않다. 겉으로 나타난 행위가 아니라 속마음(motives)을 꿰뚫어 보시기 때문이다. 외면적인 행위가 깨끗하다 하더라도 하나님은 행동의 배후에 있는 동기를 보신다. 인간행동의 선악 판단은 인간 스스로가 할 수 있는 것이 아니라 하나님께서 하신다.

"너의 행사를 여호와께 맡기라 그리하면 네가 경영하는 것이 이루어지리라(3절)." 네가 하는 일을 여호와께 맡겨라(commit to the LORD). 그러면 네가 계획한 일이 이루어질 것이다. 인간 자신보다 하나님께 전적으로 맡기는 것이 성공하는 길이다. 이루시는 분은 하나님이시기 때문이다.

"여호와께서 온갖 것을 그 쓰임에 적당하게 지으셨나니 악인도 악한 날에 적당하게 하셨느니라(4절).” 여호와께서 모든 것을 자기 목적에 맞도록(for his own ends) 만드셨다. 그러므로 악인들도 재앙의 날을 위해 존재한다. 이것은 하나님이 악을 만드셨다는 말이 아니라 악인을 공의로 벌하신다는 것을 강조하신 것으로, 죄를 범한 사람은 적당한 때에 하나님이 심판하신다는 말씀이다. 악인은 하나님이 주신 능력과 재능을 선하게 사용하지 않음으로 인해 심판 날에 심판을 받게 된다. 나아가 악인의 이 같은 결과를 보며 선인들도 교훈을 받는다. 사악한 사람이 잠시 번영하는 것은 결국 악이 어떻게 징벌을 당할 것인가를 보여주는 예증일 뿐이다.

“무릇 마음이 교만한 자를 여호와께서 미워하시나니 피차 손을 잡을지라도 벌을 면하지 못하리라(5절).” 여호와께서는 교만한 자들을 미워하신다. 그러므로 그들은 절대로 형벌을 면치 못할 것이다(not go unpunished). 틀림없이 벌을 받는다. 하나님을 대적하고 그분의 계명에 복종하지 않는 자들을 벌하신다. ‘피차 손을 잡을지라도’ 는 ‘틀림없이(be sure of this)’ 를 뜻하는 히브리어 관용구이다(잠 11:21). 교만한 자가 벌을 받는 것은 틀림없다는 말이다.

“인자와 진리로 인하여 죄악이 속하게 되고 여호와를 경외함으로 말미암아 악에서 떠나게 되느니라(6절).” 인자와 진리는 사랑과 진실함(love and faithfulness)을 말한다. 이것은 하나님께서 사람들이 진실과 인애로 살도록 바라신 것이다(잠 3:3, 호4;1). 하나님의 백성은 죄를 회개하고 하나님의 뜻에 따라 살며 하나님의 용서하심을 얻는다. 사람이 어질고 진실하게 살면 죄를 용서받는다. 나아가 여호와를 두려워함으로 악에서 떠나게 된다(avoid evil). 하나님을 경외하면 재앙을 피할 수 있다.

“사람의 행위가 여호와를 기쁘시게 하면 그 사람의 원수라도 그와 더불어 화목하게 하시느니라(7절).” 사람의 행실(man's ways)이 여호와를 기쁘시게 하면 여호와께서는 그 사람의 원수까지도(even his enemies) 그와 화목하게 살 수 있도록 해주신다. 유다 왕 아사와 여호사밧은 이 말씀이 살아있음을 체험하였다(대하 14:6-7, 17:10). 6, 7절은 인간은 오직 하나님에게 복종할 때에만 건강하고 조화로운 삶을 살 수 있음을 가르치고 있다.

“적은 소득이 공의(righteousness)를 겸하면 많은 소득이 불의(injustice)를 겸한 것보다 나으니라(8절).” 적게 벌어도 의롭게 사는 것이 많이 벌며 불의하게 사는 것보다 낫다. 부하게 되는 것보다 바르게 사는 것이 하나님 앞에서 올바르다는 말씀이다.

“사람이 마음으로 자기의 길을 계획할지라도 그의 걸음을 인도하시는 이는 여호와시니라(9절).” 사람이 마음으로 자기의 앞길을 계획한다 하더라도 그 발걸음을 인도하시는 분은 하나님이시다. 이 구절은 1절의 말씀을 결정적으로 보완하고 있다.

2. 왕은 공의를 실현해야 한다(10-15절)

“하나님의 말씀이 왕의 입술에 있은즉 재판할 때에 그의 입이 그르치지 아니하리라(10절).” 이스라엘에서 왕은 하나님의 대리자로서 백성을 다스렸다. 따라서 왕은 하나님의 정의를 실현해야 하는 의무를 가지고 있다. 이스라엘 백성은 특별한 사건일 경우 왕에게 가져가 그로부터 최종 판결을 받았다. 왕의 판단은 신탁, 곧 하나님의 말씀처럼(as an oracle) 존중된다. 이 구절은 하나님의 말씀이 왕의 입술에 있으면 왕의 재판이 잘못되지 않을 것임을 확신하게 해준다. 왕이 내리는 판결은 하나님의 판결이니 판결할 때에 그릇된 판결을 내리지 않는다, 다시 말해 정의를 배반하지 않는다(not betray justice)는 것이다. 재판에 관한 한 왕의 책임이 이렇듯 막중하다. 따라서 솔로몬은 일천 번제를 드린 후 하나님께 지혜를 구했다(왕상 3:9).

“공평한 저울과 접시저울은 여호와의 것이요 주머니 속의 저울추도 다 그가 지으신 것이니라(11절).” 정확한 저울(honest scales)과 접시저울, 곧 천평(balances)은 하나님으로부터 온 것이다. 주머니 속의 저울추(all the weights in the bag)도 다 그분이 만드신 것이다. 일부 도량형은 왕의 명령에 의해 규정되어 있었다(삼하 14:26). 그런데 이 구절은 한 걸음 더 나아가 하나님이 그것을 인가하셨다고 했다. 그러므로 저울을 속이는 행위는 하나님에 대한 범죄 행위이다. 이 구절은 사람은 모든 상거래에 있어서 정직해야 한다는 것을 가르치고 있다. 이것이 하나님께서 세우신 원칙이다.

"악을 행하는 것은 왕들이 미워할 바니 이는 그 보좌가 공의로 말미암아 굳게 섬이니라(12절)." 왕은 하나님의 통치권을 행하는 대리자로서 악을 허용해서는 안 된다. 악행을 역겨워하여야 한다. 공의로만 왕위가 굳게 설 수 있기 때문이다. 나라가 부정직과 불의로 가득 찰 때 백성들은 반란을 일으키며 왕권은 흔들리게 된다. 잠언은 왕이 공의로 나라를 다스리는 방법으로, 가난한 사람을 공정하게 재판하고(잠 29:14), 뇌물을 거절하며(잠 29:4), 악한 조언자들을 물리치라(잠 25:5) 했다. 나라는 불의가 아니라 의로써 굳게 세워진다. 왕은 하나님이 요구하시는 정직함과 정의를 시행할 책임이 있다.

"의로운 입술은 왕들이 기뻐하는 것이요 정직하게 말하는 자는 그들의 사랑을 입느니라(13절)." 왕은 정직한 입술(honest lips)을 기뻐하고 진실(the truth)을 말하는 자를 가치 있게 여긴다. 왕은 마땅히 의로운 말과 바른 말을 좋아해야 한다는 것이다.

"왕의 진노는 죽음의 사자들과 같아도 지혜로운 사람은 그것을 쉬게 하리라(14절)." 왕이 화가 나면 저승사자(a messenger of death)처럼 무섭다. 왕이 화가 나면 누구든지 죽일 수 있을 만큼 그 권세가 강력하다. 하지만 지혜로운 사람은 왕의 노여움을 누그러지게 한다(appease). 다니엘은 느브갓네살 왕의 진노를 가라앉혔다(단 2:12-16). 왕의 권세도 지혜자 앞에서는 무력하다. 지혜자의 힘은 세상 모든 권세를 능가한다.

"왕의 희색은 생명을 뜻하나니 그의 은택이 늦은 비를 내리는 구름과 같으니라(15절)." 왕의 표정(king's face)에 생명(life)이 달렸다. 왕의 얼굴빛이 밝아야(brighten) 모두 살 수 있다. 정직한 사람의 말은 왕의 얼굴을 밝아지게 한다(13절). 왕은 그에게 은혜(his favor)를 베풀어 늦은 비를 가져오는 구름(a rain cloud in spring)처럼 큰 기쁨과 복을 준다. 늦은 비는 봄비를 말한다. 추수하기 직전 3월이나 4월에 내린다. 왕이 권세를 사랑을 베푸는 방식으로 사용할 때 그것은 마치 생물을 소생시키는 비를 가져오는 구름과 같다. 따라서 사람들은 정직한 말을 하며 왕은 그 말을 기뻐하고 봄비의 은총을 내리도록 해야 한다.

3. 지혜를 얻는 것이 금을 얻는 것보다 낫다(16-24절)

"지혜를 얻는 것이 금을 얻는 것보다 얼마나 나은고 명철을 얻는 것이 은을 얻는 것보다 더욱 나으니라(16절)." 지혜를 얻는 것이 금을 얻는 것(get)보다 낫고 명철(understanding), 곧 지식을 얻는 것(choose)이 은을 얻는 것보다 낫다.

"악을 떠나는 것은 정직한 사람의 대로이니 자기의 길을 지키는 자는 자기의 영혼을 보전하느니라(17절)." 악을 떠나는(avoid evil) 것은 정직한 사람이 가는 큰길(the highway)이다. 그 길은 악을 피하여 가는 길이다. 그 길을 지키는 사람, 곧 그 길을 걷는 자는 자기의 생명을 지킨다(guard his life). 안전하다는 말이다. 정직한 행동은 죄로부터 영혼을 깨끗하게 보전하는 길이다.

"교만은 패망의 선봉이요 거만한 마음은 넘어짐의 앞잡이니라(18절)." 선봉은 앞장 서는 사람을 말한다. 패망(destruction)에 앞서 교만(pride)이 간다. 즉, 교만하면 패망이 따른다. 또한 넘어지기(a fall) 앞서 거만한 마음(a haughty spirit)이 간다. 거만하면 넘어짐, 곧 파멸이 따른다. 교만함이 죄가 되는 것은 하나님을 경외하는 지혜와 사랑하라는 계명에 어긋나기 때문이다. 교만한 자는 자신뿐 아니라 이웃, 그리고 하나님을 대적하게 된다. 결국 멸망이 사방에서 들이닥친다.

"겸손한 자와 함께 하여 마음을 낮추는 것이 교만한 자와 함께 하여 탈취물을 나누는 것보다 나으니라(19절)." 겸손한(humble spirit) 사람과 어울려 마음을 낮추는 것(가난한 자, 압제 당하는 자와 어울리며 겸손하게 사는 것, NIV, KJV)이, 교만한 사람과 어울려 전리품(plunder)을 나누는 것보다 낫다. 교만한 마음보다 겸손한 마음을 가지고 살라는 말이다.

"삼가 말씀에 주의하는 자는 좋은 것을 얻나니 여호와를 의지하는 자는 복이 있느니라(20절)." 지혜롭게 말씀을 따라 사는 사람은 누구나(whoever gives heed to instruction) 좋은 것을 얻을 것이다. 즉, 하나님의 말씀에 따라 조심하며 사는 사람은 일이 잘 된다(prosper). 그리고 여호와를 신뢰하는 사람(he who trusts in the LORD)이 복을 받는다. 하나님을 믿는 사람이 축복을 받는다.

"마음이 지혜로운 자는 명철하다 일컬음을 받고 입이 선한 자는 남의 학식을 더하게 하느니라(21절).” 마음이 지혜로운 자(the wise in heart)는 총명하다(discerning)는 말을 듣는다. 그리고 입이 선한 자(pleasant words, sweetness of speech)는 훌륭한 말로 듣는 사람을 즐겁게 하여 학습에 열의를 가지게 한다. 호감을 주는 말은 설득력을 불러일으킨다(increases persuasiveness). 이것이 타인의 학식을 더하게(promote instruction) 하는 방법이다. 입이 선한 자가 부드럽고 설득력 있게 지혜를 옹호하고 도리를 가르칠 때 사람들은 그 가치를 훨씬 더 확신하게 된다.

“명철한 자에게는 그 명철이 생명의 샘이 되거니와 미련한 자에게는 그 미련한 것이 징계가 되느니라(22절).” 지혜로운 사람에게는 지혜가 생명의 샘(a fountain of life)이 된다. 하지만 어리석은 사람에게는 그 어리석음(folly)이 벌(punishment)이 된다.

“지혜로운 자의 마음은 그의 입을 슬기롭게 하고 또 그의 입술에 지식을 더하느니라(23절).” 지혜로운 사람의 마음(wise man's heart)은 그의 입을 인도한다(guide his mouth). 말을 슬기롭고 신중하게 한다. 그리고 그의 입술은 설득력이 있어 사람들로 하여금 학식을 더하게 한다(promote instruction).

“선한 말은 꿀 송이 같아서 마음에 달고 뼈에 양약이 되느니라(24절).” 선한 말(pleasant words)은 꿀 송이(honeycomb) 같다. 마음을 즐겁게 해주고, 쑤시는 뼈를 낫게 하여 준다. 마음을 흐뭇하게 하고 건강에도 좋다. 지혜는 선한 말로서 거짓에 상처 입은 마음을 치료한다. 경우에 합당한 말이 듣는 사람에게 기쁨을 주기도 하고 용기를 북돋아주기도 하는 것과 맞닿아있다. 꿀 송이는 바위 구멍이나 나무에서 얻으며 과자를 만들 때 단맛을 내기 위해 사용된다. 이 구절에서는 꿀 송이가 의약품으로도 사용되었음을 보여준다.

4. 사람의 보기와는 다른 사망의 길(25-33절)

“어떤 길은 사람이 보기에 바르나 필경은 사망의 길이니라(25절).” 어떤 길은 사람이 보기에 바른 것 같이 보인다(seem right to a man). 하지만 마침내는 죽음으로 인도하는(lead to death) 길이 있다. 사망의 길은 얼마든지 겉보기와 다를 수 있다는 말이다. 번지르르한 악의 말에 속을 일이 아니다.

"고되게 일하는 자는 식욕으로 말미암아 애쓰나니 이는 그의 입이 자기를 독촉함이니라(26절)." 허기진 배가 일하게 만들고 그 입이 사람을 몰아세운다. '자(he)' 는 히브리어로 영혼을 뜻하는 '네페쉬(nepes)' 로 표현되어 있다. 여기서는 배고프고 허기긴 자로, 배고픔은 열심히 일하게 하는 원인이 된다. 굶주리지 않기 위해 스스로 열심히 일한다(labor for himself). 노동을 하여 먹을 것을 얻는 것이 인간에게 있어서 필연적인 생활요소가운데 하나임을 보여준다. 이 말씀은 근면을 강조하고 있다. 마찬가지로 영적으로 굶주린 자는 영적 양식을 구하기 위해 갈급해 한다. 이런 자는 결국 의와 지혜를 얻는다. 영적으로 갈급함도 필요하다.

"불량한 자는 악을 꾀하나니 그 입술에는 맹렬한 불같은 것이 있느니라(27절)." 불량한 사람(scoundrel)은 도덕적으로 아주 불량한 사람이다. 그는 악을 꾀한다(plot evil). 언제나 남을 해칠 일만 생각한다. '꾀하다' 는 남을 넘어뜨리려고 함정을 파는 것과 같다. 이런 목적을 위해 악을 도모한다. 따라서 그의 말은 맹렬히 타는 불(a scorching fire)과 같다. 그 불이 언제 옮겨 붙어 나를 태울지 모른다.

"패역한 자(perverse man)는 다툼을 일으키고 말쟁이는 친한 벗을 이간하느니라(28절)." 비뚤어진 말을 하는 못돼먹은 자는 다툼(dissension)을 일으킨다. 수다쟁이, 곧 중상하는 사람(a gossip)은 친한 친구를 갈라놓는다. 이간은 험담으로 두 사람 사이를 갈라놓는 것을 말한다.

"강포한 사람은 그 이웃을 꾀어 좋지 아니한 길로 인도하느니라(29절)." 폭력을 쓰는 사람(violent man)은 그 이웃을 윽박질러서(entice) 좋지 않은 길(a path that is not good)을 가게 한다.

"눈짓을 하는 자는 패역한 일을 도모하며 입술을 닫는 자는 악한 일을 이루느니라(30절)." 능청맞게 눈짓을 하는 자(he who winks with his eye)는 못된 일을 꾀하고(plotting perversity) 입술을 굳게 다무는 자(he who purses his lips), 곧 음흉하게 웃는 사람은 악을 불러일으킨다(bent on evil). 악한 일을 저지른다.

"백발은 영화의 면류관이라 공의로운 길에서 얻으리라(31절)." 백발(gray

hair)은 영화로운(아름다운) 면류관, 빛나는 면류관(a crown of splendor)이다. 의로운 길을 걸어야, 즉 착하게 살아야 그것을 얻는다. 면류관은 의로운 삶(a righteous life)의 보상이다. 영화의 면류관은 일평생 의롭게 산 자의 고상한 아름다움을 뜻한다. 백발은 그것을 상징적으로 보여준다. 청년은 힘을 자랑하지만 노인은 백발을 자랑한다. 의롭게 사는 자는 장수하고, 악인은 죽음에 이른다는 것이 잠언의 기본 사상이다.

"노하기를 더디 하는 자는 용사보다 낫고 자기의 마음을 다스리는 자는 성을 빼앗는 자보다 나으니라(32절)." 노하기를 더디 하는 사람, 곧 좀처럼 화를 내지 않는 사람(patient man)은 용사(warrior)보다 낫다. 자기의 마음을 다스릴 줄 아는 사람(man who controls his temper), 곧 자신의 그릇된 생각과 욕망을 다스릴 줄 아는 사람, 자기의 급한 성격을 다스릴 줄 아는 사람은 성을 정복한 사람보다 낫다.

"제비는 사람이 뽑으나 모든 일을 작정하기는 여호와께 있느니라(33절)." 제비(lot)는 사람이 뽑지만 그 일을 결정하는 분은 하나님이시다. 제비를 뽑은 결과(every decision)는 아주 우연인 것 같지만 실상은 하나님이 결정하신(from the LORD) 것이다. 유대인들은 가나안을 정복하여 기업을 나눌 때 제비를 뽑았다. 당시 그들은 주머니에 색칠한 조약돌을 넣고 흔든 다음 제비를 뽑은 것으로 추정되고 있다. 제비는 여호수아 시대뿐 아니라 초대교회에서도 행해졌다(수 18:10, 행 1:24). 그들은 제비에 의한 결정을 하나님의 섭리로 믿었다. 이 구절은 '너의 행사를 여호와께 맡기라' 는 잠언 16장의 말씀과 맥을 같이하고 있다.

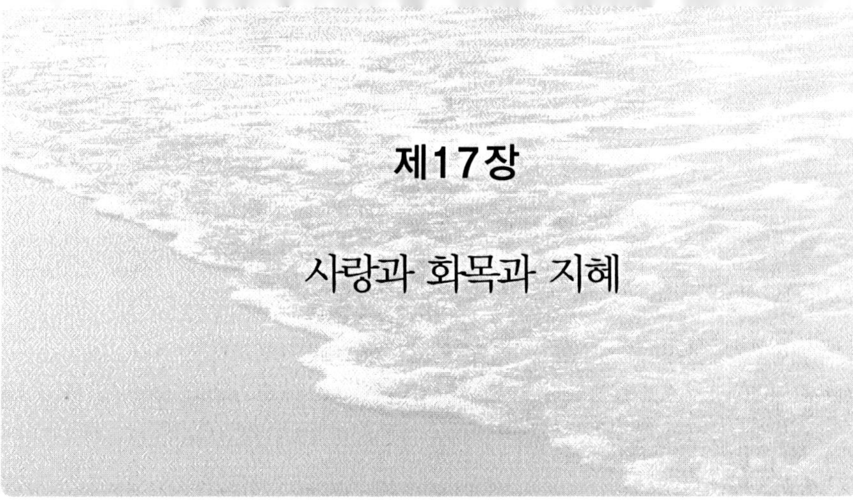

제17장

사랑과 화목과 지혜

1. 사랑과 화목과 정직(1-9절)

“마른 떡 한 조각만 있고도 화목 하는 것이 제육이 집에 가득하고도 다투는 것보다 나으니라(1절).” 마른 빵 한 조각(a dry crust)을 먹으며 조용하고 화목하게 지내는 것이 진수성찬을 가득히 차린(full of feasting) 집에서 다투며 사는 것보다 낫다. 가정의 화목은 음식이 풍성한 것보다 낫고, 가난해도 화목한 것이 부유하면서도 싸우며 사는 것보다 낫다는 말이다. 제육은 기름진 음식으로 화목제로 드린 고기를 뜻한다. 이 고기는 제사가 끝난 뒤 함께 먹는다. 보통 가족의 축제는 화목제이다. 여기서는 서로 다투면서 제사지내는 것을 비판하고 있다.

“슬기로운 종은 부끄러운 짓을 하는 주인의 아들을 다스리겠고 또 형제들 중에서 유업을 나누어 얻으리라(2절).” 슬기로운 종(wise servant)은 부끄러운 짓을 하는 주인집 아들(disgraceful son)을 다스리고, 그 집 자녀들의 하나로서(as one of the brothers) 인정을 받으며 함께 유산(inheritance)을 나누어 받는다. 솔로몬의 아들인 르호보암보다 더 큰 권세를 얻은 여로보암이 그 보기이다(왕상 10장).

“도가니는 은을, 풀무는 금을 연단하거니와 여호와는 마음을 연단하시느니라(3절).” 도가니(the crucible)는 금속을 녹여 제련하기 위해 진흙으로 만든 가마를 말한다. 특히 은을 제련하는데 사용했다. 풀무(the furnace)는 금속을 녹이거나 토기와 벽돌 등을 구울 때 사용하는 화덕, 곧 가마다. 벽돌이나 돌로 만들었다. 도가니는 은을, 화덕은 금을 단련한다. 즉 불은 은과 금을 연단한다. 하지만 하나님께서는 사람의 마음을 연련하신다. 그 마음을 시험하신다(test the heart). 순수한 금과 은을 불순물 속에서 추출해내는 것은 놀라운 일이다. 하지만 온갖 시련을 통해 인간의 마음을 정결케 하고 새롭게 하시는 하나님의 능력은 더 놀라운 일이다.

"악을 행하는 자는 사악한 입술이 하는 말을 잘 듣고 거짓말을 하는 자는 악한 혀가 하는 말에 귀를 기울이느니라(4절)." 악을 행하는 사람(wicked man)은 사악한 말(evil lips)에 솔깃해 한다. 그리고 거짓말을 하는 사람은 악한 혀(malicious tongue), 곧 거짓말이나 남을 중상하는 말에 귀를 기울인다.

"가난한 자를 조롱하는 자는 그를 지으신 주를 멸시하는 자요 사람의 재앙을 기뻐하는 자는 형벌을 면하지 못할 자니라(5절)." 가난한 사람을 조롱하는 것은 그를 지으신 하나님(their Maker)을 모욕하는(contempt) 것이다. 남의 불행을 보고 기뻐하는 자는 형벌을 면치 못한다. 다른 사람의 재앙을 기뻐하는 자는 자기도 그런 재앙을 당한다는 뜻이다. 이스라엘 민족이 불행을 당한 때 에돔 족속은 기뻐했다. 그 때문에 하나님은 에돔을 저주하셨다(겔 35:15).

"손자는 노인의 면류관이요 아비는 자식의 영화니라(6절)." 손자는 노인의 면류관(a crown to the aged)이다. 이스라엘 사람들은 오래 살아 손자를 보는 것을 큰 축복으로 여겼다(창 48:11, 시 128:5-6). 특히 자손들이 하나님의 뜻에 따라 올바르게 살 때 그것은 조상에게 영광이 된다. 나아가 아비(their fathers)는 자식의 자랑(the pride)이다. 아비는 자식이 자랑할 수 있는 대상이라는 말이다. 자식들이 아비의 인격과 행적을 자랑스럽게 여길 수 있다면 그것은 매우 바람직한 일이다. 자식들로부터 인정을 받는 것은 영광스러운 일이다. 특히 아비가 의로운 삶을 살 때 자식들은 하나님으로부터 복을 받는다.

"지나친 말을 하는 것도 미련한 자에게 합당하지 아니하거든 하물며 거짓말을 하는 것이 존귀한 자에게 합당하겠느냐(7절)." 미련한 자(a fool)는 히브리어로 '나발(nabal)' 이다. 영적인 지각과 분별력이 모자라는 사람을 가리킨다. 분에 넘치는 말(excellent speech)은 미련한 자에게 어울리지 않는다. 미련한 자가 하는 분에 넘치는 말은 그에게 걸맞지 않은 지혜의 말을 뜻한다. NIV와 새번역은 거만한 말(arrogant lips)이 미련한 사람에게 안 어울린다 하였다. 미련한 자의 분에 넘치는 말은 거만하고 지나치게 말을 많이 하는 것임을 말해준다. 하물며 거짓말(lying lips)이 점잖고 존귀한 사람(prince, ruler)에게 어떻게 어울리겠는가!

“뇌물은 그 임자가 보기에 보석 같은즉 그가 어디로 향하든지 형통하게 하느니라(8절).” 보석(a precious stone)은 마법(a charm)으로 번역할 수도 있다. 어떤 사람은 뇌물(bribe)을 마법처럼 생각하여 그것이면 무엇이든지 할 수 있다고 믿는다. 우리도 흔히 돈이면 다 된다고 생각하지 않는가. 임자(its owner), 곧 뇌물을 쓰는 사람(one who gives it)의 눈에는 뇌물이 요술방망이처럼 보인다. 어디에 쓰든 안 되는 일이 없다. 뇌물을 쓰면 성공한다. 뇌물의 위력은 그만큼 크다. 그러나 그것이 진정 성공한 것일까. 일시적으로 성공한 것처럼 보일뿐이다. 뇌물은 결국 주는 자나 받는 자 모두 망하게 한다. 성경은 뇌물을 금하고 있다. 뇌물은 재판관을 매수하여 정의롭지 못한 판단을 내리게 한다. 그것은 심각한 사회문제를 낳는다. 정의로우신 하나님은 정의로운 사회를 원하신다.

“허물을 덮어 주는 자는 사랑을 구하는 자요 그것을 거듭 말하는 자는 친한 벗을 이간하는 자니라(9절).” 허물(a transgression)을 덮어 주는 사람은 사랑을 추구하는(seek love) 자이다. 하지만 그 허물을 거듭 말하는 사람은 친한 친구를 이간하는(separate) 자이다. 허물을 덮어 주면 사랑을 받지만 허물을 자꾸 말하면 친구를 갈라놓는다.

2. 미련한 자(10-12절)

“한 마디 말로 총명한 자에게 충고하는 것이 매 백 대로 미련한 자를 때리는 것보다 더욱 깊이 박히느니라(10절).” 총명한 사람에게는 꾸지람 한 마디(a rebuke)가 미련한 자에게 매 백 대(a hundred lashes)를 때리는 것보다 더욱 뼈저리게 느껴진다. 지혜로운 사람은 지각이 있어 쉽게 자신의 잘못을 깨닫는다. 하지만 미련한 사람은 아무리 매질을 심하게 하고 훈계를 해도 깨닫지 못한다. 40대 이상 매질을 하는 것은 율법에 금하고 있다. 매 백대는 율법에 정한 수를 넘어 아무리 심하게 해도 깨닫지 못한다는 것을 보여주기 위한 것이다.

“악한 자는 반역만 힘쓰나니 그러므로 그에게 잔인한 사자(a merciless official)가 보냄을 받으리라(11절).” 악한 자는 반역을 일삼고 있으니(bent only on rebellion) 잔인한 처벌을 면치 못할 것이다. 잔인한 사자는 반역자를 처벌하라는 왕의 명령을 받고 공식적으로 파견된 사신을 가리킨다. 다윗은 세바의 반란을 진압하기 위해 아마사와 아비새를 파견했다(삼하 20:1-22).

"차라리 새끼 빼앗긴 암곰을 만날지언정 미련한 일을 행하는 미련한 자를 만나지 말 것이니라(12절)." 어리석은 일에 미쳐 날뛰는 바보를 만나는 것보다 차라리 새끼를 빼앗긴 어미 곰(a bear robbed of her cubs)을 만나는 것이 더 안전하다. 새끼를 빼앗긴 어미 곰의 공격은 아주 날카롭고 무자비하다(삼하 17:8, 왕하 2:24). 닥치는 대로 물고 찢는다. 새끼를 위해서다. 그런데 어리석은 일에 미쳐 날뛰는 바보의 행동이 그보다 더 무섭다. 무슨 일을 저지를지 몰라 훨씬 더 위험하다. 미련한 자의 미련함이 도를 넘으면 얼마나 무섭고 위험하가를 보여주는 말이다.

3. 지혜의 가치(13-28절)

"누구든지 악으로 선을 갚으면 악이 그 집을 떠나지 아니하리라(13절)." 누구든지 선을 악으로(evil for good) 갚으면 악이 그의 집을 떠나지 않을 것이다.

"다투는 시작(starting a quarrel)은 둑에서 물이 새는 것 같은즉 싸움(a dispute)이 일어나기 전에 시비를 그칠 것이니라(14절)." 다툼은 댐에 물이 새는 것(breaching a dam)처럼 사소한 데서 시작된다. 댐에 있는 조그마한 균열을 그대로 방치하면 그 구멍이 더 커져서 나중에는 댐을 무너뜨린다. 이와 같이 시비는 처음에는 사소한 문제에서 발단되지만 나중에는 싸움으로 번진다. 그러므로 싸움이 벌어지기 전에 미리 시비를 그치는 것이 좋다.

"악인을 의롭다 하고 의인을 악하다 하는 이 두 사람은 다 여호와께 미움을 받느니라(15절)." 하나님께서 다 같이 미워하시는 두 사람이 있다. 하나는 악인을 의로운 사람으로 취급하는 자이고, 다른 하나는 의로운 사람을 죄인처럼 취급하는 자이다. 이 구절은 23절처럼 뇌물을 받고 불의한 재판을 하는 것에 대한 경고일 수 있다.

"미련한 자는 무지하거늘 손에 값을 가지고 지혜를 사려 함은 어찜인고(16

절).” 지각이 없는 바보가 돈으로 지혜를 사겠다는 것이 얼마나 어리석은 일인가. 지혜는 돈을 주고 살 수 없다. 지혜는 그것을 구하고자 하는 간절한 마음이 있어야 한다.

“친구는 사랑이 끊어지지 아니하고 형제는 위급한 때를 위하여 났느니라(17절).” 변함없이 서로 사랑하는(love at all times) 것이 친구이며 위급(adversity)할 때 서로 돕는 것이 형제이다. 사랑이 한결같은 것이 친구이고, 어려울 때 도우려고 태어난 것이 동기간임을 가르쳐 준다.

“지혜 없는 자는 남의 손을 잡고 그의 이웃 앞에서 보증이 되느니라(18절).” 남의 빚에 대해 보증을 서는 자는 지혜가 없는 사람이다. 이 문제에 대해서는 잠언 6:1-5을 참고하기 바란다.

“다툼을 좋아하는 자는 죄과를 좋아하는 자요 자기 문을 높이는 자는 파괴를 구하는 자니라(19절).” 다투기를 좋아하는 사람은 죄를 사랑하는 자이다. 또한 부를 자랑하듯 대문을 높이는 사람은 패망을 스스로 불러들이는 자이다. ‘자기 문을 높인다(build a high gate)’ 는 것은 사람에게나 하나님을 향해 교만함을 드러내는 행위를 말한다. 그런 자는 그 대가를 받는다는 것이다. 교만은 패망이 선봉이다. 망하고자 하는 자는 자기 문을 높인다.

“마음이 굽은 자는 복을 얻지 못하고 혀가 패역한 자는 재앙에 빠지느니라(20절).” 마음이 비뚤어진 자(man of perverse heart), 곧 마음이 간사하고 못된 자는 좋은 것을 기대할 수 없다. 번성하지 못한다(not prosper). 나아가 혀가 패역한 자(he whose tongue is deceitful), 곧 함부로 혀를 놀리는 자, 이 말을 했다가 다시 저 말을 하는 자는 어려운 일(trouble)을 당하게 된다.

“미련한 자를 낳는 자는 근심을 당하나니 미련한 자의 아비는 낙이 없느니라(21절).” 미련한 자식을 둔 부모는 근심(grief)이 있을 뿐 아무런 낙(joy)이 없다.

“마음의 즐거움은 양약이라도 심령의 근심은 뼈를 마르게 하느니라(22절).” 마음의 즐거움(cheerful heart)은 좋은 약(good medicine)이 된다. 하지만 마음의 근심, 곧 으깨진 심령(a crushed spirit)은 뼈를 마르게 한다(dry up the bones).

“악인은 사람의 품에서 뇌물을 받고 재판을 굽게 하느니라(23절).” ‘사람의 품에서' 는 '몰래,' '비밀리에(in secret)' 라는 뜻이다. 악인은 몰래 뇌물을 받고 모든 일을 정당하게 처리하지 않는다. 공의를 굽게 한다(pervert the course of justice). 이 구절은 뇌물의 목적이 공의를 굽게 하는 것임을 보여준다.

"지혜는 명철한 자 앞에 있거늘 미련한 자는 눈을 땅 끝에 두느니라(24절)." 총명한 사람은 지혜로운 일을 추구한다. 하지만 미련한 자는 온갖 잡다한 것에 눈길을 돌린다. '미련한 자가 눈을 땅 끝에 두다(fool's eyes wander to the ends of the earth)' 는 것은 뚜렷한 목표도 없이 막연하게 이것저것 무엇인가 구하는 것을 말한다. 방황한다는 것이다.

"미련한 아들은 그 아비의 근심이 되고 그 어미의 고통이 되느니라(25절)." 미련한 아들은 그의 아버지에게 근심(kaas, grief)이 되고 그의 어머니에게 고통(memer, bitterness)이 된다. 이 구절은 21절과 같다. 근심은 히브리어로 '슬픔,' '괴로움' 을 뜻한다.

"의인을 벌하는 것과 귀인을 정직하다고 때리는 것은 선하지 못하니라(26절)." 의인, 곧 아무 죄 없는 사람(an innocent man)을 벌하는(punish) 것, 그리고 귀인(officials), 곧 성품이 침 착 하고 점잖은 사람을 정직하다고(for their integrity) 때리는 것은 옳은 일이 못 된다. 이것은 부정한 재판을 하지 말라는 것이다.

"말을 아끼는 자는 지식이 있고 성품이 냉철한 자는 명철하니라(27절)." 말이 많다는 것은 지혜롭지 못하고 교만하다는 뜻이다. 말을 아끼는 자는 지식이 있다. 즉 배운 사람(man of knowledge)은 말을 함부로 하지 않는다(use words with restraint). 말을 아끼는 자는 깊은 깨달음이 있어 신중하고 겸손하다. 그리고 성품이 냉철한 자(man of understanding)는 명철하다. 즉 지혜 있는 사람은 언제나 침착하다(even-tempered).

"미련한 자라도 잠잠하면 지혜로운 자로 여겨지고 그의 입술을 닫으면 슬기로운 자로 여겨지느니라(28절)." 미련한 사람도 가만히 있으면(keep silent) 지혜로운(wise) 자로 여기고 입을 다물고(holds his tongue) 있으면 분별 있는(discerning) 사람 취급을 받는다. 이것은 말을 많이 하지 말고 사려 깊게 생각하여 꼭 필요한 말만 할 것을 가르치고 있다.

제18장

명철한 자의 입과 미련한 자의 입

"무리에게서 스스로 갈라지는 자(unfriendly man)는 자기 소욕을 따르는(selfish ends) 자라 온갖 참 지혜를 배척(defy all sound judgment)하느니라(1절)." 이 구절은 난해 구절에 해당한다. 대체로 두 가지 해석이 있다. 첫 번째는, 다른 사람과의 인격적인 관계에 무관심한 채 오로지 자신의 이기적인 욕망과 야심만을 따라 사는 자는 지혜를 무시한다는 해석이다. 건전한 판단력을 가진 사람마저 적대시한다. 이 해석이 일반적으로 인정을 받고 있다. 두 번째는, 공동체의 유익과 관습과 신앙을 따르지 않고 자신의 아집만을 고집하는 사람은 지혜를 무시한다는 해석이다. 이것은 주로 유대교 학자들의 해석이다. 바리새파는 이 입장을 취하고 있다.

"미련한 자는 명철을 기뻐하지 아니하고 자기의 의사를 드러내기만 기뻐하느니라(2절)." 미련한 자는 남을 이해하려 들지 않고(no pleasure in understanding) 자기 의견만 내세우기 좋아한다(delight in airing his own opinions). 이 구절은 미련한 자의 자기중심적인 태도를 보여주고 있다. 미련한 자는 닫힌 마음과 열린 입이 문제이다. 다른 사람의 충고를 꺼려하면서도 자신의 견해를 나타내는 것을 좋아한다. 하지만 그의 입에서 나오는 말은 어리석기 그지없다.

"악한 자가 이를 때에는 멸시도 따라오고 부끄러운 것이 이를 때에는 능욕도 함께 오느니라(3절)." 악한 사람이 오면 멸시가 뒤따른다. 악(wickedness)이 오면 멸시(contempt)도 따라온다. 나아가 부끄러운 일 뒤에는 모욕이 따른다. 수치(shame)가 오면 비난(disgrace)도 따른다. 죄 된 생활의 결과와 지혜로운 삶의 결과는 아주 대조적이다. 전자는 경멸, 부끄러움, 치욕이 따르지만 후자는 존귀와 위엄이 따른다.

“명철한 사람의 입의 말은 깊은 물과 같고 지혜의 샘은 솟구쳐 흐르는 내와 같으니라(4절).” 이에 대해 두 가지 견해가 있다. 하나는 하반절이 상반절을 설명한다는 입장이다. 슬기로운 사람의 입에서 나오는 말은 깊은 물(deep waters)과 같고, 지혜의 샘은 깊은 데서 솟구쳐 흐르는 시내(a bubbling brook)와 같다. 하반절이 상반절을 보완한다. 다른 하나는 두 구절이 서로 대조를 이룬다는 주장이다. ‘깊은 물’ 은 어둡지만 ‘지혜의 샘’ 은 밝고 깨끗하다는 뜻을 가지고 있어 서로 대조된다는 것이다. 구약에서 ‘깊은 물’ 은 어둠과 신비와 연결되기도 한다(잠 20:5, 전 7:24). 둘 가운데 첫 번째의 해석이 우세하다.

“악인을 두둔하는 것과 재판할 때에 의인을 억울하게 하는 것이 선하지 아니하니라(5절).” 재판 석에서 악인을 옹호하고 잘 보아주며(partial to the wicked), 의로운 사람을 죄인 취급하는 것(deprive the innocent of justice)은 옳지 못한 일이다. 율법은 어떤 형태이건 공정성을 해치는 재판을 금하고 있다. 재판할 때 공의를 기준으로 삼지 않고 사람의 외모나 지위, 재산, 가문, 태도 등과 같은 외적 요소를 기준으로 삼아 편파적인 판단을 하는 것은 불의한 재판이다.

“미련한 자의 입술은 다툼을 일으키고 그의 입은 매를 자청하느니라(6절).” 미련한 자가 다툼(strife)을 일으키는 것은 매를 자청하는(invite a beating) 것이다.

“미련한 자의 입은 그의 멸망이 되고 그의 입술은 그의 영혼의 그물이 되느니라(7절).” 미련한 사람의 입은 자기를 망하게 만들고, 그 입술은 올무(a snare)가 되어 자신을 옭아맨다. 말은 언제나 사려 깊게 할 일이다.

“남의 말하기를 좋아하는 자의 말은 별식(choice morsels)과 같아서 뱃속 깊은 데로 내려가느니라(8절).” 헐뜯기를 잘하는 사람의 말, 나쁜 소문을 퍼뜨리고 다니는 사람의 말은 맛있는 음식과 같아서 뱃속(man's inmost parts) 깊이 내려간다. 사람들은 그것을 삼키기 좋아한다. 남을 중상하는 말은 매우 달콤하고, 그 말을 듣는 사람은 그 말을 깊이 기억해둔다.

“자기의 일을 게을리 하는 자는 패가하는 자의 형제니라(9절).” 자기 일을 게을리 하는(slack in his work) 자는 일을 망치는 자와 형제간이다. 일을 끝내지 못한 채 내버려두는 것은 그 일을 망치는 것과 마찬가지다. '패가(敗家)하는 자' 는 문자적으로 '파괴하는 사람(one who destroys)' 으로, 집안의 재산을 탕진하여 없애는 사람을 뜻한다.

"여호와의 이름은 견고한 망대라 의인은 그리로 달려가서 안전함을 얻느니라(10절)." 성경에서 '이름' 은 그 사물이나 사람의 속성이나 본질을 나타내는 경우가 많다. 여호와의 이름은 여호와 자신을 가리키며 우리를 지으신 창조자, 구속자이신 하나님을 지칭한다. 여호와의 이름은 견고한 성루(a strong tower)와 같다. 의로운 사람이 그에게 달려가면 안전하게 피할 수 있다. 아무도 그를 뒤쫓지 못한다. 하나님을 신뢰하는 사람은 견고한 망대에 피신한 사람처럼 안전하다는 뜻이다.

"부자의 재물은 그의 견고한 성이라 그가 높은 성벽 같이 여기느니라(11절)." 11절은 10절과 비교되는 말씀이다. 의인이 여호와를 견고한 망대로 삼지만 부자는 재물을 견고한 성(their fortified city)으로 삼고 그것을 피난처로 삼는다. 부자들은 그들의 재산을 태산처럼 믿고 아무도 못 오를 높은 성벽(an unscalable wall)처럼 여긴다. 그것이 자기들을 보호해 줄 것으로 믿는 것이다. 그러나 그것은 부자 자신의 자만심이거나 상상(imagination)에 불과하다. 재물이 결코 견고한 성이 될 수 없다는 말이다.

"사람의 마음의 교만(pride)은 멸망의 선봉이요 겸손(humility)은 존귀의 길잡이니라(12절)." 사람이 망하려면 먼저 교만해진다. 하지만 존경을 받을 사람은 먼저 겸손해진다. 사람의 마음이 오만하면 멸망이 뒤따르지만, 겸손하면 영광이 뒤따른다는 말이다. 늘 겸손할 것을 가르치고 있다. 잠언 16:18, 19과 같은 뜻을 가지고 있다.

"사연을 듣기 전에 대답하는 자는 미련하여 욕을 당하느니라(13절)." 사연을 들어 보지도 않고 대답하면(answer before listening) 어리석은 사람으로 무시당한다. 이 같은 행동은 수모를 받기에 합당할 만큼 어리석은 짓(his folly and his shame)이다. 대답보다 경청이 먼저다.

"사람의 심령(man's spirit)은 그의 병을 능히 이기려니와 심령이 상하면 그것을 누가 일으키겠느냐(14절).” 사람이 병들면 정신력으로 지탱할 수 있다(sustain him in sickness). 살겠다는 의지를 가지면 질병을 이길 수 있다. 그러나 그 정신력마저 잃으면(a crushed spirit) 아무 희망이 없어진다. 완쾌하기 어렵다. 이 구절에서 심령이 두 번 나온다. 모두 하나님이 창조하신 영을 뜻하는 ‘루아흐(ruah)이다. 첫 번째 심령은 병을 이기고자 하는 왕성한 심령이지만 두 번째 심령은 상처받은 심령이라는 점에서 차이가 있다. 병을 이기려면 정신력이 중요하다.

“명철한 자의 마음은 지식을 얻고 지혜로운 자의 귀는 지식을 구하느니라(15절).” 총명한 사람의 마음은 지식을 얻는다(acquire knowledge). 지혜로운 사람의 귀는 지식을 추구한다(seek it out). 명철한 자, 지혜로운 자 모두 마음으로든, 귀로든 지식에 관심을 두고 그것을 찾고자 한다.

“사람의 선물은 그의 길을 넓게 하며 또 존귀한 자 앞으로 그를 인도하느니라(16절).” 이 선물(mattan, gift)을 상대방에게 사심 없이 베푸는 선물로 볼 것인가, 아니면 뇌물로 볼 것인가에 따라 해석이 다르다. 선물은 순수한 존경이나 평화제의를 뜻하는 것으로 사용된다. 야곱이 에서에게 보낸 선물(창 33:11), 아비가일이 다윗에게 바친 선물(삼상 25:18-27)이 그 보기이다. 이 경우 선물은 주는 사람의 길을 넓게 열어 주고(make room) 그를 높은 사람 앞으로 인도한다. 그러나 이것이 권세 있는 자에게 바치는 뇌물일 경우 그것을 받은 권세자는 바친 사람을 두둔하고 보호할 것이다. 잠언 17:8에서는 뇌물의 위력을 언급하고 있다. 잠언에서는 뇌물 수수행위를 금하고 있다.

“송사에서는 먼저 온 사람의 말이 바른 것 같으나 그의 상대자가 와서 밝히느니라(17절).” 법정에서는 첫 변론자의 말이 언제나 옳은 것 같아 보인다. 하지만 그 말을 반박하는 사람의 말을 들어 보면 반드시 그런 것도 아니다. 공정한 재판을 위해서는 원고와 피고 양쪽의 말을 함께 들어봐야 한다는 말이다. 한쪽 말만 듣고 결정을 해서는 안 된다.

“제비 뽑는 것은 다툼을 그치게 하여 강한 자 사이에 해결하게 하느니라(18절).” 히브리인들은 결정하기 어려운 문제를 제비뽑기로 해결하였다. 제비 뽑는 것(casting the lot)은 시비를 그치게 하고 강한 자들 사이의 논쟁이 판가름 난다. 하나님이 제비뽑기를 주관하신다고 믿기 때문이다.

"노엽게 한 형제와 화목하기가 견고한 성을 취하기보다 어려운즉 이러한 다툼은 산성 문빗장 같으니라(19절)." 기분을 상하게 한 형제(offended brother)의 마음을 돌이키는 것은 요새화된 성(a fortified city)을 빼앗는 것보다 더 어려운 일이다. 야곱이 에서의 복을 가로챘을 때 격분한 에서는 야곱을 죽이려 했다. 한 번 다투게 되면 산성의 빗장 지른 철문(the barred gates of a citadel)처럼 마음을 닫아버리기 때문이다. 빗장을 벗기기 어려운 것처럼 다툼을 해결하기가 어렵다는 말이다. 여기서 '형제'는 핏줄을 나눈 형제뿐 아니라 친구, 동맹자, 동료, 동족 등을 포함할 만큼 넓은 의미를 가지고 있다.

"사람은 입에서 나오는 열매로 말미암아 배부르게 되나니 곧 그의 입술에서 나는 것으로 말미암아 만족하게 되느니라(20절)." 사람의 입에서 나오는 열매(the fruit of his mouth), 곧 말이 사람의 배를 채워 주고, 그 입술에서 나오는 것(the harvest from his lips), 곧 말의 결과로 만족하게 된다. 사람은 말 한 마디 잘해서 만족을 얻는 일이 얼마든지 있다. 따라서 한 마디 말도 가벼이 할 일이 아니다.

"죽고 사는 것이 혀의 힘(the power of the tongue)에 달렸나니 혀를 쓰기 좋아하는 자는 혀의 열매를 먹으리라(21절)." 혀는 사람을 죽이기도 하고 살리기도 한다. 증인으로 나선 사람의 한 마디에 따라 피고를 죽게 할 수도 있고 살게 할 수도 있다. 죽고 사는 것이 그의 혀에 달려있을 만큼 위력이 크다. 따라서 위증을 해서는 안 된다. 혀를 놀리기 좋아하는 사람, 곧 수다스러운 사람은 반드시 그 대가를 받게 된다.

"아내를 얻는 자는 복을 얻고 여호와께 은총을 받는 자니라(22절)." 아내를 맞이한 사람은 복(a good thing)을 찾은 사람이요, 주님으로부터 은총(favor)을 받은 사람이다. 지혜와 마찬가지로 좋은 아내를 맞는 것은 하나님의 축복이고(잠 8:35), 진주보다 낫다(잠 8:11, 31:10).

"가난한 자는 간절한 말로 구하여도 부자는 엄한 말로 대답하느니라(23절)."

가난한 사람은 간절한 말, 곧 자비를 베풀어 달라고 간청(구걸)하듯이 말하지만 (plead for mercy) 부자는 엄한(harsh) 말, 곧 아주 냉정하고 거만하게 대답한다. 가난한 사람과 부자의 태도가 극명하게 대조된다. 부자여, 가난한 때를 생각하고 겸손하게 그를 도우라. 하나님이 갚아주신다.

"많은 친구를 얻는 자는 해를 당하게 되거니와 어떤 친구는 형제보다 친밀하니라(24절)." 친구가 많으면 피해를 보는 경우도 있다. 사람이 신중하지 않게 친구의 수만 늘리다 피해를 당하는 경우가 발생한다. 하지만 형제보다 더 가까운 친구도(closer than a brother) 있다. 이 구절은 믿음직스럽지 못한 친구가 많은 것보다 한 명이라도 진정한 친구를 사귀는 것이 더 낫다는 것을 가르치고 있다.

제19장

가난한 자에 대한 교훈과 징계에 대한 교훈

1. 가난한 자에 대한 교훈(1-17절)

"가난하여도 성실하게 행하는 자는 입술이 패역하고 미련한 자보다 나으니라(1절)." 가난하지만 진실하게 사는 사람, 곧 가난해도 흠 없이 사는 사람이 입술이 거짓되고 미련한 사람, 곧 거짓말을 하며 미련하게 사는 사람보다는 낫다. 입술이 패역하다(perverse)는 것은 거짓되고 왜곡된 말을 한다는 뜻이다.

"지식 없는 소원은 선하지 못하고 발이 급한 사람은 잘못 가느니라(2절)." 여기서 '지식' 은 하나님을 아는 지식이다. 지식이 없는 열심(zeal without knowledge)은 좋은 것이라 할 수 없다. 올바른 지표가 없는 삶이기 때문이다. 하나님을 아는 것이 참된 지표요 재산이다. 삶을 어떻게 살아야 하고, 무엇을 해야 의로운 것인가를 모르는 삶의 태도는 악하다. 발이 급한 사람, 곧 성급한(hasty) 사람은 잘못된 길에 들어설(miss the way) 가능성이 높다. 서두르다 발을 헛디디는 것처럼 성급한 사람은 경솔하게 선택을 해서 그 선택이 잘못될 가능성이 크다. 하나님의 길을 알지 못하고 스스로 정한 길이 바르다 하나 필경 그 길이 잘못된 길이기 때문이다. 이 구절은 하나님을 알고자 하는 마음이 없고 행동이 경솔한 자에 대한 경고를 담고 있다. 인생의 목적이신 하나님을 모르고 삶은 악하다.

"사람이 미련하므로 자기 길을 굽게 하고 마음으로 여호와를 원망하느니라(3절)." 사람은 자기가 미련해서(man's own folly) 스스로 길을 잘못 들어 자신의 삶을 망치고서도(ruin his life) 마음으로는 하나님을 원망한다(rage against the LORD). 미련한 사람은 자기의 부주의로 인해 고난을 당하고서도, 돌아서서 화를 내며 하나님 탓으로 돌리고 불평한다(창 4:5, 사 8:21).

"재물은 많은 친구를 더하게 하나 가난한즉 친구가 끊어지느니라(4절)." 부유하면 새로운 친구가 계속 늘어난다. 하지만 가난하면 있던 친구도 떠나고 만다. 사람들은 재물에 따라 사람을 평가하는 경향이 있다. 사람은 그 소유의 넉넉함, 곧 겉모습에 따라 판단되어서는 안 된다. 내면이 더 중요하다.

"거짓 증인은 벌을 면하지 못할 것이요 거짓말을 하는 자도 피하지 못하리라(5절)." 거짓 증인(false witness)은 벌을 피할 수 없다. 또한 거짓말을 하는 사람(he who pours out lies)도 벌을 피할 길이 없다(not go free). 거짓을 일삼는 사람은 모두 무사하지 못하다는 말이다.

"너그러운 사람에게는 은혜를 구하는 자가 많고 선물 주기를 좋아하는 자에게는 사람마다 친구가 되느니라(6절)." 너그러운 사람에게는 은혜 입기를 원하는 자가 많다. '은혜를 구하다' 는 것은 인색하지 않고 후한 사람의 환심을 사기 위해 비위를 맞춘다는 뜻이다. 그리고 선물을 잘 주는 사람에게는 모두 친구가 되고 싶어 한다. 사람들은 선물에 약하다. 이 구절은 사람이 남에게 주기보다 얼마나 받고 싶어 하는가를 여실히 보여준다. 그러나 받는 자보다 주는 자가 복이 있다(행 20:33-35).

"가난한 자는 그의 형제들에게도 미움을 받거든 하물며 친구야 그를 멀리 하지 아니하겠느냐 따라가며 말하려 할지라도 그들이 없어졌으리라(7절)." 사람이 가난하면 형제들에게도 업신여김을 받는다. 하물며 그 친구들이 어찌 그를 멀리하지 않겠는가! 하소연(pleading) 하기 위해 아무리 가까이해보려고 해도 그들을 만나기가 어렵다. 피하기 때문이다. 가난한 것이 그저 서러울 뿐이다. 이것이 우리네 인생사 모습이다. 하지만 잠언은 가난한 자를 생각하라 가르친다.

"지혜를 얻는 자는 자기 영혼을 사랑하고 명철을 지키는 자는 복을 얻느니라(8절)." 지혜를 얻는 사람이 자기 영혼을 사랑한다는 것은 지혜로운 사람이 자신의 삶에 대해 진정한 관심을 가진다는 뜻이다. 명철을 지키는 자, 곧 명철을 귀히 여기는(cherish understanding) 자가 복을 얻는다는 것은 통찰력을 가진 사람이 잘 된다(prosper)는 뜻이다.

"거짓 증인은 벌을 면하지 못할 것이요 거짓말을 뱉는 자는 망할 것이니라(9절)." 거짓 증인은 벌을 면치 못할 것이며 거짓말쟁이는 망하고(perish) 말 것이다. 이 구절은 5절과 맥을 같이 하고 있다. 이 말씀을 반복하는 것은 잠언 기자가 거짓을 얼마나 싫어하는가를 보여준다.

"미련한 자가 사치하는 것이 적당하지 못하거든 하물며 종이 방백을 다스림이랴(10절)." 이 구절은 미련한 자의 사치, 섬겨할 종이 오히려 다스리는 행위 모두를 비정상인 상태로 풍자하였다. 미련한 자가 사치하는(live in luxury) 것은 마땅치 않다. 절제하지 못하기 때문이다. 부의 가치와 효용성을 제대로 알지 못하는 이가 갑자기 졸부가 되면 도덕적 타락이 뒤따르게 된다. 나아가 종이 고관을 다스리는(rule over princes) 자가 되어서는 안 된다. 정치의 의미도 모르는 비도덕적이고 노예적인 인간이 권세를 잡으면 위험하기 때문이다.

"노하기를 더디 하는 것이 사람의 슬기요 허물을 용서하는 것이 자기의 영광이니라(11절)." 지혜로운 사람은 인내한다. 신중한 사람은 다른 사람이 무례한 짓을 해도 쉽게 화를 내지 않는다(잠 12:16). 분노를 참는 것이 사람의 슬기이다. 지혜는 인내를 가르친다. 또한 남의 허물(offense, transgression)을 덮어 주는 것이 그의 영광이다. 자기에게 영광이 돌아온다.

"왕의 노함은 사자의 부르짖음 같고 그의 은택은 풀 위의 이슬 같으니라(12절)." 왕의 분노(wrath)는 사자가 소리 지르는 것(roaring of a lion)처럼 무섭다. 하지만 왕의 은총(favor)은 풀 위에 내리는 이슬(dew on the grass)과 같다. 자비롭다. 이 구절은 잠언 16:14, 15와 맥을 같이 하고 있다. 왕으로 하여금 분노토록 하지 말고 봄의 이슬처럼 은총이 넘치게 하라는 것이다.

"미련한 아들은 그의 아비의 재앙이요 다투는 아내는 이어 떨어지는 물방울이니라(13절)." 미련한 아들(foolish son)은 그 아버지의 파멸(destruction)이다. 아들이 미련하면 그 아버지가 큰 고통과 슬픔을 당한다는 것이다. 결혼을 해서 자녀를 두고 그들을 교육하는 것은 지극히 일상적인 것이지만 사실 가정에서 이것처럼 중요한 것이 없다. 좋은 가정을 이루기 위해 늘 하나님의 인도함을 받아야 한다. 또한 잔소리 심한 아내(the contentions of a wife)는 천장에서 쉴 새 없이 떨어지는 물방울과 같다. '이어 떨어지는 물방울(a constant dripping)' 은 지붕의 틈새로 한 방울 한 방울 떨어지는 것에 그치지 않고 천정에서 계속 떨어지는 빗물로, 가정의 평화를 깨뜨리는 아내의 소란스러운 말을 뜻한다. 다투는 아내는 마치 그 빗방울처럼 시끄럽다는 말이다. 이것은 잔소리가 많은 아내로 인해 남편이 고통을 당한다는 말이다. 아들이 슬기로워야 하듯 아내도 슬기로워야 한다는 것이다. 악한 자녀나 지혜롭지 못한 아내를 두면 그 인생은 비참하게 된다.

"집과 재물은 조상에게서 상속하거니와 슬기로운 아내는 여호와께로서 말미암느니라(14절)." 집과 재산은 부모에게서 상속(inheritance)으로 물려받는다. 하지만 슬기로운 아내(a prudent wife)는 하나님으로부터(from the LORD) 온다. 좋은 아내는 하나님의 선물이라는 뜻이다(잠 31:10). 지혜로운 자녀와 현숙한 아내를 두는 것은 복중의 복이다.

"게으름(laziness)이 사람으로 깊이 잠들게 하나니 태만한 사람(the shiftless man)은 주릴 것이니라(15절)." 사람이 게으르면 잠은 실컷 잘지 모르지만 결국 굶주리게 될 것이다. 좀 더 자자, 좀 더 졸자 하면 빈궁이 강도같이 온다(잠 6:9-11). 게으름과 태만은 빈궁의 원인이다.

"계명을 지키는 자는 자기의 영혼을 지키거니와 자기의 행실을 삼가지 아니하는 자는 죽으리라(16절)." 계명을 지키는 사람은 자기 영혼을 지킨다. 제 목숨을 지킨다(guard his life). 하지만 자기 행실을 조심하지 않는(contemptuous of his ways) 사람은 죽게 된다. 말씀을 허술히 여기는 사람은 살지 못한다.

"가난한 자를 불쌍히 여기는(kind to the poor) 것은 여호와께 꾸어 드리는 것이니 그의 선행을 그에게 갚아 주시리라(17절)." 가난한 사람을 돕는 것은 여호와께 빌려 주는 것(lend to the LORD)이다. 여호와께서 그의 선행을 반드시 갚아 주실(reward him) 것이다. 가난한 사람을 돕는 것은 하나님의 축복을 받는 길이기 때문에 하나님에게 빌려주는 것과 같다. 가난한 자를 불쌍히 여기는 것은 인간의 자선행위로 그치는 것이 아니다. 하나님과의 언약 관계 안에서 이웃에 대해 책임을 지는 귀한 행동이다.

2. 징계에 대한 교훈(18-29절)

"네가 네 아들에게 희망이 있은즉 그를 징계하되 죽일 마음은 두지 말지니라(18절)." 네 아들을 훈계하여라(discipline). 그래야 희망이 있다. 아직 희망이 있을 때 자녀를 징계하라는 것이다. 잘못한 아이는 훈계를 받아들이기 쉬운 어린 시절에 바로 잡아야 한다. 나이가 차면 훈계하기 어렵다. 그러나 그를 죽일 생각은 품지 말아야 한다. 자식의 생사권은 부모에게 있지 않고 하나님께 있다. 징계를 하되 자식이 죽음에 이를 정도로 심하게 해서는 안 된다는 것이다. 이 구절은 명령문으로 되어 있다는 점에서 다른 구절과 비교될 만큼 독특하다.

"노하기를 맹렬히 하는 자는 벌을 받을 것이라 네가 그를 건져 주면 다시 그런 일이 생기리라(19절)." 성질이 불같은 사람, 성미가 사나운 사람은 벌을 받아야 한다(must pay the penalty). 네가 그를 구하여 준다고 해도 그 때뿐이다. 구하여 줄 일이 또 생긴다. 구해주어도 매 한가지다. 그에 대한 노력이 헛수고라는 말이다. 따라서 성질이 불같은 사람은 그 결과에 대해서 본인 자신이 책임을 지게 하라는 말씀이다. 그래야 교훈을 받는다.

"너는 권고를 들으며 훈계를 받으라 그리하면 네가 필경은 지혜롭게 되리라(20절)." 남의 충고(advice)를 귀담아 듣고 훌륭한 사람들의 가르침(instruction)을 잘 받아라. 그러면 네가 지혜롭게 될 것이다. 충고를 듣고 훈계를 받아들이면 마침내 지혜롭게 된다는 말씀이다.

"사람의 마음에는 많은 계획이 있어도 오직 여호와의 뜻만이 완전히 서리라(21절)." 사람이 여러 가지 계획을 세워도 오직 하나님의 뜻(the LORD's purpose)만 이루어진다(prevail). 그 성사는 하나님의 뜻에 달렸다는 말씀이다.

"사람은 자기의 인자함으로 남에게 사모함을 받느니라 가난한 자는 거짓말하는 자보다 나으니라(22절)." 사람이 바라는 것은 인자함, 곧 진실한 사랑(unfailing love)이다. 거짓말쟁이가 되는 것보다 가난뱅이가 되는 것이 낫다.

"여호와를 경외하는 것은 사람으로 생명에 이르게 하는(lead to life) 것이라 경외하는 자는 족하게 지내고 재앙을 당하지 아니하느니라(23절)." 여호와를 경외하며 살면 생명을 얻는다. 그것이 사는 길이다. 그러한 사람은 만족한 삶을 누리며(rest content) 재앙을 받지 않는다(untouched by trouble).

"게으른 자는 자기의 손을 그릇에 넣고서도 입으로 올리기를 괴로워하느니라(24절)." 게으른 자는 손을 밥그릇에 넣고서도 입에 갖다 넣기를 귀찮아한다. 게으른 자의 극단적인 보기이다. 이 구절은 음식을 먹을 때 숟가락을 사용하지 않고 손가락으로 먹거나 주인이 먹여주던 고대 동방의 잔치 모습을 보여주고 있다.

"거만한 자를 때리라 그리하면 어리석은 자도 지혜를 얻으리라 명철한 자를 견책하라 그리하면 그가 지식을 얻으리라(25절)." 거만한 자를 치라(flog). 그러면 어리석은 자가 그것을 보고 깨달아 다시는 그릇된 행동을 하지 않을 것이다. 명철한 사람에게는 말로 책망하라(rebuke). 그러면 그가 지혜로운 사람이 될 것이다. 거만한 자에게는 매질이 필요하지만 명철한 사람에게는 말로 책망하는 것으로 충분하다. 그 말이 오히려 마음에 깊이 박히기 때문이다.

"아비를 구박하고 어미를 쫓아내는 자는 부끄러움을 끼치며 능욕을 부르는 자식이니라(26절)." 자기 아버지를 구박하고 자기 어머니를 쫓아내는 자는 부끄러움(shame)과 수치(disgrace)를 끌어들이는 자식, 곧 파렴치한 아들이다.

"내 아들아 지식의 말씀에서 떠나게 하는 교훈을 듣지 말지니라(27절)." 잠언에서 교훈을 대체로 좋은 의미로 사용되었다. 하지만 여기서 말하는 교훈은 부정적 의미로 사용되고 있다. '지식의 말씀에서 떠나게 하는(stray from the words of knowledge) 교훈' 은 거짓 스승의 교훈을 말한다. 이런 교훈을 듣지 말라는 것이다. 그런 교훈은 바른 지식의 말씀에서 멀어지게 하기 때문이다. 또 다른 해석으로는, '교훈을 듣고 또 죄를 범하려거든 아예 교훈을 듣지 말라' 는 뜻으로 해석하는 학자도 있다. 이보다는 전자의 해석이 일반적이다.

"망령된 증인은 정의를 업신여기고 악인의 입은 죄악을 삼키느니라(28절)." 망령된 증인은 부패한 증인(corrupt witness), 거짓 증언을 하는 사람을 가리킨다. 악한 증인은 진실을 무시한다. 정의를 비웃는다(mock at justice). 그리고 악인의 입은 죄악을 통째로 삼킨다(gulp down evil). 죄짓는 일을 밥 먹듯이 한다.

"심판은 거만한 자를 위하여 예비 된 것이요 채찍은 어리석은 자의 등을 위하여 예비 된 것이니라(29절)." 오만한 사람에게는 심판(penalties)이 준비되어 있다. 형벌은 거만한 자를 위해 마련되었다는 말이다. 그리고 어리석은 사람의 등에는 채찍(beatings)이 준비되어 있다. 채찍은 어리석은 자의 등을 위해 마련되었다는 것이다. 교만하지 말고, 어리석은 자가 되지 말라는 말씀이다.

제20장

의인이 가져야 할 행실들

1. 의인이 가져야 할 행실들(1-13절)

"포도주는 거만하게 하는 것이요 독주는 떠들게 하는 것이라 이에 미혹되는 자마다 지혜가 없느니라(1절)." 포도주는 사람을 거만하게 한다(a mocker). 포도주 때문에 독단적인 태도를 보인다. 독주(strong drink)는 사람을 떠들어대게 한다(a brawler). 독주는 밀, 보리, 대추야자, 석류 등으로 만든 술이다. 술에 취한 나머지 말이 많아지고 공격적이 된다. 따라서 술에 빠지는(led astray) 사람은 누구나 지혜롭지 못한 자이다. 포도주나 독주는 이스라엘의 절기에 백성들이 마셨던 일반적인 음료였다(신 14:26). 하지만 독주의 경우 제사장이나 나실인에게는 금지되었다(레 10:9, 민 6:1-3). 술은 기쁨의 차원을 넘어서서 과도하게 탐닉하기 시작하면 반드시 도덕적인 타락이 뒤따르게 된다. 따라서 신중하고 절도 있는 삶을 원한다면 금해야 한다. 여기서는 술에 탐닉하지 말고, 겸손히 근신하고 지혜의 훈계를 듣기에 게으르지 말라는 것이다. 잠언은 여러 곳에서 술에 취하는 것을 금하였다(잠 23:20, 21, 29-35, 31:4, 5).

"왕의 진노는 사자의 부르짖음 같으니 그를 노하게 하는 것은 자기의 생명을 해하는 것이니라(2절)." 왕의 노여움(wrath)은 사자의 부르짖음과 같다. 그러므로 그를 노하게 하는 것(anger him)은 자기 목숨을 잃게 하는 것(forfeit his life)과 다름없다. 자살행위라는 것이다.

"다툼을 멀리 하는 것이 사람에게 영광이거늘 미련한 자마다 다툼을 일으키느니라(3절)." 다툼을 멀리하는(avoid strife) 것은 모욕을 참는 일이고(잠 12:16),

불씨가 될 수 있는 문제를 덮어두는 일이며(잠 17:14), 거만한 사람을 멀리하는 것(잠 22:10)이다. 다툼을 피하는 것이 자랑스러운 일(man's honor)이고 사람의 지혜이다. 그런데도 어리석은 사람은 누구나 쉽게 다툼을 일으킨다(quick to quarrel).

"게으른 자는 가을에 밭 갈지 아니하나니 그러므로 거둘 때에는 구걸할지라도 얻지 못하리라(4절)." 게으른 사람(sluggard)은 제 철에 밭을 갈지 않는다(not plow in season). 게으른 농부는 추수 때에 거두려고 하여도 거둘 것이 없다. 이스라엘에서 땅을 갈고 씨를 뿌리는 계절은 비가 많이 오는 겨울철이다. 가을인 9-11월은 춥다(렘 36:22). 따라서 본문의 '가을' 은 추운 때를 가리킨다. 이 때 이른 비가 내리기 때문에 밭을 갈고 씨를 뿌려야 한다. 이 때를 놓치면 수확을 기대하기 어렵다. '구걸할지라도' 는 다른 사람에게 동정을 구하는 것을 말하는 것이 아니라 자기 밭에서 아무리 찾아 헤매는 행위를 가리킨다. 헤맨다 해도 수확할 것이 없다. 제 때 밭을 갈고 씨를 뿌리지 않았기 때문이다.

"사람의 마음에 있는 모략은 깊은 물 같으니라 그럴지라도 명철한 사람은 그것을 길어 내느니라(5절)." 사람 마음속에 있는 계획과 생각(plan, purposes)은 깊은 물(deep waters)과 같다. 가리어져 있어 보통사람은 알 수가 없다. 하지만 명철한 사람은 통찰력을 가지고 있어 그 깊은 생각과 계획을 길어 낸다(draw them out). 그 마음 속 생각을 꿰뚫는다.

"많은 사람이 각기 자기의 인자함을 자랑하나니 충성된 자를 누가 만날 수 있으랴(6절)." 많은 사람들은 제각기 자신이 인자(hasdow, hessed, unfailing love, covenant loyalty), 곧 충성(성실)을 다하고 있다고 주장하니 누가 참으로 충성된 자, 곧 믿을만한 사람을 만날 수 있겠는가. 사실 충실한 이는 적다는 말이다.

"온전하게 행하는 자가 의인이라 그의 후손에게 복이 있느니라(7절)." '온전' 이라는 단어가 하나님의 성품을 묘사하는 말로 사용될 때는 어떤 죄도 찾아볼 수 없는 완전무결한 상태, 곧 거룩함이란 의미로 사용된다. 하지만 사람에게 사용될 때는 완전무결한 상태가 아니라 하나님의 뜻에 전적으로 순종하려 애쓰는 상태를 가리킬 때 사용된다. '온전하게 행한다' 는 것은 의롭고 정직하게 행한다, 흠 없이 산다(blameless life)는 것이다. 하지만 절대적으로 죄가 없다는 것은 아니다. 하나님의 법과 인간 사회의 법에 기꺼이 복종하며 산다. 이렇듯 정직하고 흠 없이 살려고 하는 자가 의인이다. 그런 사람을 모신 자손, 그 행위를 본받는 자손은 복을 받는다. 의인의 후손은 선조의 고결한 성품과 행위를 본 받아서 하나님의 축복을 받는다.

"심판 자리에 앉은 왕은 그의 눈으로 모든 악을 흩어지게 하느니라(8절)." '흩어지게 하다(scatter away)' 는 문자적으로 '키질하다,' '골라내다' 는 뜻이다. 죄의 진상을 분별하여 악의 근원을 없앤다는 말이다. 재판 석에 앉은 왕은 그의 눈으로(with his eyes) 죄의 진상을 가려낸다. 모든 악을 한눈에 가려낸다(winnow out all evil)는 말이다. 주의 영은 더 확실하게 가려내신다(시 11:4, 합 1:13, 고전 2:15).

"내가 내 마음을 정하게 하였다 내 죄를 깨끗하게 하였다 할 자가 누구냐(9절)." '나는 내 마음을 깨끗하게 하였다(made my heart clean). 나는 죄 없이 깨끗하다(pure from my sin).' 라고 말할 사람이 누구인가. 스스로 자기 죄를 말끔히 씻었다고 자신 있게 말할 사람은 없다. 물음으로 시작한 이 구절 자체에 이미 그런 사람은 아무도 없다는 뜻이 담겨있다. 악으로부터 마음을 깨끗이 보전하지 못했다는 인간의 고백은 '완전히 행하는 의인' 에게도 그대로 적용된다. 모든 사람은 죄를 짓는다(왕상 8:46, 전 7:20, 롬 3:9-12, 23). 바울은 말한다. "의인은 없나니 하나도 없다(롬 3:10)."

"한결같지 않은 저울추와 한결같지 않은 되는 다 여호와께서 미워하시느니라(10절)." 일부 상인들은 부당하게 돈을 벌기 위해 물건을 사거나 팔 때 일정하지 않은 저울추(differing weights)와 되(differing measure)를 사용하였다. 하나님께서는 저울과 되를 속이는 자를 미워하신다.

"비록 아이라도 자기의 동작으로 자기 품행이 청결한 여부와 정직한 여부를 나타내느니라(11절)." 사람의 행위는 인격을 반영한다. 비록 아이라 할지라도 그 하는 짓을 보면(by his actions) 그의 행동이 순수하고 정직한지 (pure and right) 알 수 있다. 아이라 해도 그 행위로 사람됨이 드러낸다. 그 행실을 통해 그가 깨끗한지 더러운지, 올바른지 그른지 알 수 있다. 아이의 치기어린 행동에도 이미 그 아이의 성격과 인격이 반영되어 있다는 것이다. 따라서 어렸을 때부터 바른 삶을 교육하고 가르칠 필요가 있음을 강조하고 있다.

"듣는 귀와 보는 눈은 다 여호와께서 지으신 것이니라(12절)." 듣는 귀와 보는 눈은 다 여호와께서 만드신 것(made them both)이다. 사람의 인격과 인품을 알기 위해서는 그 사람의 말을 잘 들어보고, 그 행동을 관찰해보라는 말씀이다. '듣는' 것은 순종의 자세가 어떠한지를, '보는' 것은 이해의 태도가 어떤지를 살피라는 것이다.

"너는 잠자기를 좋아하지 말라 네가 빈궁하게 될까 두려우니라 네 눈을 뜨라 그리하면 양식이 족하리라(13절)." 이 구절에서 잠을 자는 것(love sleep)은 게으름을, 눈을 뜨는 것(stay awake)은 부지런함을 상징한다. 잠자기를 좋아하면 가난하게 된다. 눈을 뜨고 열심히 일하라. 그러면 먹을 것이 풍족할 것이다. 가난하지 않으려면 잠을 좋아하지 말고, 풍족한 먹거리(food to spare)를 얻으려면 깨어 있으라는 말이다.

2. 지혜로운 입술이 보배다(14-30절)

"물건을 사는 자가 좋지 못하다 좋지 못하다 하다가 돌아간 후에는 자랑하느니라(14절)." 물건을 고를 때는 "나쁘다(no good), 나쁘다" 말한다. 물건을 좋지 못하다고 말하는 것은 값을 깎기 위한 것이다. 물건을 살 때는 좀 더 낮은 가격으로 사기 위해 상품에 대해 만족스럽지 못한 체 한다. 하지만 사고 난 다음에는 그 물건을 싼 값으로 잘 샀다고 자랑한다(boasts about his purchase). 이것이 사람의 마음이라는 것이다.

"세상에 금도 있고 진주도 많거니와 지혜로운 입술이 더욱 귀한 보배니라(15절)." 세상에는 금도 있고 진주도 많다. 하지만 그보다 더 귀한 보배(a rare jewel)는 지혜로운 입술이다. 정말 귀한 보배는 지각 있게 말하는 입술(lips that speak knowledge)이다.

"타인을 위하여 보증 선 자의 옷을 취하라 외인들을 위하여 보증 선 자는 그의 몸을 볼모 잡을지니라(16절)." 타인(a stranger)을 위해 보증 선 자는 경제적으로 능력이 없으면서도 무리하게 보증을 서는 자다. 옷을 취하라는 것은 보증 선 자의 옷을 담보(surety)로 잡으라는 것으로, 보증 없이 빌려주지 말라는 것이다. 남의 보증을 선 사람은 적어도 자기의 옷을 잡혀야 할 각오를 해야 한다. 채권자는 지불을 보증하는 증거로서 보증자의 겉옷을 취할 수 있다(출 22:6). 나아가 외국인(foreigners)에 대해 보증을 서는 자에게서는 담보물이 크다. 그의 몸을 담보로 잡도록 했다. 전혀 모르는 외국인에 대해 보증을 선 사람은 자기의 몸을 잡혀야 한다. 이것은 한 마디로 보증을 서는 것에 대한 경고의 말씀이다.

"속이고 취한 음식물은 사람에게 맛이 좋은듯하나 후에는 그의 입에 모래가 가득하게 되리라(17절)." 남을 속여서(by falsehood) 얻은 빵은 맛있어 보인다. 하지만 그것은 얼마 안 가서 입 안의 모래(gravel)와 같게 된다. 죄를 통해 얻은 기쁨은 순간적이다. 전리품을 몰래 숨긴 아간, 잠시 물욕에 빠진 게하시는 그 물질로 인해 잠시 기쁨을 얻었을 것이다. 그러나 그 일로 인해 그들은 재난을 당했다. 죄로 인한 순간적인 기쁨을 얻기보다 바른 행동을 통해 지속적인 기쁨을 얻도록 하라.

"경영은 의논함으로 성취하나니 지략을 베풀고 전쟁할지니라(18절)." 계획(plans)을 세우기에 앞서 먼저 다른 사람의 조언(consultation)을 듣는다. 마찬가지로 전쟁하기에 앞서 먼저 지혜로운 전략가들의 지도(wise guidance)를 받아라. 계획은 사람들의 뜻을 모아서 세우고, 전쟁은 전략을 세워 놓고 하라.

"두루 다니며 한담하는 자는 남의 비밀을 누설하나니 입술을 벌린 자를 사귀지 말지니라(19절)." 중상자(a slanderer)처럼 수다를 떨고 험담하며 돌아다니는 사람은 남의 비밀을 누설하는 자이다. 그러므로 입을 벌리고 다니는 사람(gossiper)과는 어울리지 말라. 그런 사람과 사귀지 말라. 입술을 벌린 자는 말을 많이 하는 사람을 가리킨다.

"자기의 아비나 어미를 저주하는 자는 그의 등불이 흑암 중에 꺼짐을 당하리라(20절)." 자기 부모를 저주하는 사람은 어둠 속에서(in pitch darkness) 꺼져가는

(snuffed out) 등불과 같게 된다. 생명의 끊어짐을 당한다는 말이다. 부모를 저주하는 것은 '네 부모를 공경하라' 는 다섯 번째의 계명을 범하는 것이다. 구약시대에는 사형에 처해졌다(출 21:17, 레 20:9).

"처음에 속히 잡은 산업은 마침내 복이 되지 아니하느니라(21절)." 처음에 급히 얻은(quickly gained) 재물, 곧 처음부터 빨리 모은 재산은 나중에 복이 되지 않는다. 행복하게 끝을 맺지 못한다. 여기서 '처음에 속히 잡은 산업' 은 두 가지로 해석된다. 하나는, 산업은 유산(inheritance)을 뜻한다. '처음에 속히 잡은 산업' 은 부모에게 요청하여 자기 몫에 해당하는 유산을 미리 받거나 부모에게 강제로 유산을 탈취하는 것을 말한다. 이런 사람은 돈의 귀중함을 알지 못해 그 유산을 낭비하게 된다. 예수님의 탕자비유가 적절한 예다(눅 15:11-20). 다른 하나는, 부정한 수단을 써서 신속하게, 그리고 탐욕스럽게 모은 재산이다. 부정직하게 모든 것이므로 하나님의 복을 잃는다. 하나님은 재물을 모으는 방법이 얼마나 의로운 것인가에 관심을 가지고 계신다.

"너는 악을 갚겠다 말하지 말고 여호와를 기다리라 그가 너를 구원하시리라(22절)." 너는 네가 직접 복수하겠다, 곧 "내가 악을 갚겠다."는 생각을 버리라. 하나님께서 처리하실 때까지 기다려라. 기다리면 그분이 너를 구원하신다. 복수하는 것은 사람이 할 일이 아니라 하나님이 하실 일이다(잠 17:13, 24:29, 신 32:35, 롬 12:19).

"한결같지 않은 저울추는 여호와께서 미워하시는 것이요 속이는 저울은 좋지 못한 것이니라(23절)." 균일하지 않은 저울추(differing weights), 곧 규격에 맞지 않은 저울추는 하나님께서 미워하신다. 속이는 저울(dishonest scales)도 하나님을 기쁘게 하지 못한다. 나쁘다는 것이다.

"사람의 걸음은 여호와로 말미암나니 사람이 어찌 자기의 길을 알 수 있으랴(24절)." 사람의 발걸음은 주님으로 말미암은 것이다. 여호와께서 그 길을 결정하신다. 그러므로 사람이 어떻게 자기의 길을 알 수 있겠는가. 하나님은 사람의 결정과 행위를 인도하신다(잠 16:1, 9, 19:21).

"함부로 이 물건은 거룩하다 하여 서원하고 그 후에 살피면 그것이 그 사람에게 덫이 되느니라(25절)." 신중하게 생각해 보지도 않은 채 경솔하게 "이것은 거룩하다," 곧 하나님께 바치겠다는 서원(vows, 약속)을 해 놓고 나중에 생각이 달라지는 것(나중에 후회하는 것)은 마치 덫(a trap)에 걸리는 동물처럼 스스로 곤경에 빠져들 수 있다. 어리석고 경솔한 짓이라는 말이다. 서원하기 전에 신중하게 생각해야 한다(신 23:21-23, 전 5:4-5).

"지혜로운 왕은 악인들을 키질하며 타작하는 바퀴를 그들 위에 굴리느니라(26절)." 지혜로운 왕은 악인을 키질하며(winnow out), 그들 위에 타작기의 바퀴(the threshing wheel)를 굴린다. 지혜로운 왕은 악인을 색출하여 가차 없이 처벌한다는 말이다. 키질은 키로 곡식 등을 까불러 쭉정이, 티끌, 검부러기 등을 골라내는 것을 말한다. 타작은 곡식의 이삭을 떨어내어 그 낟알을 거두는 일을 말한다. 보통 때는 날카로운 돌이나 금속조각이 박힌 탈곡기를 소나 당나귀에게 끌게 하여 곡식단 위로 지나가게 했다. 타작하는 바퀴는 나무로 만든 서너 개의 바퀴에 톱날을 박아 두 마리의 황소 뒤에 달아 소를 부리면 자연스럽게 타작이 가능했던 일종의 타작기계이다.

"사람의 영혼은 여호와의 등불이라 사람의 깊은 속을 살피느니라(27절)." 등불은 어둠 속에 있는 물건들을 그 빛으로 밝혀 보이게 한다. 여호와의 등불(the lamp of the LORD)이 사람의 영혼을 환히 비추시고, 사람의 가장 깊은 곳(his inmost being)까지 다 살펴보신다. 하나님은 이 등불처럼 사람의 영혼 속에 있는 것을 드러내신다(잠 5:21, 15:3). 그 사람의 깊은 곳까지 다 살피신다.

"왕은 인자와 진리로 스스로 보호하고 그의 왕위도 인자함으로 말미암아 견고하니라(28절)." 왕이 인자하고 정직하며 공정하면 그 왕위가 든든하다. 인자(love)와 진리(faithfulness)가 왕을 지켜 주고, 인자(love)가 그의 보좌를 튼튼하게 하기 때문이다. 백성도 물론 그를 따르게 된다.

"젊은 자의 영화는 그의 힘이요 늙은 자의 아름다움은 백발이니라(29절)." 젊은이들의 영광(the glory)은 그들의 힘이요 노인들의 영광(the splendor)은 그들의 백발이다. 노인은 젊은이와 같은 힘은 없지만 백발은 하나님으로부터 받은 장수의 축복의 상징이자 참 기쁨을 누리는 때라는 점에서 영광스럽다. 하나님은 늙은 자를 버리지 않으시고 품으신다.

“상하게 때리는 것이 악을 없이하나니 매는 사람 속에 깊이 들어가느니라(30절).” 매는 사람의 속 깊은 곳까지 들어간다. 상처가 나도록 때려야(blows and wounds)악이 없어진다. 상처가 나도록 때리고 엄하게 벌하면(beatings) 마음 속 깊은 곳(the inmost being)에 있는 악도 몰아내게 된다(purge). 악한 생각은 심한 채찍으로서만 바로 잡을 수 있다는 말씀이다.

제21장

악한 자가 가지고 있는 특징과 지혜자가 생각해야 할 것들

1. 악한 자가 가지고 있는 특징들(1-12절)

"왕의 마음이 여호와의 손에 있음이 마치 봇물과 같아서 그가 임의로 인도하시느니라(1절)." 왕의 마음은 마치 하나님의 손 안에 있는 도랑물(channels of water) 같다. 주님께서 원하시는 대로 그 흐름을 바꾸신다. 농부가 도랑을 파서 물의 방향을 바로잡듯 하나님은 왕의 마음을 '임으로(wherever he pleases),' 곧 그분의 뜻대로 인도하신다. 왕의 통치는 하나님의 뜻아래 행해진다는 말씀이다. 바로, 고레스, 아닥사스다 왕들에 대해 하나님께서 어떻게 하셨는가가 그 예다. 봇물은 '보의 물' 이다. 보(洑)는 논에 물을 대기 위해 자그맣게 둑을 쌓고 흐르는 물을 막아둔다. 보의 물은 농부가 농사를 짓기 위해 저장해 놓은 관개수로를 가리킨다. 농부가 저장한 물을 임의로 사용하듯 하나님이 왕들을 자신의 섭리대로 다스려 나가신다는 것이다. 하나님이 인간 역사를 주관하신다는 것으로 하나님의 주권을 강조하고 있다.

"사람의 행위가 자기 보기에는 모두 정직하여도 여호와는 마음을 감찰하시느니라(2절)." 사람의 행위(all a man's ways)가 자기 보기에는 다 깨끗한 것 같아도 마음을 살피시는 여호와 앞에서는 그렇지 않을 수 있다. 하나님께서는 그 마음을 꿰뚫어 보시기(weigh the heart) 때문이다. 사람은 외모를 본다. 하지만 하나님은 사람의 마음속에 있는 생각을 헤아리신다(삼상 16:7).

"공의와 정의를 행하는 것은 제사 드리는 것보다 여호와께서 기쁘게 여기시느니라(3절)." 하나님께서는 정의와 공평을 지키며 사는 것(to do what is right and just)을 제사를 드리는 것(sacrifice)보다 더 기쁘게 여기신다. 제사를 드리는 것도 하나님을 기쁘시게 한다. 하지만 그보다 의롭고 공정하게 일을 하며 사는 것이 하나님을 더 기쁘시게 한다. 제사도 중요하지만 의와 공평을 떠난 제사는 원치 않으신다는 말씀이다. 우리는 하나님 앞에서 바른 삶을 살아야하고, 그 가운데서 제사도 드려져야 한다. 예배와 삶이 균형을 이루어야 한다는 말씀이다.

"눈이 높은 것과 마음이 교만한 것과 악인이 형통한 것은 다 죄니라(4절)." 거만한 눈(haughty eyes)과 교만한 마음(proud heart)과 악인의 성공(the plowing of the wicked)은 다 죄가 된다. 악인의 형통을 '악인의 등불(the lamp of the wicked)' 로 번역하기도 한다. 거만한 눈과 오만한 마음은 악인을 구별하는 표지가 된다는 말이다. 악인의 특징은 교만하다. 악인은 자기의 교만한 태도로 형통하지만 그것은 죄에 지나지 않는다는 말이다.

"부지런한 자의 경영은 풍부함에 이를 것이나 조급한 자는 궁핍함에 이를 따름이니라(5절)." 부지런한 사람의 계획(plans of the diligent), 곧 신중한 계획으로 성실하게 일하면 부유하게 된다. 반드시 이득을 얻게 된다(lead to profit). 하지만 성급(haste)한 사람은 가난해질 뿐이다(lead to poverty). 계획을 신중하게 하고 조급하게 굴지 말라는 말이다.

"속이는 말(a lying tongue)로 재물을 모으는 것은 죽음을 구하는 것이라 곧 불려 다니는 안개니라(6절)." 속여서 모은 재물은 죽음의 덫(a deadly snare)과 같다. 너를 죽음으로 몰아넣을 것이다. 나아가 그 재물은 사라지는 안개(a fleeting vapor)와 같다. 곧 사라진다. 공동번역에서는 죽음의 덫과 사라지는 안개, 두 가지를 합쳐 '교수대의 이슬처럼 사라진다.' 하였다.

"악인의 강포는 자기를 소멸하나니 이는 정의를 행하기 싫어함이니라(7절)." 악인의 폭력(violence)은 자신을 멸망으로 이끈다. '자기를 소멸하다(drag them away)' 는 것은 자신들의 목숨을 스스로 빼앗아간다는 뜻이다. 자기가 쓴 폭력에 자기가 망한다. 그 이유는 정의 행하기, 곧 바르게 살기를 거부하기(refuse to do what is right) 때문이다.

"죄를 크게 범한 자의 길은 심히 구부러지고 깨끗한 자의 길은 곧으니라(8

절).” ‘죄를 크게 범한 자의 길(the way of the guilty)은 심히 구부러지고(devious, crooked)’ 는 죄 짐을 진 자의 길은 구부러져있다. 죄인의 행위는 비뚤어지고 잘못되었다는 말이다. 이에 반해 깨끗한 사람의 길은 바르다. 그 행실(conduct)이 올바르고 곧다(upright).

“다투는 여인과 함께 큰 집에서 사는 것보다 움막에서 사는 것이 나으니라(9절).” 다투기 좋아하는 여자(quarrelsome wife, contentious woman)와 한 집, 곧 넓은 집에서 함께 사는 것보다 차라리 움막, 곧 옥상 한 구석이나 다락 한 구석에서 혼자 사는 것이 더 낫다. 움막은 옥상 한 구석(a corner of a roof)을 뜻한다. 이스라엘 사람들은 지붕을 평탄하게 만들었기 때문에 그 위해 자그마한 방, 골방을 지을 수 있었다. 이 방은 대개 기도나 명상의 장소로 사용되었다.

“악인의 마음은 남의 재앙을 원하나니 그 이웃도 그 앞에서 은혜를 입지 못하느니라(10절).” 악인은 마음에 악을 갈망하기(crave evil) 때문에 가까운 이웃에게도 은혜(친절)도 베풀지 못한다. 이웃도 불쌍히 여기지 않는다. 자비나 은혜도 없다(no mercy, no favor). 인간은 악하기 때문에 죄를 지을 뿐 아니라 더 잔혹한 죄도 지을 수 있다. 이것은 인간이 얼마나 악하고 타락했는가를 보여준다.

“거만한 자가 벌을 받으면 어리석은 자도 지혜를 얻겠고 지혜로운 자가 교훈을 받으면 지식이 더하리라(11절).” 오만한 사람이 벌을 받으면 어수룩한 사람도 ‘그렇게 하면 안 되겠구나’ 깨닫게 된다. 지혜로운 사람이 가르침을 받으면(instructed) 자신이 지식을 얻는다(he gets knowledge). 스스로 깨닫는 것이 있다는 말이다.

“의로우신 자는 악인의 집을 감찰하시고 악인을 환난에 던지시느니라(12절).” 의로우신 자(the Righteous One)는 하나님을 가리킨다. 의로우신 하나님은 악인의 집을 살피신다. 그의 집, 곧 그의 행실에 주목하신다. 그리고 그를 재앙에 빠지게 하신다. 악인을 파멸(ruin)에 던져 넣으신다.

2. 지혜자가 생각해야 할 것들(13-31절)

“귀를 막고 가난한 자가 부르짖는 소리를 듣지 아니하면 자기가 부르짖을 때에도 들을 자가 없으리라(13절).” 가난한 사람의 간절한 부르짖음(the cry of the poor)에 귀를 막고 듣지 않으면, 자기가 부르짖을 때 아무 응답도 받지 못할 것이다. 이 정신은 마태복음의 심판 장면(마 25:31-46)과 누가복음의 부자와 나사로 이야기(눅 16:19-31)에서 찾아볼 수 있다.

"은밀한 선물은 노를 쉬게 하고 품 안의 뇌물은 맹렬한 분을 그치게 하느니라(14절)." 몰래 주는 선물(gift in secret)은 화를 그치게 하고 슬쩍 넣어 주는 뇌물은 큰 분노를 누그러지게 한다. 이 구절에서는 중립적 의미를 가지고 있는 선물(mattan, gift)과 부정적 의미를 가지고 있는 뇌물(sohad, bribe, reward)가 함께 제시되고 있다. 품안의 뇌물(bribe in the bosom)은 겉옷 속에 감춘 뇌물(bribe concealed in the cloak)을 가리킨다. 품속에 넣어 주는 뇌물이다. 이 구절은 뇌물 수수를 권장하거나 인정하라는 말이 아니다. 이것은 당시 사회상을 보여주는 것뿐이다. 성도는 불의한 선물이나 뇌물을 과감히 뿌리칠 수 있어야 한다.

"정의를 행하는 것이 의인에게는 즐거움이요 죄인에게는 패망이니라(15절)." 정의가 실현되면 의로운 사람에게는 기쁨(joy)이 된다. 의인은 의로운 삶을 기뻐하기 때문이다. 하지만 악을 행하는 사람에게는 두려움(terror)을 준다. 악인은 처벌을 받을까 두렵고 절망스럽기 때문이다.

"명철의 길을 떠난 사람은 사망의 회중에 거하리라(16절)." 명철의 길을 떠난 사람(man who strays from the path of understanding)은 지혜롭지 못한 사람을 가리킨다. 사막의 회중은 죽은 자의 회중(the assembly of the dead)을 의미한다. 이 길을 떠난 사람은 죽은 사람들과 함께 쉬게 된다. 파멸이다. 이런 사람에게 무슨 일이 일어나게 될 것인지는 음녀에게 유혹된 어리석은 자와 경우와 같다(잠 2:18, 5:23, 7:22-23, 9:18). 하나님의 지혜와 공의를 떠난 자는 죽은 자와 다름없다는 말이다.

"연락을 좋아하는 자는 가난하게 되고 술과 기름을 좋아하는 자는 부하게 되지 못하느니라(17절)." 향락, 곧 쾌락(pleasure)을 좋아하는 사람은 가난하게 된다. 술과 기름(wine and oil)을 좋아하는 사람도 부하게 되지 못한다. 술과 기름은 향연에 언제나 등장하는 단어들이다. 술은 방탕한 생활을, 기름은 사치스런 생활을 상징한다, 성경에서 몰약 기름이라고 하지 않는 한 기름은 대부분 올리브 열매에서 짜낸 기름을 말한다. 올리브기름으로 만든 값비싼 화장품이다(요 12:5). 이 기름의 값은 밭에서 일하는 일꾼이 300일 동안 일해서 얻을 수 있는 삯과 맞먹는다. 이렇듯 사치에 빠지는 것은 낭비와 무절제가 심하다는 것을 보여준다.

"악인은 의인의 속전이 되고 사악한 자는 정직한 자의 대신이 되느니라(18절)." 악인은 의로운 사람 대신에 치르는 몸값(a ransom)이 되고, 사기꾼은 정직한 사람 대신에 치르는 몸값이 된다. 악인은 의로운 사람을 해치려다가 오히려 자기가 희생을 당한다는 말이다. 이 구절은 잠 11:8과 유사하다. 법정에서 억울하게 누명을 쓴 사람이 무죄로 판명되면 그를 모함한 사람은 거짓증거로 처벌을 받게 된다. 악을 행하는 자는 하나님의 진노를 일으키게 되고, 의로운 자들을 대신하여 속죄양이 되기도 한다(사 43:3).

"다투며 성내는 여인과 함께 사는 것보다 광야에서 사는 것이 나으니라(19절)." 다투기 좋아하고(quarrelsome) 성미 고약한(ill-tempered) 아내와 함께 사는 것보다 차라리 광야에서 혼자 사는 것이 더 낫다.

"지혜 있는 자의 집에는 귀한 보배와 기름이 있으나 미련한 자는 이것을 다 삼켜 버리느니라(20절)." 지혜 있는 사람의 집에는 값진 보물과 기름(precious treasure and oil)이 있다. 지혜로운 사람은 개미처럼 앞날을 위해서 저축한다. 미래를 대비하는 것이다. 하지만 미련한 사람은 사치와 낭비를 일삼아 그것을 모두 탕진하여 버린다(swallow it up). 미래를 준비하지 않고 닥치는 대로 다 써 버린다. 지혜롭지 못하다.

"공의와 인자를 따라 구하는 자는 생명과 공의와 영광을 얻느니라(21절)." 공의(righteousness)는 하나님과 사람에게 의무를 다한다는 것이고, 인자(hessed, love)는 사랑과 동정심에서 유발된 부드러운 태도(긍휼, 자비)나 신의 및 신실함을 뜻한다. 의와 사랑을 추구하는 사람은 생명(life)과 의(righteousness)와 영광(honor 영예)을 얻는다. NIV와 새번역에서는 의를 번영(prosperity)으로 해석했다.

"지혜로운 자는 용사의 성에 올라가서 그 성이 의지하는 방벽을 허느니라(22절)." 지혜로운 사람은 용사들이 지키는 성(the city of the mighty)에 올라가(공격하여) 그들이 든든히 믿는 요새(the stronghold)도 무너뜨린다. 지혜는 힘보다 낫다는 말이다. 아무리 강한 용사라도 지혜로운 자를 당할 수 없다. 영적인 싸움에 있어서도 마찬가지다. 영적인 싸움에 세상의 힘은 아무 쓸모가 없다(고후 10:4).

"입과 혀를 지키는 자는 자기의 영혼을 환난에서 보전하느니라(23절)." 자기 입과 혀를 지킬 수 있는 사람은 환난(역경, calamity) 속에서도 자기 영혼, 곧 자기 목숨을 지킬 수 있다(keep himself).

"무례하고 교만한 자를 이름하여 망령된 자라 하나니 이는 넘치는 교만으로 행함이니라(24절)." 무례하고 건방진 사람(proud and arrogant man)을 망령된 자, 곧 오만한 자, 냉소자(mocker, scoffer)라고 한다. 그런 사람은 아주 오만하게 행동하기 때문이다.

"게으른 자의 욕망이 자기를 죽이나니 이는 자기의 손으로 일하기를 싫어함이니라(25절)." 게으른 사람이 갈망하는 것(sluggard's craving)은 자기의 죽음이다. 제 손으로 일하기를 싫어하기(refuse to work) 때문이다. 게으른 자는 일하기 싫어하면서도 얻을 수 없는 것을 끝없이 갈망하며 자신의 정력과 인생을 낭비한다. 얻는 것은 하나도 없고 결국은 굶어죽는다. 게으름이 결국 자기 스스로를 죽이는 데까지 이르게 하는 것이다. "게으른 자여, 너의 갈 곳은 죽음뿐이라"는 말이다. 잠언 기자는 게으름을 싫어한다.

"어떤 자는 종일토록 탐하기만 하나 의인은 아끼지 아니하고 베푸느니라(26절)." 어떤 사람은 온종일 탐하기만 한다. 더 가지기를 원한다. 게으른 자의 탐욕은 끝이 없다. 하지만 의로운 사람은 자신의 것을 아끼지 않고 나누어 준다(give without sparing). 구제를 베푼다. 탐하기만 하는 악한 자가 될 것인가, 아니면 남을 위해 자신의 것을 내어주는 사람이 될 것인가.

"악인의 제물은 본래 가증하거든 하물며 악한 뜻으로 드리는 것이랴(27절)." 하나님께서는 본래부터 악인들의 제물을 가증이(detestable) 여기신다. 회개와 믿음 없이 형식적으로 드리는 제물을 싫어하신다. 하물며 악한 의도(evil intent), 곧 하나님께 드리는 제물을 이용하여 자신의 안락과 번영만을 꾀하고자 이기적인 마음으로 드리는 제물을 어찌 싫어하지 않으시겠는가. 하나님을 이용하려는 제사, 하나님의 뜻에 어긋나는 악한 목적의 제사, 이기적인 제사는 하나님이 싫어하신다.

"거짓 증인은 패망하려니와 확실히 들은 사람의 말은 힘이 있느니라(28절)." 거짓 증인(false witness)의 말은 곧 사멸된다. 위증을 하는 사람의 증언에 귀를 기울이는 사람도 영원히 망한다(destroyed forever). 하지만 진실한 증인의 말은 계속 생명력을 유지한다(speak forever). 사실에 귀를 기울이고 사실대로 말하는 사람(man who listens to the truth)의 증언은 채택된다.

"악인은 자기의 얼굴을 굳게 하나 정직한 자는 자기의 행위를 삼가느니라(29절)." 악인은 언제나 뻔뻔스러운 태도를 취한다. '얼굴을 굳게 하다(display a bold face)' 는 것은 하나님을 무시하고 교만하여 죄에 대해 무감각하다, 위선적이어서 부끄러움조차 모른다는 것이다. 하지만 의로운 사람은 자기 행동을 삼간다. 하나님을 생각하며 자기 행실을 잘 살핀다.

"지혜로도 못하고, 명철로도 못하고 모략으로도 여호와를 당하지 못하느니라(30절)." 이 세상의 그 어떤 지혜나, 명철(통찰력)이나, 묘략(묘안, 계략, counsel, plan)도 하나님을 당해 내지 못한다. 하나님을 대항할 지혜나 명철이나 모략도 이 세상에는 없다는 말씀이다.

"싸울 날을 위하여 마병을 예비하거니와 이김은 여호와께 있느니라(31절)." 사람이 전쟁에 대비하여 군마(horse)를 준비한다. 하지만 승리는 여호와께 달려 있다.

제22장

재물보다 은총을 택하고 악한 자를 압제하지 말라

1. 많은 재물보다 명예와 은총을 택하라(1-16절)

"많은 재물보다 명예를 택할 것이요 은이나 금보다 은총을 더욱 택할 것이니라(1절)." 많은 재산보다는 명예(a good name)를 택하는 것이 낫다. 재물보다는 명예로운 평판을 선택하는 것이 낫다, 청빈하고 깨끗한 삶을 강조하고 있다. 나아가 은이나 금보다는 은총(loving favor)을 택하는 것이 낫다. 은총은 신약에서 죄를 용서해 주시는 하나님의 사랑이라는 의미로 사용되었다. 잠언에서는 사랑을 얻는 방법과 태도라는 의미로 사용되고 있다. 예수님은 우리에게 진정한 기쁨은 우리가 휘두르는 힘에 있는 것이 아니라 우리가 하나님의 사랑가운데 거하고 있다는 데 있음을 가르쳐 주셨다(눅 10:20). 세상 재물보다 하나님의 은혜아래 거하는 것이 참 기쁨이다.

"가난한 자와 부한 자가 함께 살거니와 그 모두를 지으신 이는 여호와시니라(2절)." 부유한 사람과 가난한 사람이 다 함께 얽혀서 살지만, 이들 모두를 지으신 분은 하나님이시다. '함께 산다(meet together)' 는 것은 '서로 곁에 서있다,' '서로 상종한다' 는 뜻으로 사회적 동등관계를 표현하는 것이다. 사람들 사이에 가난과 부라는 사회적 차이는 존재한다. 하지만 모든 사람은 동일한 하나님의 피조물로서 각자의 권리를 가지고 있으며 서로 존중하고 서로 친절을 베풀어야 할 관계라는 것이다. 인간은 출생이나 신분에 관계없이 하나님 앞에서 모두 평등한 존재이다.

"슬기로운 자는 재앙을 보면 숨어 피하여도 어리석은 자는 나가다가 해를 받느니라(3절).” 슬기로운 사람은 재앙(danger)이나 악(evil)을 보면 숨고 피한다(hide himself, take refuge). 비겁하게 피한다는 것이 아니라 그 재앙을 지혜롭게 예방한다는 뜻이다. 하지만 어리석은 자는 그대로 나아가다가 어려움을 고집을 부리고 나아가다가 화를 입는다(suffer for it)는 말이다.

“겸손과 여호와를 경외함의 보상은 재물과 영광과 생명이니라(4절).” 겸손하고 여호와를 두려운 마음으로 섬기면 그 보상은 재산과 영예와 장수(wealth and honor and life)이다. 부와 명예를 얻고 장수하게 된다는 말이다.

“패역한 자의 길에는 가시와 올무가 있거니와 영혼을 지키는 자는 이를 멀리하느니라(5절).” 마음이 비뚤어진 사람의 길에는 가시(thorns)와 덫(snares)이 있다. 하지만 자기 영혼을 지키는 사람은 그런 길을 피한다.

“마땅히 행할 길을 아이에게 가르치라 그리하면 늙어도 그것을 떠나지 아니하리라(6절).” 아이에게 바른 길을 가르쳐라(hanok, train up). 그러면 늙어서도(성인이 되어서도) 그 길을 떠나지 않을 것이다. ‘마땅히 행할 길’ 은 문자적으로 ‘그의 길에 따라서’ 이다. 이것은 아이의 개성이나 소질을 가리킨다는 주장도 있지만 잠언의 주요 가르침처럼 지혜롭고 경건한 삶의 길, 곧 지혜의 길을 가리킨다.

“부자는 가난한 자를 주관하고 빚진 자는 채주의 종이 되느니라(7절).” 채주(債主, the lender)는 남에게 돈을 빌려준 사람이다. 가난하면 부자의 지배를 받고, 빚지면 빚쟁이의 종이 된다. 큰돈을 빌린 사람(borrower)은 채권자 앞에서 떳떳하지 못하고, 최악의 경우에는 종처럼 매이게 된다.

“악을 뿌리는 자는 재앙을 거두리니 그 분노의 기세가 쇠하리라(8절).” 악을 뿌리는 사람은 재앙을 거둔다(reap trouble). 큰 문제를 야기한다는 말이다. 그로 인해 그의 분노의 기세도 꺾이게 된다. 분노의 기세는 문자적으로 ‘분노의 막대기(the rod of his fury),’ 곧 억압적인 태도를 말한다. 재앙 앞에서 분노하며 휘두르던 그 막대기의 기세도 꺾인다.

“선한 눈을 가진 자는 복을 받으리니 이는 양식을 가난한 자에게 줌이니라(9절).” 선한 눈(towb ayin, bountiful eye)은 너그러운 눈을 말한다. 인색한 사람은 ‘악한 눈이 있는 자’ 로 묘사되어 있다(잠 23:6, 28:22). 선한 눈을 가진 자는 주는 것을 아까워하지 않고 남에게 자선을 베푸는 사람(generous man)이다. 이런 사람은 복을 받는다. 자기의 양식을 가난한 사람에게 나누어주기 때문이다. 이와 반대로 악한 눈을 가진 자는 가난하고 불쌍한 자를 속인다.

"거만한 자를 쫓아내면 다툼이 쉬고 싸움과 수욕이 그치느니라(10절)." 거만한 자(mocker, scoffer)를 추방하면 다툼(strife)이 떠나고 싸움(quarrels)과 욕지거리(insults NIV, reproach KJV, dishonor NASB)도 그친다. 수욕은 수치와 모욕을 뜻한다. 새번역에서는 '욕설' 로 번역했다.

"마음의 정결을 사모하는 자의 입술에는 덕이 있으므로 임금이 그의 친구가 되느니라(11절)." '마음의 정결(purity of heart)' 은 속임이나 간사한 생각이 없는 것을 가리킨다. 마음의 순결을 간절히 바라는 자의 입술에는 덕스러운(gracious) 말이 있다. 말에 품위가 있다. 그 사람은 왕의 친구가 된다.

"여호와의 눈은 지식 있는 사람을 지키시나 사악한 사람의 말은 패하게 하시느니라(12절)." 여기서 지식은 참된 지식, 곧 진리를 가리킨다. 하나님의 눈은 지식 있는 사람을 지켜보신다(keep watch over knowledge). 그 지식을 지키고(preserve) 이루게 하신다. 하지만 사악한 사람, 곧 거짓되고 불성실한 사람(the unfaithful)의 말은 좌절시키고(frustrate) 뒤엎으신다(overthrow). 하나님이 성실하지 못한 자의 계획과 갈망이 이루어지지 못하도록 막으신다.

"게으른 자는 말하기를 사자가 밖에 있은즉 내가 나가면 거리에서 찢기겠다 하느니라(13절)." 게으른 사람은 곧잘 이렇게 핑계 댄다. '밖에 사자가 있어(a lion outside) 일하러 갈 수 없다. 내가 만일 밖에 나가면 거리에서 사자에게 찢겨 죽을(murdered in the streets) 것이다.' 사자가 먼 곳에 있는 데도 불구하고 게으른 자는 무섭다고 핑계를 대면서 게으름을 피운다. 마치 지구가 무너질까 두려워 나가지 못하겠다고 말하는 것과 같다. 게으른 사람은 일하지 않으려고 이처럼 각가지 핑계를 댄다. 그러나 그 핑계는 궁색하기 그지없어 비웃음만 살뿐이다.

"음녀의 입은 깊은 함정이라 여호와의 노를 당한 자는 거기 빠지리라(14절)." 음행하는 여자(adulteress)의 유혹하는 입은 깊은 함정(a deep pit), 곧 위험한 함정과 같다. 하나님의 저주를 받는 사람이 거기에 빠진다. 간음으로 인해 곤경을 당하는 것은 하나님의 심판가운데 하나이다.

"아이의 마음에는 미련한 것이 얽혔으나 징계하는 채찍이 이를 멀리 쫓아내리라(15절)." 아이들은 미련한 짓(folly, foolishness)을 하기가 일쑤다. 하지만 징계의 채찍(the rod of discipline)으로 이런 것을 바로 잡을 수 있다. 악에 물들기 쉬운 아이의 마음을 훈계의 매, 곧 적절한 훈계로 바로 인도해야 한다는 것을 가르치고 있다.

"이익을 얻으려고 가난한 자를 학대하는 자와 부자에게 주는 자는 가난하여질 뿐이니라(16절)." 이익, 곧 자기 재산을 늘리기(to increase his wealth) 위해 온갖 불의한 방법으로 가난한 사람을 학대하는 자와 물질적인 이득을 얻기 위해 부자에게 온갖 아첨을 하고 뇌물(gifts)을 주는 자는 가난하게 된다. 이런 사람들은 모두 불의한 방법을 사용하기 때문에 물질적으로나 영적으로 가난한 상태에 머물 수밖에 없다.

2. 여호와를 의뢰케 하는 것이 훈계의 목적이다(17-21절)

잠언 22:17에서 잠언 24:22까지는 '지혜로운 사람의 잠언' 30가지를 모은 것이다. 잠언 10:1-22:16에서는 한 구절이 완전한 하나의 잠언을 이루었다. 하지만 이 부분에서는 대체로 두 구절이나 세 구절이 합쳐져 하나의 잠언을 이루고 있다. 내용적으로는 "하지 말라"는 경고(명령)의 글이 많고, 그 경고에 대한 이유가 설명되어 있다. 내용은 같은 사상을 담고 있다. 또한 잠언 24:23-34는 잠언 22:17-24:22에 대한 부록으로 이 단락 역시 지혜로운 사람들의 잠언이다. 이 잠언들은 솔로몬이 아니라 다른 지혜로운 사람들에 의해 기록되었고, 솔로몬 당시나 사후에 편집된 것으로 보인다.

"너는 귀를 기울여 지혜 있는 자의 말씀을 들으며 내 지식에 마음을 둘지어다(17절)." 귀를 기울여서 지혜 있는 사람의 말(the sayings of the wise)을 듣고 나의 지혜로운 가르침을 네 마음에 새겨라(apply your heart to what I teach). 17-21절은 지혜로운 사람들의 잠언 중 서론에 속한다. 70인역에서는 '지혜 있는 자의 말씀' 을 제목으로 삼고 있다.

"이것을 네 속에 보존하며 네 입술 위에 함께 있게 함이 아름다우니라(18절)." 너는 이것을 마음에 깊이 간직하고 자주 인용하는 것이 좋다. '네 속에 보존하라(keep them in your heart)' 는 것은 암송하라는 것이고, '네 입술에 있게 함(ready on your lips)' 은 자주 인용하고 이야기하라는 것이다. 아름답다는 것은 기쁨이 된다(pleasant)는 말이다.

"내가 네게 여호와를 의뢰하게 하려 하여 이것을 오늘 특별히 네게 알게 하였노니(19절)." 내가 오늘 이것을 특별히 너에게 가르치는 것은 네가 여호와를 신뢰하며 살 수 있도록 하기 위해서(so that your trust may be in the LORD)이다.

"내가 모략과 지식의 아름다운 것을 너를 위해 기록하여(20절)." 지금부터 내가 조언과 지식(counsels and knowledge)이 담긴 명언 30가지를 너를 위해 기록하겠다는 것이다. '아름다운 것(excellent things)' 은 아름다운 내용의 잠언 30가지(thirty sayings)를 말한다. 이 잠언들이 이집트의 지혜서 '아멘 엠 오페(Amen-em-Ope)' 를 모방한 것이라 주장하는 학자도 있다. 하지만 역사적 기록으로나 영적인 내용으로나 그것과 맞지 않는다.

"네가 진리의 확실한 말씀을 깨닫게 하며 또 너를 보내는 자에게 진리의 말씀으로 회답하게 하려 함이 아니냐(21절)." 이것을 기록한 목적은 너로 하여금 진리의 확실한 말씀(true and reliable words)을 깨닫게 하고, 너에게 묻는 사람에게 진리의 말씀으로 바르게 대답할 수 있게(sound answers, correctly answer) 하기 위함이다. '너를 보내는 자' 는 부모나 후견인일 가능성이 높다.

3. 약한 자를 압제하지 말라(22-29절)

"약한 자를 그가 약하다고 탈취하지 말며 곤고한 자를 성문에서 압제하지 말라(22절)." 약한 자는 가난한 사람(the poor)을 가리킨다. 가난한 사람의 약점을 이용해 그 사람에게서 함부로 빼앗지 말라. 법정에서 곤고한 자, 곧 고난을 받는 자(the afflicted)를 억누르지 말라는 것이다. 성문(the gate)은 성읍의 통치자들이 재판을 하는 곳이다. 이 구절은 부정한 재판관을 앞세워 가난하고 고난을 받는 사람들을 억압하는 재판이 행해지고 있음을 고발하며 그들을 압제하지 말 것을 가르치고 있다. 22-23절은 30 잠언 중 그 첫 번째 잠언이다.

"대저 여호와께서 신원하여 주시고 또 그를 노략하는 자의 생명을 빼앗으시리라(23절)." 신원(伸寃)은 원통함을 풀어준다는 뜻이다. 하나님께서 그들의 대변자가 되셔서 그들의 원통함을 풀어주신다. 그리고 그들을 노략하는 자, 곧 해치는 자에게 벌을 내리시어 그들의 목숨을 빼앗으신다. 가난한 사람을 억압하지 말라는 것이 그 첫 번째 잠언이다.

"노를 품는 자와 사귀지 말며 울분한 자와 동행하지 말지니(24절)." 24-25절은 두 번째 잠언이다. 노를 품는 자, 곧 성질이 급하고 과격한 사람(hot-tempered man)과 사귀지 말고 울분한 자, 곧 성을 잘 내는 사람(one easily angered)과 함께 다니지 말라. 다투기 좋아하고 화를 잘 내는 사람과 어울리지 말라는 것이다. 그 이유는 다음 절에 제시되고 있다.

"그의 행위를 본받아 네 영혼을 올무에 빠뜨릴까 두려움이니라(25절)." 성을 잘 내는 사람과 사귈 경우 그 행위를 본받아서 스스로 그 올무(a snare)에 걸려들까 염려되기 때문이다. 그러므로 처음부터 나쁜 영향을 받을 소지를 없애라는 것이다. 친구관계의 중요성을 암시하고 있다.

"너는 사람과 더불어 손을 잡지 말며 남의 빚에 보증을 서지 말라(26절)." 26-27절은 세 번째 잠언이다. 이웃의 손을 잡고 빚에 대해 서약(pledges)하거나, 남의 빚에 보증을 서지 말라. '손을 잡는 것(strike hands)' 은 악수를 가리키며 계약의 최종적인 합의를 뜻한다(잠 6:1).

"만일 갚을 것이 네게 없으면 네 누운 침상도 빼앗길 것이라 네가 어찌 그리하겠느냐(27절)." 만일 네가 그 빚을 대신 갚아줄 수 없을 경우 네 잠자리까지 빼앗기게 될 것이다. 그러므로 절대 빚보증을 서지 말라는 것이다. 모세는 계명으로 빚 때문에 옷을 저당 잡아 그 옷이 없어 잠까지 빼앗는 행위를 금했다(출 22:26, 27, 신 24:12, 13). 하지만 채주들은 이를 어기는 일이 많았다(느 5:11, 겔 18:12).

"네 선조가 세운 옛 지계석을 옮기지 말지니라(28절)." 네 번째 잠언이다. 지계석(boundary stone)은 고대 근동에서 전답이나 행정구역, 또는 국가들 사이의 경계를 표시하기 위해 세워두었던 표지석이다. 구약의 경우 밭 경계선을 표시해 개인 소유의 땅들을 구별시켰다. 그래서 선조가 세운 옛 지계석이다. 모세의 율법에는 이 지계석을 옮겨 타인의 재산을 빼앗는 행위를 금지시켰다(신 19:14, 27:17). 이것을 옮기는 것은 땅을 도적질 하는 것으로 십계명 중 여덟 번째 계명을 어기는 행위로 간주된다. 이 구절은 남의 소유를 침범하지 말 것을 가르치고 있다. 특히 가난한 자들의 권리를 무시하는 것은 벌 받아 마땅한 탐욕 행위이다.

"네가 자기의 일에 능숙한 사람을 보았느냐 이러한 사람은 왕 앞에 설 것이요 천한 자 앞에 서지 아니하리라(29절)." 다섯 번째 잠언이다. 너는 자기 일에 능숙한 사람(man skilled in his work)을 네가 보았을 것이다. 그런 사람은 왕을 섬길 것이고 천한 자(obscure men), 곧 이름도 없는 대수롭지 않은 사람을 섬기지는 않을 것이다. 자기 일에 능숙하여 전문성을 갖추라는 것이다. 사람들은 전문가를 귀히 보고 그 재능을 활용하고자 한다. 이 구절은 벤자민 프랭클린(B. Franklin)의 아버지가 그 아들에게 가르쳐 준 교훈으로도 유명하다.

제23장

탐심에 대한 교훈과 아들에게 주는 지혜의 교훈

1. 탐심에 대한 교훈(1-14절)

"네가 관원과 함께 앉아 음식을 먹게 되거든 삼가 네 앞에 있는 자가 누구인지를 생각하며(1절)." 1-3절은 여섯 번째 잠언으로, 관리에게 초대되었을 때 주의할 것을 가르치고 있다. 네가 관리(a ruler), 곧 높은 사람과 함께 앉아 식사하게 될 때 네 앞에 앉은 자가 누구인지 주시하고 잘 살펴라(note well, consider carefully). 초청한 자의 의도와 그의 성격을 신중하게 파악하라는 말씀이다.

"네가 만일 음식을 탐하는 자이거든 네 목에 칼을 둘 것이니라(2절)." 식욕이 마구 동하면 목에 칼을 대고서라도 억제하라. 아무리 입맛이 당겨도 절제하라는 것이다. 음식을 탐하는 자는 식욕이 왕성한 자(man of great appetite)를 말한다. 목에 칼을 두라(put a knife to your throat)는 것은 단호하게 식욕을 억제하라, 자제하라는 것이다. '입에 망을 씌워라' 로 번역하기도 한다.

"그의 맛있는 음식을 탐하지 말라 그것은 속이는 음식이니라(3절)." 그가 차린 매우 맛난 음식, 진귀한 음식(his delicacies)에 욕심을 내지 말라. 진수성찬이라도 탐하지 말라. 그것은 너를 속이는 미끼가 될 수 있다. 그것은 너를 꾀려는 음식(deceptive food)이라는 말이다. 속이는 음식이란 나쁜 계획을 세우고 손님을 초대해 베푼 음식이다. 관원이 식사에 초대한 것은 호의나 우정이라기보다 사람을 시험해 보려는 악한 목적이 담길 수 있다. 이 때 식욕을 절제하지 못하는 것은 중요한 도덕적 결점이 될 수 있다.

"부자 되기에 애쓰지 말고 네 사사로운 지혜를 버릴지어다(4절)." 4-5절은 일곱 번째 잠언으로, 재물을 얻으려는 지나친 욕심을 가지고 일하지 말라는 것이다. 부자가 되려고 애쓰지 말고 자제하는 지혜를 가져라. 그런 생각을 끊어 버릴 슬기를 가져라. '사사로운 지혜(thine own wisdom)' 는 하나님으로부터 비롯된 참된 지혜(hokma)가 아니라 재산을 늘려가기에 필요한 세상적이고 단순한 지혜(bina), 곧 물질적으로 성공하고자 하는 인간의 사사로운 지혜를 말한다.

"네가 어찌 허무한 것에 주목하겠느냐 정녕히 재물은 스스로 날개를 내어 하늘을 나는 독수리처럼 날아가리라(5절)." 한순간에 없어질 재물을 주목하지 말라. 재물은 날개를 달고 독수리처럼 하늘로 날아가 버릴 것이다. 사라지고 말, 허무한 제물에 집착하지 말라는 것이다.

"악한 눈이 있는 자의 음식을 먹지 말며 그의 맛있는 음식을 탐하지 말지어다(6절)." 6-8절은 여덟 번째 잠언이다. 인색한 사람이 마련한 음식을 먹지 말라는 것이다. '악한 눈이 있는 자' 는 자비를 베푸는 데 인색한 사람(a stingy man), 다른 사람의 행복이나 번영을 그대로 보지 못하고 남이 잘 되지 못하도록 훼방하는 자를 가리킨다. 이에 반대되는 사람이 선한 눈을 가진 자이다. 인색한 사람의 음식을 얻어먹지 말고, 그가 베푼 것이 진수성찬이라도 탐하지 말라. 그의 생각과 계획이 악하기 때문이다.

"대저 그 마음의 생각이 어떠하면 그 위인도 그러한즉 그가 네게 먹고 마시라 할지라도 그의 마음은 너와 함께 하지 아니함이라(7절)." 무릇 그 마음의 생각이 어떠하면 그의 사람됨도 그러하다(as he thinks within himself, so he is)는 말이 있다. 그가 말로는 '먹고 마셔라' 해도 그의 속마음은 너를 떠나 있다. 마음에도 없는 접대를 하고 있다는 말이다. 속으로는 비용(the cost)부터 먼저 생각하며 손님이 먹고 마시는 것조차 아깝게 생각한다.

"네가 조금 먹은 것도 토하겠고 네 아름다운 말도 헛된 데로 돌아가리라(8절)." 너는 조금 먹은 것조차 토하게 될 것이고, 너의 고맙다는 찬사도 헛된 데로 돌아갈 것이다. '네가 조금 먹은 것도 토하겠고' 는 인색한 자의 본심을 깨닫게 될 때 느끼는 심정을 나타낸 말이다. '네 아름다운 말(your compliments)' 은 초대해 준 것과 베푼 음식에 대해 주인에게 감사하다고 하는 말을 가리킨다. 하지만 이런 찬사도 주인의 마음이 '너와 함께 있지 함으로(not with you)' 결국 쓸모없게 된다.

"미련한 자의 귀에 말하지 말지니 이는 그가 네 지혜로운 말을 업신여길 것임이니라(9절)." 아홉 번째의 잠언으로, 미련한 사람을 가르치지 말라는 것이다(잠 1:7, 22, 9:7, 12;1). 미련한 자는 지혜로운 말을 이해하지 못하면서도 교만한 마음으로 그 말을 무시해버린다. 따라서 미련한 사람의 귀에는 아무 말도 하지 말라, 즉 미련한 자에게 말하지 말라는 것이다. 그가 너의 지혜로운 말을 업신여길 것이기(despise the wisdom of your words) 때문이다.

"옛 지계석을 옮기지 말며 고아들의 밭을 침범하지 말지어다(10절)." 10-11절은 열 번째의 잠언으로, 고아의 소유를 빼앗지 말라는 것이다. 지계석을 옮겨 이웃의 땅을 훔치는 것은 악한 일이다. 하지만 고아의 땅을 훔치는 것은 더 악한 일이다. 고아들의 밭(the fields of the fatherless)을 결코 침범하지 말라.

"대저 그들의 구속자는 강하시니 그가 너를 대적하여 그들의 원한을 풀어 주시리라(11절)." 그들의 구원자(their Redeemer, Defender)가 되시는 여호와는 강하시다. 그가 너를 대적하여 그들의 억울함을 풀어 주실 것이다. 하나님은 불쌍한 과부와 고아에 대해 관심을 가지시고, 그들의 억울함을 풀어주신다(신 10:18, 룻 2:20, 시 68:5). 구속자는 히브리어로 '고엘(goel)' 로 가까운 친족을 뜻한다. 하나님이 고아의 친족 되신다는 것은 고아들에 대한 관심이 깊어 그들이 억울하게 잃었던 땅을 도로 찾게 하시겠다는 뜻이 담겨 있다.

"훈계에 착심하며 지식의 말씀에 귀를 기울이라(12절)." 12절은 11-30번째 잠언들에 대한 서론이다. 착심(着心)은 어떤 일에 마음을 붙이는 것을 말한다. 훈계(instruction, discipline), 곧 가르침에 착심 하라. 그것에 유의하고 마음에 간직하라. 그리고 지식의 말씀(words of knowledge), 곧 지식이 담긴 말씀에 귀를 기울여라.

"아이를 훈계하지 아니하려고 하지 말라 채찍으로 그를 때릴지라도 그가 죽지 아니하리라(13절)." 13-14절은 11번째 잠언으로, 자녀를 훈계하도록 했다. 자식을 훈계하는 데 주저하지 말라. 매질을 한다고 죽지 않는다.

"네가 그를 채찍으로 때리면 그의 영혼을 스올에서 구원하리라(14절)." 아이를 채찍으로 벌하면 오히려 그의 영혼을 스올(Sheol), 곧 죽음의 자리에서 구하게 된다. 훈계하면서 때린 채찍은 단지 외적인 행동을 고치는 데 그치지 않고 타락할 수밖에 없는 영혼을 구원하는 길잡이 역할을 한다.

2. 아들에게 주는 지혜의 교훈(15-25절)

"내 아들아 만일 네 마음이 지혜로우면 나 곧 내 마음이 즐겁겠고(15절)." 15-16절은 12번째 잠언으로, 지혜로운 행동을 하라는 것이다. 아들에게 말한다. 너의 마음이 지혜로우면 나의 마음도 또한 즐겁다. 부모는 자기 자녀가 지혜롭게 사고하고 행동하기를 소원하고, 그렇게 행동하면 기뻐한다.

"만일 네 입술이 정직을 말하면 내 속이 유쾌하리라(16절)." 네가 입을 열어 정직, 곧 옳은 것(what is right)을 말하면 내 속(my inmost being)이 정말 후련하다. 진정 기쁘다는 말이다.

"네 마음으로 죄인의 형통을 부러워하지 말고 항상 여호와를 경외하라(17절)." 17-18절은 13번째 잠언으로, 하나님을 경외하도록 했다. 너는 죄인의 형통, 곧 죄인이 일시적으로 잘 되어가는 것을 부러워하지 말고 두려운 마음으로 언제나 열심을 다하여 여호와를 섬기라. 죄인은 잘못된 수단과 방법으로 재물을 모으다 보니 잠시 물질적으로 번성할 수 있다. 죄인을 부러워하는(envy sinners) 것은 지혜 있는 자의 태도가 아니다. 그것은 일시적이고 심판의 대상이다. 죄인이 부당하게 재물을 모으는 것을 본받지 말라.

"정녕히 네 장래가 있겠고 네 소망이 끊어지지 아니하리라(18절)." 죄인의 형통을 부러워하지 않고 하나님을 경외하며 살면 분명히 너에게 밝은 미래(future)가 있고 너의 희망(hope)이 끊어지지 않을 것이다. 미래와 소망은 죄인의 길에 있지 않고 하나님 안에 있다. 하나님을 두려워하며 하나님 앞에서 바르게 사는 삶이 영원한 축복의 근원이 된다.

"내 아들아 너는 듣고 지혜를 얻어 네 마음을 바른 길로 인도할지니라(19절)."

19-21절은 14번째 잠언으로, 숙취와 대식을 피하도록 했다. 아들아, 너는 잘 듣고 지혜를 얻으라. 그리고 네 마음을 바르게 이끌어라(keep your heart on the right path). 14번째 잠언의 서론이다.

"술을 즐겨 하는 자들과 고기를 탐하는 자들과도 더불어 사귀지 말라(20절)." 너는 술을 많이 마시는 사람(heavy drinkers)이나 고기를 탐하는 사람(gluttonous eaters)과는 어울리지 말라. 방탕한 자를 경계하라는 말씀이다.

"술 취하고 음식을 탐하는 자는 가난하여질 것이요 잠자기를 즐겨 하는 자는 해어진 옷을 입을 것임이니라(21절)." 술주정꾼과 대식가는 가난하게 되고 잠자기를 좋아하면 누더기를 걸치게 된다. 술에 취하고 음식을 많이 먹게 되면 자연히 잠이 온다. 그 결과 일을 하지 못하게 되고 가난하게 된다. 이런 사람은 육체적으로 쇠약할 뿐 아니라 영적인 가난 상태도 벗어나지 못한다.

"너를 낳은 아비에게 청종하고 네 늙은 어미를 경히 여기지 말지니라(22절)." 22-23절은 15번째 잠언으로, 부모의 가르침을 존중하도록 했다. 너를 낳아 준 아버지, 곧 너에게 생명을 준(begot you, gave you life) 아비에게 순종하고 나이 든 너의 어머니를 업신여기지 말라. 아버지의 가르침에 주목하고 어머니를 존경하는 데서 부모공경이 시작된다.

"진리를 사되 팔지는 말며 지혜와 훈계와 명철도 그리할지니라(23절)." 진리를 사들이되 팔지는 말아라. 진리를 사들인다(buy the truth)는 것은, 진리는 어떤 비용을 지불해서라도 사는 데 인색하지 말라는 것이다. 진리를 팔지 말라(do not sell it)는 것은, 물질적인 이익이나 육신적인 쾌락을 얻기 위해 참된 진리를 의도적으로 외면하거나 포기하지 말라는 것이다. 그만큼 진리는 고귀한 것이기 때문이다. 나아가 지혜와 훈계와 명철도 그렇게 하도록 했다.

"의인의 아비는 크게 즐거울 것이요 지혜로운 자식을 낳은 자는 그로 말미암아 즐거울 것이니라(24절)." 24-25절은 16번째 잠언으로, 부모를 기쁘게 하라는 것이다. 의로운 자식(righteous son)을 둔 부모는 크게 즐거울 것이다. 나아가 지혜로운 자식(wise son)을 둔 부모도 그 자식 때문에 크게 기뻐할 것이다. 자식의 진정한 성공이 재물이 아니라 의로움과 지혜로움에 있음을 보여준다.

“네 부모를 즐겁게 하며 너를 낳은 어미를 기쁘게 하라(25절).” 부모에게 기쁨(gladness, joy)을 주는 자녀가 되라는 말씀이다. 너를 낳은(gave birth to you) 어미의 기쁨이 될 것도 주문하고 있다.

3. 술과 여자에 대한 훈계(26-35절)

“내 아들아 네 마음을 내게 주며 네 눈으로 내 길을 즐거워할지어다(26절).” 26-28절은 17번째 잠언으로, 음행을 저지르지 않도록 권고하고 있다. 아들아, 나를 눈여겨보고, 내가 걸어온 길을 기꺼이 따르라. 아비의 권고와 모범을 따르고, 아비가 가르치는 길(my ways)을 기쁘게 따르도록 하라는 말이다.

“대저 음녀는 깊은 구덩이요 이방 여인은 좁은 함정이라(27절).” 음란한 여자(prostitute)는 깊은 구렁(a deep pit)이고 이방 여인, 곧 부정한 여자(an adulterous woman)는 좁은 함정(narrow well)이다. 이방 여인은 문자적으로 음란한 유부녀를 뜻한다. 음녀와 관계를 맺는 것은 헤어날 길이 없는 깊고 좁은 함정에 빠지는 것과 같다는 것이다. 우상이나 이단처럼 잘못된 신앙에 물드는 것도 마찬가지다.

“참으로 그는 강도 같이 매복하며 사람들 중에 사악한 자가 많아지게 하느니라(28절).” 이런 여자들은 강도처럼 숨어 기다리다가 많은 남자들을 사악한 자, 곧 성실치 못한 변절자(the unfaithful, the faithless), 곧 율법에 충실하지 못한 자로 만든다.

“재앙(woe)이 뉘게 있느뇨 근심(sorrow)이 뉘게 있느뇨 분쟁(strife)이 뉘게 있느뇨 원망(complaints)이 뉘게 있느뇨 까닭 없는 상처(needless bruises)가 뉘게 있느뇨 붉은 눈(bloodshot eyes)이 뉘게 있느뇨(29절).” 29-35절은 18번째 잠언으로, 술 취하지 말라는 것이다. 잠언 기자는 이 구절에서 재난을 당할 사람이 누구이며, 근심하게 될 사람이 누구인가. 다투게 될 사람이 누구이며, 탄식할 사람이 누구인가. 까닭도 모를 상처를 입을 사람이 누구이며, 눈이 충혈 될 사람이 누구인가 묻는다. 그에 대한 답이 30절부터 연이어 나온다. 술 때문이라는 것이다. 술 때문에 재앙, 근심, 분쟁(다툼), 원망, 상처, 충혈 등이 생긴다. 분쟁은 술 취해서 벌이는 싸움을 말하고, 까닭 없는 상처는 술 취한 가운데 입은 상처를 가리키며, 붉은 눈은 술에 취해 충혈 된 눈을 가리킨다.

"술에 잠긴 자에게 있고 혼합한 술을 구하러 다니는 자에게 있느니라(30절)." 바로 이들은 술집에 틀어박혀서 늦게까지 술자리에 남아 있는 사람들, 혼합주만 찾아다니는 사람들이 아닌가. 그들은 바로 계속 술타령만 하는 자들이란 말이다. 혼합한 술(mixed wine)은 향료를 섞은 포도주를 의미하는 것으로 보인다(잠 9:2).

"포도주는 붉고 잔에서 번쩍이며 순하게 내려가나니 너는 그것을 보지도 말지어다(31절)." 잔에 따른 포도주가 붉고 잔에서 번쩍이며(고와 보이고), 마실 때에 순하게 잘 넘어갈 것처럼 보인다 해도 너는 그것을 쳐다보지도 말라. 거짓된 종교다 마찬가지다. 그 가르침이 매혹적으로 보일 수 있다. 하지만 그 유혹에 넘어가서는 안 된다.

"그것이 마침내 뱀 같이 물것이요 독사 같이 쏠 것이며(32절)." 그 술이 뱀(snake, serpent)같이 너를 물고(bite) 독사(viper)처럼 너를 쏠 것(sting)이다. 술에 삶이 고꾸라진다. 거짓 종교나 거짓 학문의 가르침도 건전한 교훈을 짓밟고 더럽혀 결국 사람을 망가지게 한다.

"또 네 눈에는 괴이한 것이 보일 것이요 네 마음은 구부러진 말을 할 것이며(33절)." 술이 정신착란을 일으켜 괴상한 것이 보이게 하고 헛소리를 하게 만든다.

"너는 바다 가운데에 누운 자 같을 것이요 돛대 위에 누운 자 같을 것이며(34절)." 술에 취하면 돛단배에 몸을 싣고 바다 한가운데서 이리저리 밀려다니는 사람 같을 것이다. 몸의 균형을 잡지 못하고 비틀거린다는 말이다.

"네가 스스로 말하기를 사람이 나를 때려도 나는 아프지 아니하고 나를 상하게 하여도 내게 감각이 없도다 내가 언제나 깰까 다시 술을 찾겠다 하리라(35절)." 그뿐 아니다. 때려도 아프지 않고 쳐도 감각이 없다. 그만큼 술의 해악이 크다. 그런데도 술이 깨면 다시 술을 마시겠다고 말한다. 중독성이 강하다.

제24장

악인의 형통을 부러워하지 말고 게으르지 말라

1. 악인의 형통을 부러워하지 말라(1-20절)

"너는 악인의 형통함을 부러워하지 말며 그와 함께 있으려고 하지도 말지어다(1절)." 1-2절은 19번째의 잠언으로, 악인의 형통을 부러워하지 말라 한다. 너는 악한 사람이 잘된다고 해서 그것을 부러워하지 말고(do not envy), 그들과 함께 어울리고 싶어(desire their company) 하지도 말라. 악인은 부러워할 대상이 아닐 뿐 아니라 친구 삼을 사람도 못 된다는 말이다.

"그들의 마음은 강포를 품고 그들의 입술은 재앙을 말함이니라(2절)." 그 이유는 간단하다. 악인들은 남을 해칠 일만 생각하고 말썽 일으킬 말만 한다. 강포(violence)는 우악스럽고 사나움을 뜻한다. 여기서는 남을 해치려는 생각을 가리킨다. 입술이 재앙을 말한다(their lips talk of trouble)는 것은 사람들을 잔인하게 핍박하고 물건을 손상시키는 등 말썽을 일으키는 말만 한다는 것이다.

"집(a house)은 지혜로 말미암아 건축되고 명철로 말미암아 견고하게 되며(3절)." 3-4절은 20번째 잠언으로, 지혜로 집을 건축하라 한다. 집은 지혜를 기초로 해서 지어지고(built) 명철로 견고하게 된다(established). 집은 지혜로 지어지고, 명철로 튼튼해진다는 말이다. 집은 인간의 전체 삶을 나타낸다. 인간의 전체 삶도 지혜로 지어져야 한다는 것이다. 마찬가지로 가정도 지혜의 가르침에 따라 튼튼하게 세워져야 한다.

"또 방들(rooms)은 지식으로 말미암아 각종 귀하고 아름다운 보배로 채우게 되느니라(4절)." 지식이 있어야, 방마다 온갖 귀하고 아름다운 보화가 가득 찬다는 말이다. 방은 안에 있다. 방은 인간의 내적인 삶을 가리킨다. 내면은 각종 지식, 새롭고 아름다운 지식으로 채워져야 한다. 결국 지혜와 지식은 우리의 외면과 내면을 훌륭하게 가꿔준다.

"지혜 있는 자는 강하고 지식 있는 자는 힘을 더하나니(5절)." 5-6절은 21번째 잠언으로, 참모들의 지략에 귀를 기울이라는 것이다. 지혜 있는 자는 힘 센 자보다 강하다. 지혜 있는 자는 그만큼 강한 힘(great power)을 가지고 있다는 말이다. '강하고'는 '힘 안에 뿌리박고 세워지며'는 뜻을 가지고 있다. 지식이 있는 자도 무력을 쓰는 자보다 강하다. 지식이 힘을 키우기(increase power) 때문이다.

"너는 전략으로 싸우라 승리는 지략이 많음에 있느니라(6절)." 전쟁하기에 앞서 전략(wise guidance)을 잘 세워야 한다. 승리는 전술적인 조언을 많이(in abundance of counselors), 그리고 잘 받는 데 있다.

"지혜는 너무 높아서 미련한 자가 미치지 못할 것이므로 그는 성문에서 입을 열지 못하느니라(7절)." 22번째 잠언으로, 미련한 자에게는 지혜가 없다는 것이다. 지혜는 미련한 자들이 도달하기에는 너무 높은 수준에 있다. 지혜는 그들이 깨닫지 못할 만큼 높고 아름답고 귀중하다. 따라서 많은 사람이 모이는 성문에서 중요한 문제, 곧 사법적인 결정을 할 때 그들은 그 결정에 참여하지 못한다. 지혜가 없어 아무 말을 할 수 없기 때문이다.

"악행하기를 꾀하는 자를 일컬어 사악한 자라 하느니라(8절)." 8-9절은 22번째 잠언으로, 악을 꾀하는 것은 죄라는 것을 가르친다. 악한 일을 도모하는 사람을 흔히 음모가라(a schemer)고 부른다. 악행하기를 꾀하는(plot evil) 것은 그가 얼마나 악한가를 보여준다.

"미련한 자의 생각은 죄요 거만한 자는 사람에게 미움을 받느니라(9절)." 미련한 자의 책략(schemes of folly)은 죄다. 다시 말해 어리석은 사람은 죄짓는 것만 계획한다. 미련하다는 말은 악하다는 것과 상통한다. 미련한 자는 지혜를 모르기 때문에 악만 생각한다. 그 생각조차도 죄라는 것이다. 악한 행실도 죄지만 악한 생각과 의도도 죄다. 예수님도 이 점을 분명히 하셨다(마 5:28). 나아가 오만한 사람은 사람들로부터 미움을 받는다.

“네가 만일 환난 날에 낙담하면 네 힘이 미약함을 보임이니라(10절).” 24번째 잠언으로, 어리석은 사람은 환난 날에 낙심한다. 재난(어려움)을 당할 때에 낙심하는 것은 너의 힘이 약하다, 제한되어 있다는 것을 드러내는 것이다. 지혜가 없기 때문이다(5절). 이 구절은 또한 ‘게으르면 역경이 찾아왔을 때 힘을 쓰지 못한다’ 는 의미로도 해석해, 미래를 대처하는 근면을 강조하는 것으로 이해되기도 한다.

“너는 사망으로 끌려가는 자를 건져 주며 살육을 당하게 된 자를 구원하지 아니하려고 하지 말라(11절).” 11-12절은 25번째 잠언으로, 곤경에 빠진 무죄한 사람을 도우라는 것이다. 사망에 끌려가는(being taken away to death) 자나 살육을 당하게 된(staggering to slaughter) 자는 억울하게 선고를 받은 사람, 부당한 죽음에 처하게 된 약자를 의미한다. 이웃의 고난을 모른 채 하지 말라는 것이다.

“네가 말하기를 나는 그것을 알지 못하였노라 할지라도 마음을 저울질 하시는(weigh the heart) 이가 어찌 통찰하지 못하시겠으며 네 영혼을 지키시는(guard your life) 이가 어찌 알지 못하시겠느냐 그가 각 사람의 행위대로 보응하시리라(12절).” 이웃이 억울하게 죽어가게 되었는데도 ‘나는 그것을 알지 못했다,’ ‘그것은 내가 알 바 아니다’ 며 책임을 회피하지 말라. 네 마음을 살피시며 너를 지켜보고 계시는 분이 어찌 그것을 모르겠는가. 그분은 각 사람이 행한 대로 갚으실(repay) 것이다. 마음을 저울질 하신다는 것은 하나님께서 사람의 내적 동기와 생각을 분명하게 파악하고 계신다는 뜻이다. 보응하신다는 것은 착한 일에 대해서는 선한 것으로, 악한 일에 대해서는 악한 것으로 하나님께서 갚으신다는 뜻이다. 약자에 대해 관심을 가지는 것은 단순히 도덕적 의무감에서 출발하는 것이 아니다. 인간의 마음을 저울질 하시는 하나님 앞에서 그의 말씀에 따라 살아야하는 우리가 반드시 책임을 갖고 적극적으로 해결해야 할 일이다.

“내 아들아 꿀을 먹으라 이것이 좋으니라 송이 꿀(honey from the comb)을 먹으라 이것이 네 입에 다니라(13절).” 13-14절은 26번째 잠언이다. 지혜의 유익은 송이 꿀과 같다. 꿀은 구약에서 음녀의 유혹(잠 5:3)처럼 부정적 의미로 사용되기도 했지만 하나님이 주시는 복(출 3:8, 17), 하나님의 말씀(시 19:10), 선한 말(잠 16:24)처럼 긍정적인 의미로도 사용되었다. 이 구절에서 꿀은 지혜를 상징하고 있다. 송이 꿀은 개꿀로 벌통에서 갓 떼어낸, 벌집에 들어 있는 상태의 꿀을 말한다. 꿀 중의 꿀, 참 꿀이라는 말이다.

"지혜가 네 영혼에게 이와 같은 줄을 알라 이것을 얻으면 정녕히 네 장래가 있겠고 네 소망이 끊어지지 아니하리라(14절)." 지혜는 너의 영혼에게 송이 꿀처럼 달콤하다(sweet to your soul). 그러므로 지혜를 얻어라. 지혜를 얻으면 분명히 너에게 밝은 미래(future)가 있을 것이고, 너의 희망(hope)이 끊어지지 않을 것이다.

"악한 자여 의인의 집을 엿보지 말며 그가 쉬는 처소(his resting place, his dwelling place)를 헐지 말지니라(15절)." 15-16절은 27번째의 잠언으로, 하나님은 의인을 보호하신다. 악한 자여, 의로운 사람의 거처를 엿보지 말며 그 집을 약탈하지 말라.

"대저 의인은 일곱 번 넘어질지라도 다시 일어나려니와 악인은 재앙으로 말미암아 엎드러지느니라(16절)." 의인은 하나님의 사랑으로 언제라도 다시 일어날 수 있다. 그러나 악인은 심판으로 내리시는 재앙 가운데 멸망당하게 된다. 일곱은 일반적으로 완전함을 나타내는 수다. 여기서는 '많이' 라는 뜻을 가지고 있다. 여러 번 넘어진다 해도 그 때마다 하나님께서 도우신다는 것이다. 하나님은 의인을 붙드시고 곤경에서 그를 구출하실 것을 약속하셨다(시 34:19, 37:24, 미 7:8).

"네 원수가 넘어질(fall) 때에 즐거워하지 말며 그가 엎드러질(stumble) 때에 마음에 기뻐하지 말라(17절)." 17-18절은 28번째 잠언이다. 다른 사람의 불행을 기뻐하지 말라는 것이다. 잠언 17:5에서는 불쌍한 사람의 재난을 보고 기뻐하는 것을 금지하셨다. 17절에서는 원수의 곤경을 보고 기뻐하는 것을 금지하셨다. 원수가 넘어지는 것은 하나님이 심판하신 결과이다. 따라서 원수가 심판을 받을 때 그 심판을 자기중심으로 판단하여 기뻐할 것이 아니라 우리 자신도 그와 동일한 죄인임을 깨닫고 그 같은 심판을 받지 않도록 자기 경계의 표로 삼아야 한다. 나아가 원수를 사랑하라(레 19:18, 마 5:44, 눅 6:27, 28)는 말씀에 따라 그를 위해 기도해야 할 것이다.

“여호와께서 이것을 보시고 기뻐하지 아니하사 그의 진노를 그에게서 옮기실까 두려우니라(18절).” 원수가 곤경을 당하는 것을 보고 기뻐할 경우 하나님께서 그것을 보시고 기뻐하지 않으시며 그의 진노(his wrath)를 너의 원수로부터 너에게로 돌이키실지 모른다. 그러실까 두렵다.

“너는 행악자들(evil men)로 말미암아 분을 품지 말며 악인의 형통함을 부러워하지 말라(19절).” 19-20절은 29번째 잠언이다. 악인의 형통은 잠깐이라는 말씀이다. 너는 악한 사람들 때문에 안달하거나(fret) 그들이 잘 된다 해도 부러워하지(envy) 말라. 그것은 잠깐이기 때문이다.

“대저 행악자는 장래가 없겠고 악인의 등불은 꺼지리라(20절).” 행악자에게는 밝은 미래가 없다. 악인의 등불은 꺼지고 만다. 희망의 등불도 꺼진다. ‘악인의 등불이 꺼진다’ 는 것은 때 이른 죽음을 가리킨다(잠 13:9). 이 구절은 잠 23:18과 반대되는 표현이다.

2. 재판을 옳게 하라(21-29절)

“내 아들아 여호와와 왕을 경외하고 반역자와 더불어 사귀지 말라(21절).” 21-22절은 30번째 잠언이다. 30 잠언의 끝으로, 하나님과 왕을 경외하라는 말씀이다. 여호와와 왕을 두려워하고 반역자들과 사귀지 말라. 왕은 하나님의 대리자이다. 그러므로 백성들은 그 권위에 복종할 의무가 있다(전 8:2-5, 롬 13:1-7, 벧전 2:17).

“대저 그들의 재앙은 속히 임하리니 그 둘의 멸망을 누가 알랴(22절).” 하나님과 왕은 반역자들에게 재앙을 갑자기 내릴 수 있다(sudden destruction). 그런 경우 그들은 순식간에 망할 것이다. 그들이 무슨 재앙(what calamities)으로 망하게 될지 누가 알겠는가. 그들의 재앙과 그 둘의 멸망은 같은 표현이다. 하나님과 왕을 경외하지 않는 반역자들에게 내리는 재앙과 그 결과다.

“이것도 지혜로운 자들의 말씀이라 재판할 때에 낯을 보아 주는 것이 옳지 못하니라(23절).” 23-34절은 ‘지혜로운 사람의 30가지 잠언’ 에 이은 부록(Further

Sayings of the Wise)이다. '이것도 지혜로운 자들의 말씀이라' 는 것은 몇 가지 교훈이 더 있다는 것이다. 이것은 23절에서34절까지의 내용이 부록임을 가리켜준다. 공의로운 재판(23-26절), 준비된 결혼(27절), 거짓증거와 복수금지(28-29절), 게으른 자에 대한 경고(30-34절) 등 여러 내용이 담겨있다. 23절은 이 부록이 시작되는 잠언 구절이다. 재판할 때에 얼굴을 보아 재판하는 것은 옳지 않다. 재판할 때 사람 봐 가면서 하는 것, 곧 불공정하게 편파적으로 재판하는 것(show partiality in judging)은 좋지 못하다는 말이다. 23-26절은 부당한 재판에 대해 경고하고 있다.

"악인에게 네가 옳다 하는 자는 백성에게 저주를 받을 것이요 국민에게 미움을 받으려니와(24절)." 죄 지은 사람에게 '네가 옳다' 며 무죄를 선언하는 자는 온 세상 사람들로부터 저주를 받고(curse) 미움을 사게(abhor) 될 것이다.

"오직 그를 견책하는 자는 기쁨을 얻을 것이요 또 좋은 복을 받으리라(25절)." 그러나 악인을 과감하게 책망(rebuke)하는 사람은 기쁨을 얻고 풍성한 복도 받을 것이다.

"적당한 말로 대답함(honest answer)은 입맞춤과 같으니라(26절)." 적당한 말로 대답하는 것은 정직하게 답하고, 바른 말을 하는 것을 말한다. 여기서는 정당한 판결을 가리킨다. 바른 대답(right answer), 곧 바른 판결을 내리는 것은 입을 맞추는 것과 같다. 진실한 입맞춤은 참된 우정이나 존경의 표시이다. 모든 사람이 진실한 입맞춤을 바라는 것처럼 정당하게 재판을 거행하는 재판관은 백성으로부터 존경을 받는다.

"네 일을 밖에서 다스리며 너를 위하여 밭에서 준비하고 그 후에 네 집을 세울지니라(27절)." 바깥일을 다 해놓고(finish your outdoor work) 네 밭일을 다 살핀 다음(get your fields ready) 네 집을 지으라. 네 집을 짓는다는 것은 결혼한다는 말이다. 밭을 갈고 씨 뿌리는 일을 우선적으로 마무리하라는 것은 결혼하기에 앞서 먼저 생활 기반부터 마련하라는 말이다. 자기 자신을 분명하게 평가하고 경제적으로 충분하게 준비한 다음 결혼해도 늦지 않다. 결혼은 상상이 아니라 실제다.

"너는 까닭 없이 네 이웃을 쳐서 증인이 되지 말며 네 입술로 속이지 말지니라(28절)." 너는 아무 이유 없이 네 이웃을 해하려고(against your neighbor) 거짓 증인이 되지 말라. 네 입술로 속이는 일(use your lips to deceive)을 하지 말라. 허위사실을 진술하지 말라. 거짓증거는 하나님이 가증하게 여기실 뿐 아니라(잠 6:19) 율법으로도 금지하고 있다(신 19:18-21).

"너는 그가 내게 행함 같이 나도 그에게 행하여 그가 행한 대로 그 사람에게 갚겠다 말하지 말지니라(29절)." 보복을 금하는 말씀이다. 그가 너에게 행한 대로 네가 앙갚음을 하겠다(I'll pay that man back for what he did)고 하지 말라. 이웃의 거짓 증거 때문에 자신이 피해를 입었다 해도 나도 그와 똑같이 갚아주겠다 하지 말라. 동해복수법은 이스라엘 공동체의 유지를 위한 것이지 사적으로 이용되는 법이 아니라는 말이다. 이 구절은 보복의 개념을 도덕적인 차원 그 이상으로 끌어올리고 있다. 산상수훈에서도 보복을 금하고 있다(마 5:38-48).

3. 게으르면 빈궁이 강도같이 오리라(30-34절)

"내가 게으른 자의 밭과 지혜 없는 자의 포도원을 지나며 본즉(30절)." 30-34절은 게으른 자에 대한 경고의 말씀을 담고 있다. 일부 내용은 잠언 6:6-11과 같다. 내가 언젠가 게으른 사람의 밭과 지혜가 없는 사람의 포도원을 지나면서 본 일이 있었다.

"가시덤불이 그 전부에 퍼졌으며 그 지면이 거친 풀로 덮였고 돌담이 무너져 있기로(31절)." 거기에는 가시덤불(thorns)로 뒤덮여있고, 잡초(weeds)가 무성했으며, 돌담도 무너져 있었다. 전혀 관리되지 않았다는 말이다.

"내가 보고 생각이 깊었고 내가 보고 훈계를 받았노라(32절)." 나는 이것을 보고 마음 깊이 생각하고, 교훈을 얻었다. 많은 깨달음을 얻었다는 말이다.

"네가 좀 더 자자, 좀 더 졸자, 손을 모으고 좀 더 누워 있자 하니(33절)." '조금만 더 자자, 조금만 더 눈을 붙이자, 조금만 더 팔을 베고 누워 있자' 하면 어떻게 될까. 33-34절은 잠언 6: 10, 11의 반복이다.

"네 빈궁이 강도 같이 오며 네 곤핍이 군사 같이 이르리라(34절)." 가난(poverty)이 강도(a robber)처럼 들이닥치고, 빈곤(scarcity)이 완전무장한 군사(an armed man)처럼 달려들 것이다. 가난을 피할 수 없다는 말이다.

제25장

신하가 주의해야 할 사항과 자제에 대한 교훈

1. 신하가 주의해야 할 사항들(1-15절)

“이것도 솔로몬의 잠언이요 유다 왕 히스기야의 신하들이 편집한 것이니라(1절).” 앞서의 잠언은 물론 이것도 솔로몬의 잠언임을 밝혔다. ‘이것’ 은 앞부분의 잠언과 뒷부분의 잠언을 연결시키는 고리 역할을 하고 있다. ‘이것’ 은 잠언 25:1-29:27을 가리킨다. 그리고 이 부분은 유다 왕 히스기야(Hezekiah) 때 신하들이 편집한 것이라 했다. 이 신하는 서기관인 것으로 보인다(왕하 18:18, 37, 19:2). 편집했다는 것은 한 두루마리에서 다른 두루마리로 옮겼음을 말한다. 히스기야는 남왕국 유다의 13대 왕으로 우상숭배를 척결하고 국방을 튼튼히 하며 예술과 문화 활동을 진흥시킨 탁월한 왕이었다(왕하 18-20). 이 부분에 실린 잠언들은 일반 백성들에게 필요한 삶의 지혜들을 담고 있다.

“일을 숨기는 것은 하나님의 영화요 일을 살피는 것은 왕의 영화니라(2절).” 2-7절은 왕의 자질과 행동에 관한 잠언이다. 일을 숨기는(conceal) 것은 하나님의 영광(the glory of God)이다. 하나님은 자신의 섭리를 낱낱이 밝히지 않으신다(신 29:29). 하나님의 위대하심은 그분이 행하시는 일이 신비롭고 인간으로서는 측량하지 못할 만큼 높은 지혜에 속한다. 그리고 일을 밝히 드러내는(search out) 것은 왕들의 영광(the glory of kings)이다. 통치자의 위대함은 사악한 비밀 정치 없이 솔직하고 공정하게 국정을 처리해 나가는 데 있다는 말씀이다. 왕은 올바른 결정을 하기 위해 관련된 일들을 자세히 살펴야 한다. 왕은 백성을 돌보며 모든 지식을 동원하지만 하나님은 여전히 자신을 감추신다. 여러 계시에도 불구하고 아직도 알 수 없는 비밀이 있다.

"하늘의 높음과 땅의 깊음 같이 왕의 마음은 헤아릴 수 없느니라(3절)." 하늘이 높고 땅이 깊은 것같이 왕들의 마음도 헤아릴 수 없다(unsearchable). 따라서 솔직한 정치를 한다고 해서 무분별해서는 안 되며 언제나 깊이 있고 신중한 정치를 펴나가야 한다는 것을 가르치고 있다.

"은에서 찌꺼기를 제하라 그리하면 장색의 쓸 만한 그릇이 나올 것이요(4절)." 4-5절은 서로 연결되어 있다. 은에서 불순물(dross)을 제거하라. 그러면 금속 세공업자의 손을 거쳐 쓸 만한 그릇이 나올 것이다. 뛰어난 그릇을 만들기 위해서는 불순물이 섞이지 않은 순은이 필요하다. 장색(silversmith)은 손재주로 여러 물건을 만들 수 있는 기술을 가진 금속 세공업자를 가리킨다.

"왕 앞에서 악한 자를 제하라 그리하면 그의 왕위가 의로 말미암아 견고히 서리라(5절)." 은에서 불순물을 제거하듯 왕 앞에서 악한 자를 제거하라. 그래야 공의를 세울 수 있고 그로 인해 왕위도 튼튼하게 설 수 있다(established through righteousness). 좋은 나라를 만들기 위해서는 충실한 신하들이 필요하다는 말이다.

"왕 앞에서 스스로 높은 체하지 말며 대인들의 자리에 서지 말라(6절)." 왕 앞에서 잘난 체하지 말라(do not claim honor, do not exalt yourself). 여러 사람들과 함께 왕 앞에 서게 될 때 자신이 제일 존귀한 자인 것처럼 행세하지 말라. 나아가 높은 사람의 자리에 끼어들지 말라. 귀빈 자리에 서려고도 하지 말라(do not claim a place among great men). 자신보다 더 존귀한 자가 그들 중에 있을 수 있고, 왕이 임의로 어떤 사람을 제일 높일 수 있기 때문이다.

"이는 사람이 네게 이리로 올라오라고 말하는 것이 네 눈에 보이는 귀인 앞에서 저리로 내려가라고 말하는 것보다 나음이니라(7절)." '이리로 올라오라(Come up here)' 는 것은 다른 사람으로부터 높임을 받는 것을 말하고, '저리로 내려가라' 는 것은 현재 있는 곳으로부터 쫓겨나는 수치를 당하는 것을 말한다. 따라서 위정자들은 자신의 위치를 바로 알아 수치를 당하지 말고 늘 겸손한 자세를 유지하며 다른 사람이 대우해줄 때까지 기다리는 것이 지혜롭다. 예수님은 누가복음 14:7-10을 통해 이 내용을 삶에 적용시키셨다.

"너는 서둘러 나가서 다투지 말라 마침내 네가 이웃에게서 욕을 보게 될 때에 네가 어찌할 줄을 알지 못할까 두려우니라(8절)." 8-10절은 가능한 한 법정에 가는 것을 피하고, 개인적으로 시비를 종결지으라는 말씀이다(마 5:25). 너는 어떤 일로 너무 성급하게 법정으로(hastily to argue your case) 달려가지 말라. 급하게 소송하지 말라는 것이다. 훗날 너의 이웃이 소송에서 너를 이겨 너를 부끄럽게 만들 때 네가 어찌하겠는가. 그 상황이 염려된다.

"너는 이웃과 다투거든 변론만 하고 남의 은밀한 일은 누설하지 말라(9절)." 혹시 법정에 선다고 해도 시비(your case)에 관계된 문제만 가지고 정당하게 변론하고 이웃의 허물(약점)이나 비밀(secret)을 들추어내서는 안 된다.

"듣는 자가 너를 꾸짖을 터이요 또 네게 대한 악평이 네게서 떠나지 아니할까 두려우니라(10절)." 그렇지 않으면 그 말을 듣는 사람이 오히려 너를 비난하게 될(reproach you) 것이고, 너는 수치를 당하게 될 것이다. 그러면 너에 대한 나쁜 소문(evil report)이 너를 떠나지 않고 따라다니게 된다. 그것이 두렵다.

"경우에 합당한 말은 아로새긴 은 쟁반에 금 사과니라(11절)." 경우에 적합한 말(a word aptly spoken)은 때와 장소와 상대를 고려해서 하는 신중한 말을 가리킨다. 이런 말은 은쟁반에 올려놓은 금 사과(apples of gold in settings of silver)처럼 귀중하고, 듣는 사람에게 기쁨을 준다.

"슬기로운 자의 책망은 청종하는 귀에 금 고리와 정금 장식이니라(12절)." 지혜로운 사람의 책망은 그것을 들을 줄 아는 사람의 귀, 곧 경청하는 귀(a listening ear)에는 금귀고리나 순금 장식과 같다.

"충성된 사자는 그를 보낸 이에게 마치 추수하는 날에 얼음냉수(the coolness of snow, the cold of snow) 같아서 능히 그 주인의 마음을 시원하게 하느니라(13절)." 땀 흘리며 추수하던 일꾼이 시원한 물을 마실 때처럼 충성스러운 사자(a trustworthy messenger)는 보낸 자의 마음을 후련하게 해준다(refresh the spirit).

"선물한다고 거짓 자랑하는 자는 비 없는 구름과 바람 같으니라(14절)." 선물을 주겠다고 입으로만 떠벌리는 자, 곧 거짓말로 자랑을 퍼뜨리는 사람은 비 없는 구름과 바람 같은 사람, 비를 내리지 못하는 구름과 바람과 같다. '비 없는 구름과 바람(clouds and wind without rain)' 은 지켜지지 않는 헛된 약속을 나타내는 말이다. 구름과 바람은 농부들에게 비가 곧 내릴 것이라는 신호와 같다. 그런데도 비가 오지 않으면 실망하게 된다. 신약에서 이 표현은 거짓 교훈을 가르치는 교사들에게 적용되었다(벧후 2:19, 유 12절).

"오래 참으면 관원도 설득할 수 있나니 부드러운 혀는 뼈를 꺾느니라(15절)." 오래 참고 인내를 가지고 설득을 하면 완강한 통치자(a ruler)의 마음도 돌이켜 놓을 수 있다. 인내의 중요성을 가르쳐준다. 나아가 부드러운 혀(a gentle tongue)는 뼈도 꺾을(break a bone) 수 있다. 부드러운 말이 상대방의 분노를 그치게 한다는 말이다.

2. 자제에 대한 교훈(16-28절)

"너는 꿀을 보거든 족하리만큼 먹으라 과식함으로 토할까 두려우니라(16절)." 16-17절은 절제 있는 삶을 촉구하고 있다. 꿀을 발견하더라도 적당히 먹어라. 필요한 만큼만(only what you need) 먹으라는 말이다. 과식하면 토할지도 모른다.

"너는 이웃집에 자주 다니지 말라 그가 너를 싫어하며 미워할까 두려우니라(17절)." 너는 이웃집에 자주 다니지 말라. 그렇지 않으면 네 이웃이 너에게 싫증을 느껴 너를 미워할 수 있다. 너의 방문에 꿀처럼 단 것이라 해도 너의 이웃은 곧 너의 방문을 싫어하게 된다. 아무리 친해도 절제가 필요하다는 말이다.

"자기의 이웃을 쳐서 거짓 증거 하는 사람은 방망이요 칼이요 뾰족한 화살이니라(18절)." 자기 이웃에 대하여 거짓 증언하는 사람은 방망이와 칼과 뾰족한 화살(a club and a sword and a sharp arrow)로 그 이웃을 해치는 것과 같다. 방망이, 칼, 화살은 사람을 해칠 수 있는 도구다. 이 구절은 거짓 증거가 이웃의 생명까지 위협할 수 있음을 교훈하고 있다.

"환난 날에 진실하지 못한 자를 의뢰하는 것은 부러진 이(a bad tooth)와 위골된 발(a lame foot, an unsteady foot) 같으니라(19절)." 위기에 처한 때 신실치 못한 자(the unfaithful)를 신뢰하는 것은 흔들거리는 이로 음식을 씹거나 위골된 발로 걷는 것과 같다. 썩은 이와 뼈가 부러진 다리는 아무 쓸모없는 것을 상징한다. 이것을 의지할 수 없는 것처럼 진실하지 못한 자를 신뢰해서는 안 된다. 낭패를 볼 수 있기 때문이다.

"마음이 상한 자에게 노래하는 것은 추운 날에 옷을 벗음 같고 소다 위에 식초를 부음 같으니라(20절)." 마음이 상한 자에게 노래를 부르는 것은 추운 날에 그의 옷을 벗기는 것과 같고, 초그의 상처에 초를 붓는 것과 같다. 다시 말해 상처에 소금을 뿌리는 것과 같다. 전혀 어울리지 않고 오히려 고통을 준다는 말이다. 마음이 상한 자에게는 위로를 해주어야지 기쁨의 노래는 합당치 않다. 소다 위에 식초(vinegar on soda)를 붓게 되면 격렬한 화학반응을 일으키게 된다. 이 말은 고통 위에 고통을 준다는 말이다.

"네 원수가 배고파하거든 음식을 먹이고 목말라하거든 물을 마시게 하라(21절)." 네 원수가 굶주리거든 먹을 것을 주고 목말라 하거든 마실 것을 주어라.

"그리 하는 것은 핀 숯을 그의 머리에 놓는 것과 일반이요 여호와께서 네게 갚아 주시리라(22절)." 그러면 네 원수는 머리에 숯불을 놓은 것(heap burning coals on his head)같이 부끄러워 견딜 수 없을 것이며 너는 여호와께 상을 받을 것이다. 근동지방에서는 낮과 밤의 일교차가 무척 크기 때문에 불이 조리용으로만 쓰이지 않고 난방용으로도 사용되었다. 그래서 불씨는 매우 귀중하다. 만일 한 집에서 불이 꺼지면 불씨를 쉽게 얻을 수 없었다. 그러나 인자한 이웃이 있을 경우 그 집에서 불씨를 얻기도 했다. 그런 경우 불씨를 얻은 사람이 숯불을 머리 위로 높이 들어 이웃의 인자함을 공개적으로 칭송하였다(롬 12:20). 핀 숯을 그의 머리에 놓는 것은 이렇게 인자를 베풀라는 것, 곧 불씨를 구하는 원수의 머리에 불씨를 담은 그릇을 이어주어 친절을 베푼다는 해석과 원수를 사랑으로 선대하여 하나님의 심판이 원수에게 머물게 하든지 그로 하여금 회개에 이르도록 한다는 해석이 있다. 이것은 따뜻한 사랑을 받은 원수가 양심의 가책을 받고 부끄러워 어찌할 줄 몰라 하는 모습을 나타낸다. 선행으로 그의 낯을 뜨겁게 하고 부끄럽게 한다. 이로 인해 그를 회개의 자리로 이끌 수도 있을 것이다. 바울은 로마서에서 21-22절을 인용했다(롬 12:20).

"북풍이 비를 일으킴 같이 참소하는 혀는 사람의 얼굴에 분을 일으키느니라(23절)." 팔레스타인에서는 서풍이 자주 비를 몰고 온다(눅 12:54). 하지만 북쪽의 산악지역에서 몰려오는 북풍이 비를 몰고 올 경우도 있다. 북풍이 비를 일으키는 것 같이 참소하는 혀(sly, backbiting tongue), 곧 뒷전에서 간사하고 못된 말로 남을 중상하고 헐뜯는 혀는 분노를 일으킨다.

"다투는 여인과 함께 큰 집에서 사는 것보다 움막에서 혼자 사는 것이 나으니라(24절)." 다투기 좋아하는 여자와 한집에 사는 것보다 차라리 옥상 한 쪽 구석(a corner of the roof)에서 혼자 사는 것이 더 낫다.

"먼 땅에서 오는 좋은 기별은 목마른 사람에게 냉수와 같으니라(25절)." 멀리서 온 좋은 소식은 목이 타는 사람, 곧 지친 영혼(a weary soul)에게 주어지는 냉수(cold water)와 같다.

"의인이 악인 앞에 굴복하는 것은 우물이 흐려짐과 샘이 더러워짐과 같으니라(26절)." 의인이 악인 앞에 무릎을 꿇는 것은 흐려진 샘물(a muddied spring)과 같고 오염된 우물물(a polluted well)과 같다. 건조한 지역에서 깨끗한 샘이나 우물을 매우 중하다. 그러나 샘의 물이 한번 더러워지면 다시 깨끗해지지 않을 때가 있다. 물을 마시러 오는 사람들은 더러워진 물을 볼 때 크게 실망하게 된다. 기대가 무너졌기 때문이다. 마찬가지로 의로운 사람이 악인의 유혹을 받아 넘어질 경우 순수함을 잃게 되어 지금까지 그에게 기대를 걸었던 모든 사람들에게 실망을 안겨준다.

"꿀을 많이 먹는 것이 좋지 못하고 자기의 영예를 구하는 것이 헛되니라(27절)." 27-28절은 서로 연결되어 있다. 꿀을 너무 많이 먹으면 이롭지 못하다. 마찬가지로 자신의 명예(one's own glory)만을 추구하는 것, 곧 자만심을 앞세워 자기만 나타내려 하는 것도 자제할 줄 몰라 좋지 못하다.

"자기의 마음을 제어하지 아니하는 자는 성읍이 무너지고 성벽이 없는 것과 같으니라(28절)." 자기의 마음을 통제하지 못하는 사람은 성이 무너져 성벽이 없는 것과 같다. 성벽이 없는 성은 적의 공격을 받기 쉽다. 마찬가지로 자제하지 못하는 사람은 고난을 당하기 쉽다.

제26장

미련한 자에 대한 훈계와 게으른 자와 거짓말하는 자

1. 미련한 자에 대한 훈계(1-12절)

"미련한 자에게는 영예가 적당하지 아니하니 마치 여름에 눈 오는 것과 추수 때에 비 오는 것 같으니라(1절)." 미련한 사람에게는 영예(honor)가 어울리지 않는다. 이는 마치 여름에 눈이 내리는 것과 같고, 추수 때에 비가 오는 것과 같다. 팔레스타인에서는 봄에 이른 소나기가 오고 나서 10월까지는 거의 비가 오지 않는다. 따라서 이 말은 적절하지 않다는 표현이다. 여름에 눈이 오거나 추수 때 비가 오게 되면 농작물을 해치게 된다. 마찬가지로 미련한 사람을 높은 지위에 앉히는 것은 적절하지 못할 뿐 아니라 다른 사람들에게도 해를 준다.

"까닭 없는 저주는 참새가 떠도는 것과 제비가 날아가는 것 같이 이루어지지 아니하느니라(2절)." 까닭 없는 저주(curse without cause, undeserved curse)는 아무 근거 없이 다른 사람을 저주하는 것을 말한다. 시므이가 다윗을 저주한 것이 그 예다(삼하 16:8, 12). 이런 저주는 마치 참새가 떠도는 것과 같고, 제비가 날아가는 것과 같이 성취되지 않는다. 오히려 그 저주의 결과가 저주한 자에게 돌아갈 것이다.

"말에게는 채찍이요 나귀에게는 재갈이요 미련한 자의 등에는 막대기니라(3절)." 말은 채찍(whip)으로, 당나귀는 재갈(halter)로, 미련한 자는 막대기(rod)로 다스리라는 말이다. 말을 잘 듣지 않는 말과 나귀를 도구로 다스리듯 말을 듣지 않는 미련한 자도 매로 다스릴 필요가 있다는 것이다. 막대기를 하나님이 내리시는 징계로 해석하기도 한다.

"미련한 자의 어리석은 것을 따라(according to his folly) 대답하지 말라 두렵건대 너도 그와 같을까 하노라(4절)." 4-5절은 서로 보충하고 있다. 미련한 자와 말다툼하다 보면 자신도 모르게 자신도 그 사람처럼 천박하게 화를 내고 욕하는 것을 볼 수 있다. 자신도 천박한 상태로 전락한 것이다. 이것이 바로 미련한 자의 어리석은 것을 따라 대답하는 것이다. 논쟁을 할 때 상대로부터 어리석은 질문이 나올 수 있다. 여기서 어리석은 것은 무시해도 좋은 어리석은 자의 논평을 가리킨다. 이런 경우 그런 질문에 대답하지 말라 한다. 무시하라는 말이다. 다시 말해 그의 어리석음에 따르지 말라는 것이다. 그렇지 않으면 결국 너도 어리석은 자가 되고 말 것이다.

"미련한 자에게는 그의 어리석음을 따라 대답하라 두렵건대 그가 스스로 지혜롭게 여길까 하노라(5절)." 어리석은 질문에는 어리석은 대답을 하라. 그렇지 않으면 그가 자기를 지혜롭게 여길 것이다. 4절에서는 그의 어리석은 것을 따라 대답하지 말라했다. 그런데 5절에서는 그의 어리석음을 따라 대답하라 했다. 두 구절이 서로 모순된 것처럼 보이지만 사실은 그렇지 않다. 4절의 어리석은 것은 무시해도 좋은 어리석은 논평이라면 5절의 어리석은 것은 바로 잡을 필요가 있는 잘못된 생각을 가리킨다. 이 두 차이를 잘 구분할 필요가 있다. 5절에 '그의 어리석음을 따라 대답하라' 는 것은 적절한 시간에 적절한 말로 그의 어리석음을 깨우쳐 줄 필요가 있어 그가 이해할 수 있는 말로, 그의 수준에 맞춰(as his folly deserves) 설명해 주는 것이다. 이것이 바로 그의 어리석음을 따라 대답하는 것이다. 수준을 높여 말하면 자기가 마치 지혜로운 자인 것처럼 착각할 수 있으니 말할 때 주의하라는 말이다.

"미련한 자 편에 기별하는 것은 자기의 발을 베어 버림과 해를 받음과 같으니라(6절)." 미련한 자 편에 소식을 전하는 것은 자기 발을 자르거나 스스로 독을 마시는 것과 같다. 해 받음을 폭력을 불러들이는(drink violence) 것으로 해석하기도 한다. 미련한 자를 사절로 보내는 것은 어리석은 짓이란 말이다. 사절답게 지혜로운 말을 하지 못하기 때문에 결국 그를 파송한 자에게 해가 돌아가도록 만든다.

"저는 자의 다리는 힘없이 달렸나니 미련한 자의 입의 잠언도 그러하니라(7절)." 미련한 자의 입에서 나오는 격언은 절름발이에게 덜렁덜렁 달려 있는 다리처럼 아무 쓸모가 없다(useless). 그의 말이 아무 힘을 발휘하지 못한다는 말이다.

"미련한 자에게 영예를 주는 것은 돌을 물매에 매는 것과 같으니라(8절)." 미련한 사람에게 영예를 돌리는(give honor) 것은 물매(sling)에 돌을 매는(bind a stone) 자와 같다. 물매는 작은 돌을 멀리 던질 수 있도록 만든 기구로 목자나 군인이 주로 사용했다. 돌을 멀리 던지기 위해 물매를 사용한다. 하지만 돌을 물매에 묶어놓으면 아무리 힘차게 휘두른다 해도 돌이 나가지 않는다. 미련한 자에게 영예를 주는 것은 이처럼 매우 어리석다는 말이다.

"미련한 자의 입의 잠언은 술 취한 자가 손에 든 가시나무 같으니라(9절)." 미련한 자의 입에서 나오는 격언은 술 취한 사람이 손에 쥐고 있는 가시나무(a thorn)와 같다. 취한 사람은 함부로 가시나무를 흔들어대기 때문에 자신뿐 아니라 다른 사람에게 해를 끼친다. 위선자의 교훈은 자신과 남 모두를 해치는 가시나무와 같다.

"장인이 온갖 것을 만들지라도 미련한 자를 고용하는 것은 지나가는 행인을 고용함과 같으니라(10절)." 이 구절을 '미련한 사람이나 지나가는 사람을 고용하는 것은, 궁수가 닥치는 대로 사람을 쏘아대는 것과 같다' 는 뜻으로 해석하기도 한다. 아무 도움이 되지 못하는 사람을 고용해서는 안 된다는 것이다. 어리석은 자를 고용하는 것은 곧 사업의 패망을 의미한다.

"개가 그 토한 것을 도로 먹는 것 같이 미련한 자는 그 미련한 것을 거듭 행하느니라(11절)." 개가 토한 것을 다시 먹고 돼지가 몸을 씻고도 다시 진탕에 뒹군다는 속담처럼 미련한 사람은 어리석은 일을 되풀이한다. 미련한 자는 자신의 어리석음을 즐기기 때문에 미련한 자다. 가장 어리석은 자는 자신이 어리석음을 모르는 자이다.

"네가 스스로 지혜롭게 여기는 자를 보느냐 그보다 미련한 자에게 오히려 희망이 있느니라(12절)." 스스로 지혜롭다 하는 사람보다는 오히려 미련한 사람에게 더 희망이 있다는 말이다. 스스로 지혜롭다 여기는 사람은 교만하고 완고하여 진리의 흐름을 가로막는다. 이런 사람보다는 차라리 미련한 사람에게 더 희망이 있다. 이것은 지식으로 교만한 자를 경고하는 말씀이다.

2. 게으른 자와 거짓말하는 자(13-28절)

"게으른 자는 길에 사자가 있다 거리에 사자가 있다 하느니라(13절)." 13-16절은 게으른 자의 생활상을 풍자하며 교훈을 주고 있다. 게으른 사람은 "길에 사자가 있다. 거리에 사자가 있다" 며 핑계를 댄다. 밖에 나가 일하기 싫어한다는 말이다.

"문짝이 돌쩌귀를 따라서 도는 것 같이 게으른 자는 침상에서 도느니라(14절)." 문짝(door)이 돌쩌귀(hinges)에서만 돌듯이 게으른 자는 자기 침대(bed)에만 붙어서 뒹군다. 돌쩌귀를 따라 도는 것은 문짝의 유일한 행동반경이다. 이와 마찬가지로 게으른 사람이 하는 일은 침대에서 엎치락뒤치락하는 것이 고작이다.

"게으른 자는 그 손을 그릇에 넣고도 입으로 올리기를 괴로워하느니라(15절)." 게으른 사람은 밥그릇에 손을 대고서도 입에 떠 넣기조차 귀찮아한다.

"게으른 자는 사리에 맞게 대답하는 사람 일곱(seven men who answer discreetly)보다 자기를 지혜롭게 여기느니라(16절)." 사리에 맞게 대답하는 사람은 분별력 있게 답하는 사람, 재치 있게 대답하는 사람을 가리킨다. 그런데, 게으른 사람은 이런 사람 일곱보다 자기가 더 지혜롭다고 생각한다는 것이다. 여기서 일곱은 특정한 숫자가 아니라 '완전,' '많음,' '무한함' 을 뜻한다. 그 누구보다 자기가 지혜롭다 생각한다는 것이다. 게으르면서도 자만이 하늘을 찌른다.

"길로 지나가다가 자기와 상관없는 다툼을 간섭하는 자는 개의 귀를 잡는 자와 같으니라(17절)." 17-28절은 다툼(17, 20-21절), 속임(18-19, 24-26절), 험담(20-21절), 거짓말(23, 28절)에 관한 잠언이다. 길을 지나가다가 자기와 상관없는 싸움에 끼어드는 것은 개의 귀를 잡아당기는 것처럼 어리석은 짓이다. 고대 이스라엘에서 개는 길들여지지 않은 동물이었다. 따라서 개의 귀를 잡는 자는 물릴 수밖에 없다.

“횃불을 던지며 화살을 쏘아서 사람을 죽이는 미친 사람이 있나니(18절).” 18절은 19절과 서로 연결되어 있다. 자기 이웃을 속이고 그저 농담을 했을 뿐이라고 말하는 자는 횃불을 던지고(firebrands) 활을 쏴서 사람을 죽이는(deadly arrows) 미친 사람과 같다.

“자기의 이웃을 속이고 말하기를 내가 희롱하였노라 하는 자도 그러하니라(19절).” 거짓말함으로 인해 이웃에 막대한 피해를 입히고서도 “해를 끼치려한 것이 아니었다,” “재미 삼아 그런 것이었다,” “그건 농담이었어” 라고 변명하는 것은 횃불을 던지고 화살을 쏘아 사람을 죽인 미친 사람과 같다. 그러므로 그런 행위를 금한다는 말씀이다.

“나무가 다하면 불이 꺼지고 말쟁이가 없어지면 다툼이 쉬느니라(20절).” 땔감이 다 떨어지면 불이 꺼진다. 마찬가지로 남의 말을 잘하는 사람이 없어지면 다툼도 그친다.

“숯불 위에 숯을 더하는 것과 타는 불에 나무를 더하는 것 같이 다툼을 좋아하는 자는 시비를 일으키느니라(21절).” 숯불(hot embers) 위에 숯(charcoal)을 더하듯, 타는 불에 나무를 더하듯 다투기를 좋아하는 사람은 불난 데 부채질을 한다(kindling strife).

“남의 말하기를 좋아하는 자의 말은 별식과 같아서 뱃속 깊은 데로 내려가느니라(22절).” 나쁜 소문을 퍼뜨리고 다니는 사람의 말(words of a gossip), 헐뜯기를 잘하는 사람의 말은 맛있는 음식(choice morsels)과 같아서 사람들은 그것을 삼키기 좋아한다.

“온유한 입술에 악한 마음은 낮은 은을 입힌 토기니라(23절).” 온유한 입술(fervent lips)은 사랑으로 가득 한, 따스한 말을 전하는 입술을 뜻한다. 그 입술이 악의를 품은 마음과 결합했을 때 악한 마음(evil heart)을 품고서 말만 매끄럽게 한다. 말은 친절한 데 마음이 전혀 그렇지 않다. 악한 동기와 계획을 부드러운 말로 감추고 있기 때문이다. 그것은 마치 질그릇에다가 낮은 은(silver dross), 곧 순은을 추출하고 남은 찌꺼기로 살짝 입힌(coating) 것과 같다. 은을 입혀 반짝거리기는 해도 토기(earthenware)여서 겉과 속이 다르기 때문이다. 은그릇으로서 가치가 있는 것이 전혀 아니다.

“원수는 입술로는 꾸미고 속으로는 속임을 품나니(24절).” 24-26절은 속임에 관한 잠언으로 서로 연결되어 있다. 남을 미워하는 사람, 사악한 사람(malicious man)은 입술로는 그렇지 않은 체하면서 속으로는 흉계를 꾸민다. 아첨하는 말로 자신의 감정을 숨기는 위선자다.

“그 말이 좋을지라도 믿지 말 것은 그 마음에 일곱 가지 가증한 것(seven abominations)이 있음이니라(25절).” 여기서 일곱은 ‘많음’ 을 뜻한다. 마음에 가증한 것, 사악한 것으로 꽉 찼다는 말이다. 그의 말이 아무리 좋게 들려도 그것을 믿지 말라. 그 마음이 추악한 생각으로 가득하기 때문이다.

“속임으로 그 미움을 감출지라도 그의 악이 회중 앞에 드러나리라(26절).” 미운 생각을 교활하게 감추고 있다 하여도, 그 악의는 대중 앞에서 드러나게 된다. 위장된 친절은 마침내 그 본연의 모습(적대감)을 공공연하게 드러내게 된다는 말이다.

“함정을 파는 자는 그것에 빠질 것이요 돌을 굴리는 자는 도리어 그것에 치이리라(27절).” 남을 해치려고 함정을 파는 사람은 자기가 그 함정에 빠지게 될 것이다. 남에게 돌을 굴려 내리는 사람은 도리어 자기가 그 돌에 치이게 될 것이다.

“거짓말 하는 자는 자기가 해한 자를 미워하고 아첨하는 입은 패망을 일으키느니라(28절).” 거짓말하는 자는 자기가 해치려는 사람을 미워한다. 거짓말을 하는 혀(lying tongue)는 흠 없는 사람의 원수라는 말이다. 그리고 아첨하는 입(flattering mouth)은 패망을 가져온다. 아첨하는 사람은 자기의 신세를 망친다.

제27장

내일 일을 자랑하지 말라

1. 내일 일을 자랑하지 말라(1-19절)

"너는 내일 일을 자랑하지 말라 하루 동안에 무슨 일이 일어날는지 네가 알 수 없음이니라(1절)." 내일 일, 곧 앞으로 할 일에 대해 자랑하지 말라(do not boast about tomorrow). 하루 사이에 무슨 일이 생길지 알 수 없다. 야고보서 4:13-16은 이 잠언을 더 구체화시키고 있다. "오늘이나 내일이나 우리가 어떤 도시에 가서 거기서 일 년을 머물며 장사하여 이익을 보리라 하는 자들아 내일 일을 너희가 알지 못 하는도다 너희 생명이 무엇이냐 너희는 잠깐 보이다가 없어지는 안개니라." 야고보는 "주의 뜻이면 우리가 살기도 하고 이것이나 저것을 하리라"는 태도를 가지도록 했다. 예수님은 "내일 일을 위하여 염려하지 말라 내일 일은 내일이 염려할 것이요 한 날의 괴로움은 그 날로 족하니라(마 6:34)." 하셨다. 하나님의 뜻을 받아들임으로써 내일 일을 자랑하거나 염려하는 태도를 바로 잡을 수 있다.

"타인이 너를 칭찬하게 하고 네 입으로는 하지 말며 외인이 너를 칭찬하게 하고 네 입술로는 하지 말지니라(2절)." 칭찬은 남이 해 주는 것이지 자기의 입으로 하는 것이 아니다. 자기가 이미 한 일을 스스로 칭찬하는 것은 교만하다는 것을 보여주는 증거다. 삼가야 한다.

"돌은 무겁고 모래도 가볍지 아니하거니와 미련한 자의 분노는 이 둘보다 무거우니라(3절)." 돌도 무겁고 모래도 무겁지만 미련한 자가 화내는 것(provocation)은 그보다 더 무겁다(heavier than both of them. 미련한 자가 말하고 행하는 것은 다른 사람을 괴롭히고 화나게 하기 때문이다.

"분은 잔인하고 노는 창수 같거니와 투기 앞에야 누가 서리요(4절)." 분노(anger)는 잔인하고 진노(fury)는 범람하는 물처럼 파괴적이다. 하지만 사람의 질투(jealousy)를 누가 당하여 낼 수 있겠는가. 질투에 비하면 아무것도 아니다. 질투는 무자비한 보복을 초래하기 때문에 분노보다, 진노보다 더 무섭고 파괴적이다.

"면책(面責)은 사랑보다 나으니라(5절)." 면책, 곧 대면한 자리에서 터놓고 직접 책망하는 것(open rebuke)이 숨은 사랑(hidden love), 곧 속으로만 사랑하고 실제적인 교훈이나 경고를 주지 못하는 것보다 낫다. 친구의 잘못을 바로 잡는 것은 사랑의 표시다. 그렇게 하지 않는 것은 사랑을 숨기는 것이나 마찬가지다. 친구를 진정으로 사랑한다면 그의 잘못을 책망하고 바로잡는 것을 두려워하지 말아야 한다. 이 잠언은 사랑으로 행하는 건전한 비판을 높이 평가하고 있다. 참된 사랑은 선하고 정직한 이들을 감싸 안고 잘못된 행동을 비판하여 정직함을 회복하도록 해주어야 한다.

"친구의 아픈 책망은 충직으로 말미암는 것이나 원수의 잦은 입맞춤은 거짓에서 난 것이니라(6절)." 친구의 엄중한 책망은 아파도 진심에서 나오는 것이다. 비록 상처를 준다 해도 신실한(faithful) 우정에서 나온 것이므로 감사해야 할 일이다. 하지만 원수가 자주 입을 맞춘다 해도 조심해야 한다. 그 입맞춤은 거짓된(deceitful) 우정에서 나온 것이어서 해를 주기 때문이다.

"배부른 자는 꿀이라도 싫어하고 주린 자에게는 쓴 것이라도 다니라(7절)." 배부른 사람(sated man)은 꿀을 줘도 지겨워한다. 전혀 감사하지 않는다. 하지만 배고픈 사람(famished man)은 쓴 것도 달게 먹는다. 그리고 감사한다.

"고향을 떠나 유리하는 사람은 보금자리를 떠나 떠도는 새와 같으니라(8절)." 고향을 떠나 이리저리 떠돌아다니는 사람(man who wanders from his home)은 보금자리를 잃은 새와 같다. 마땅히 머물러야 할 자기의 본분이나 처소를 망각한 채 가치 없는 것들을 찾아 방황하는 것이다. 진리를 떠나 헤매고 있다. 이 구절은 크게 두 가지로 종합된다. 첫째, 가정을 떠나 방탕한 생활을 하는 이들에게는 안식이 없다. 둘째, 외부적인 환경이 어려우면 내면의 생활까지 동요되고 영향을 받게 된다.

“기름과 향이 사람의 마음을 즐겁게 하나니 친구의 충성된 권고가 이와 같이 아름다우니라(9절).” 기름(oil, 향유)과 향(perfume, 향료)이 사람의 마음을 기쁘게 하듯 친구의 진실한 충고(his earnest counsel)도 이처럼 마음을 즐겁게 한다. 달고(sweet) 유쾌함(pleasantness)을 준다.

“네 친구와 네 아비의 친구를 버리지 말며 네 환난 날에 형제의 집에 들어가지 말지어다 가까운 이웃이 먼 형제보다 나으니라(10절).” 이 구절의 목적은 형제간의 유대를 깎아내리는 데 있지 않다. 장기간에 맺어진 친구나 이웃 간의 우정을 높이려는 데 있다. 어려울 때 형제에게 도움의 손길을 뻗치는 것은 당연하고 자연스러운 일이다. 그러나 형제가 너무 멀리 떨어져 있을 경우 가까이 있는 친구나 이웃이 더 큰 도움을 줄 수 있다(잠 18:24).

“내 아들아 지혜를 얻고 내 마음을 기쁘게 하라 그리하면 나를 비방하는 자에게 내가 대답할 수 있으리라(11절).” 아들로 하여금 지혜로운 사람이 되어 아비의 마음을 기쁘게 하라 한다. 그러면 아비를 비난하는 자에게 아비가 대답할 말이 있을 것이다. 아들이 지혜롭게 행동하면 그의 아비가 잘못 가르쳤다거나 아비가 무능해 바르게 가르치지 못한다는 비방에 대해 얼마든지 반박할 수 있을 것이다. 양육을 제대로 받지 않으면 지혜로운 아들이 될 수 없기 때문이다. 이 구절은 아버지가 아들에게 권고하는 모습뿐 아니라 스승이 제자에게 권고하는 모습도 보여주고 있다.

“슬기로운 자는 재앙을 보면 숨어 피하여도 어리석은 자들은 나가다가 해를 받느니라(12절).” 슬기로운 사람은 위험(danger), 곧 악한 것(evil, NASB)을 보면 피한다. 하지만 어리석은 사람은 고집을 부리고 나아가다가(proceed) 어려움을 당한다. 벌을 받는다(pay the penalty, NASB).

“타인을 위하여 보증 선 자의 옷을 취하라 외인들을 위하여 보증 선 자는 그의 몸을 볼모 잡을지니라(13절).” 잠언 20:16의 반복이다. 경제적으로 능력이 없으면서도 무리하게 보증을 선 자에 대해서는 그 사람의 옷을 취하라. 보증 없이 빌려주지 말라는 것이다. 전혀 모르는 외국인에 대해 보증을 선 자에게서는 그의 몸을 담보로 잡도록 했다. 이 구절은 한 마디로 함부로 보증을 서지 말라는 경고문이다.

"이른 아침에 큰 소리로 자기 이웃을 축복하면 도리어 저주 같이 여기게 되리라(14절)." 이른 아침은 때가 적절치 못함을 뜻한다. 여기서 '축복' 은 칭찬 또는 인사다. 적절치 않은 시간에 아주 큰 소리로 이웃을 칭찬하는 것은 의식적인 행위, 또는 지나친 아첨행위를 뜻한다. 이웃을 축복하거나 칭찬하는 것은 좋은 일이다. 그러나 아무리 좋은 말이라 할지라도 적절치 못한 때 이 같이 표현을 한 경우 저주로 여겨진다. 그 칭찬을 곱게 받기 어렵다.

"다투는 여자는 비 오는 날에 이어 떨어지는 물방울이라(15절)." 15-16절은 아내에 관한 것으로 서로 연관되어 있다. 다투는 여자는 남편에게 순종하지 않고 싸움을 거는 아내를 말한다. 다투기를 좋아하는 아내는 비 오는 날에 새는 지붕에서 계속 물방울이 떨어지는 것처럼 좀처럼 조용해지지 않고 남편을 성가시게 한다. 아랍의 잠언에 집 안에서 견딜 수 없는 것 세 가지가 있다. 지붕에서 새는 물, 아내의 잔소리, 그리고 벌레와 곤충이다.

"그를 제어하기가 바람을 제어하는 것 같고 오른손으로 기름을 움키는 것 같으니라(16절)." 그런 여자를 다스리려는 것은 바람을 다스리려는 것(restraining the wind)과 같고, 손으로 기름을 가득 움켜잡으려는 것(grasping oil with the hand)과 같다. 이런 여인을 다루는 것은 몹시 어렵다는 말이다. 통제가 불가능하다.

"철이 철을 날카롭게 하는 것 같이 사람이 그의 친구의 얼굴을 빛나게 하느니라(17절)." 쇠붙이는 쇠붙이로 쳐야 날이 날카롭게 선다(iron sharpens iron). 마찬가지로 사람도 친구와 부대껴야 지혜가 예리해진다(one man sharpens another). 친구끼리 토론하며 의견을 서로 주고받을 때 지혜가 자란다. 얼굴을 빛나게 한다는 것은 인격을 향상시킨다는 뜻이다. 친구와의 지혜로운 대화는 서로에게 유익이 된다. 혼자 고독하게 사는 것보다 사람들과 사회관계를 맺으며 서로 삶을 나누는 것이 참된 인간성의 발전을 가져온다.

"무화과나무를 지키는 자는 그 과실을 먹고 자기 주인에게 시중드는 자는 영화를 얻느니라(18절)." 무화과나무를 잘 보살피는 사람은 그 과실을 먹게 된다(eat its fruit). 무화과를 정성으로 가꾸면 풍성한 과실을 맺는다. 마찬가지로 자기 주인을 잘 보살피는 사람은 영화를 누린다(honored). 충성된 종의 봉사는 반드시 그에 합당한 보상을 받게 된다. 자기 일을 열심히 하면 좋은 결과를 얻는다는 말이다. 우리 삶의 주인은 예수 그리스도시다. 그를 잘 만나고 섬기자.

"물에 비치면 얼굴이 서로 같은 것 같이 사람의 마음도 서로 비치느니라(19절)." 사람의 얼굴이 물을 통해 비춰지듯(water reflects a face) 한 사람의 마음이 그 사람을 비춰준다(a man's heart reflects the man). 말로 표현된 생각에는 그 사람의 인격이 나타난다.

2. 사람의 눈은 만족함이 없다(20-27절)

"스올과 아바돈은 만족함이 없고 사람의 눈도 만족함이 없느니라(20절)." 스올(Sheol)은 음부, 곧 죽은 자의 세계를 나타내고, 아바돈(Abaddon)은 유명(幽明), 곧 지옥의 가장 깊은 곳을 가리킨다. 죽음과 멸망의 구덩이가 만족을 모르듯 사람의 눈도 만족을 모른다. 인간의 욕심은 한이 없다는 말이다.

"도가니로 은을, 풀무로 금을, 칭찬으로 사람을 단련하느니라(21절)." 도가니(the crucible)는 은을, 화덕(the furnace)은 금을 단련한다. 은과 금은 불로 연단된다. 마찬가지로 칭찬(the praise he receives)은 사람됨을 달아(test) 볼 수 있다. 칭찬을 받을 때 반응하는 태도를 보고 그 사람의 인격을 시험할 수 있다. 칭찬을 당연한 것으로 받아들이는 사람은 교만한 사람이고, 감사하는 마음으로 받아들이는 사람은 겸손한 사람이다.

"미련한 자를 곡물과 함께 절구에 넣고 공이로 찧을지라도 그의 미련은 벗겨지지 아니하느니라(22절)." 미련한 자를 절구에 넣고 곡식과 함께 공이로 아무리 찧어 봐도 그의 미련한 것은 벗겨지지 않는다. 아무리 호된 징계를 받아도 미련한 사람의 태도는 좀처럼 변화되기 어렵다는 것이다.

"네 양 떼의 형편을 부지런히 살피며 네 소 떼에게 마음을 두라(23절)." 23-27절은 농경생활에 빗대어 욕심 없는 성실한 삶에는 반드시 그 대가가 주어진다는 것을 강조하고 있다. 너의 양 떼의 형편(the condition)을 잘 알아 두며, 너의 가축 떼에게 정성(careful attention)을 기울여라. 네게 가치가 있는 일이 무엇인가 생각해보라. 그 일을 잘 했을 때 만족할 수 있다. 주어진 일에 근면한 삶을 통해 참다운 만족을 얻으라는 말이다.

"대저 재물은 영원히 있지 못하나니 면류관이 어찌 대대에 있으랴(24절)." 사람들은 재물과 권력에 관심이 많다. 그것을 빼앗기 위해 쟁탈하기도 한다. 하지만 재물(riches)은 영원히 있는 것이 아니다. 면류관(a crown), 곧 왕관도 대대로 지속되는 것이 아니다. 이 땅에서 영원한 것은 없다.

"풀을 벤 후에는 새로 움이 돋나니 산에서 꼴을 거둘 것이니라(25절)." 25-27절은 서로 연관되어 있다. 풀(the grass)을 베고 나면 새 움(new growth)이 돋는다. 그리고 난 후 다시 산에서 꼴(the herbs)을 거둘 수 있다. 억지를 부리지 말고 순리를 깨닫고 그것을 따르라는 것이다.

"어린 양의 털은 네 옷이 되며 염소는 밭을 사는 값이 되며(26절)." 그 꼴을 먹고 자란 어린 양(lambs)의 털로는 너의 옷을 지어 입을 수 있고, 염소(goats)는 밭을 살 만한 값이 된다.

"염소의 젖은 넉넉하여 너와 네 집의 음식이 되며 네 여종의 먹을 것이 되느니라(27절)." 또 염소의 젖(goats' milk)은 풍족하여 네 온 가족뿐 아니라 네 하녀들이 다 먹고도 남을 것이다. 이 모두 하나님의 넘치는 돌보심이 있어 가능하다.

제28장

악인과 의인에 대한 교훈

1. 악인은 정의를 깨닫지 못한다(1-17절)

"악인은 쫓아오는 자가 없어도 도망하나 의인은 사자 같이 담대하니라(1절)." 악인은 죄책감과 처벌의 두려움 때문에 쫓는 자가 없어도 도망친다. 항상 불안하게 지낼 수밖에 없다. 하지만 의로운 사람은 거릴 것이 없어 사자처럼 담대하다.

"나라는 죄가 있으면 주관자가 많아져도 명철과 지식 있는 사람으로 말미암아 장구하게 되느니라(2절)." 나라 안에 죄가 있으면 정권이 자주 교체된다. NIV와 새번역은 '나라에 반역이 일면(when a country is rebellious, NIV)' 이라 했다. 나라의 정통성이 흔들리고 도덕적 기강이 흐려지면 쿠데타가 속출한다. 무질서와 반란 때문에 정권이 자주 바뀐다. 그러면 통치자도 자주 바뀐다. '주관자가 많아진다(it has many rulers)' 는 것은 바로 이 뜻이다. 북왕국 이스라엘의 역사를 보면 아홉 왕조에 스무 명의 왕이 교체되는 시련을 겪었다. 통치자의 권력이 혁명에 의해 반복해서 탈취되고 와해되면 나라는 번성할 수 없고 악한 관원들이 나타나 백성은 과도한 세금에 시달리고 심한 고난을 겪게 된다. 주관자가 많아지는 것은 좋은 것이 아니다.

하지만 명철과 지식을 구비한 지도자가 있으면 나라의 질서를 유지하고 번영을 이루게 한다. 나라가 오랫동안 안정을 유지하고 오래간다. 참된 지도자가 그만큼 중요하다.

"가난한 자를 학대하는 가난한 자는 곡식을 남기지 아니하는 폭우 같으니라(3

절).” ‘가난한 자를 학대하는 가난한 자’는 곤궁한 상태에 있는 백성을 학대하는 폭군을 의미한다. 그런 사람은 농작물을 휩쓸어 먹거리를 남김없이 쓸어버리는 폭우(driving rain)와 같다. 가난한 자를 돌봐야 할 처지에 이르렀을 때 자기의 가난한 때를 생각하고 가난한 자를 돌보는 것이 바른 자세이다. 성경에서 폭우는 앗수르 군대의 파괴적인 힘을 상징하기도 한다(사 28:2). 이에 반해 부드러운 비는 의로운 왕을 묘사한다(시 72:6, 7).

“율법을 버린 자는 악인을 칭찬하나 율법을 지키는 자는 악인을 대적하느니라(4절).” 하나님의 율법(the law)을 저버리는 것은 악인을 칭찬하는 것과 같고 그 율법을 지키는 것은 악을 대적하는 것과 같다.

“악인은 정의를 깨닫지 못하나 여호와를 찾는 자는 모든 것을 깨닫느니라(5절).” 악인은 정의에 관심이 없지만 하나님을 찾는 자는 공의의 중요성을 깨닫고 그것을 찾는다. 공의를 깨닫는 것은 그 사람이 마음으로 얼마나 하나님을 알고자 하는가와 직결되어 있다.

“가난하여도 성실하게 행하는 자는 부유하면서 굽게 행하는 자보다 나으니라(6절).” 가난해도 정직하고 성실하게 사는 사람이 나을까, 아니면 물질적으로는 풍족하지만 구부러진(crooked) 길, 곧 사악한(perverse) 길을 가는 사람이 나을까. 잠언 기자는 단연코 전자가 되라고 말한다.

“율법을 지키는 자는 지혜로운 아들이요 음식을 탐하는 자와 사귀는 자는 아비를 욕되게 하는 자니라(7절).” 지혜로운 아들(discerning son)은 율법을 가까이하고, 그것을 애써 지킨다. 하지만 아버지를 욕되게 하는 아들은 율법을 멀리하고 먹기를 탐하는 사람들(companion of gluttons), 곧 건달들과 어울린다. 이런 자는 술에 취하고 게을러지며 가난하게 된다(잠 23:20-21).

“중한 변리로 자기 재산을 늘리는 것은 가난한 사람을 불쌍히 여기는 자를 위해 그 재산을 저축하는 것이니라(8절).” 이 구절은 매우 난해한 구절이다. 높은 이자로 재산을 늘리는 것은 부정한 방법으로 재산을 늘리는 것이다. 성경은 고리대금업을 남의 불행을 이용하여 치부하는 행위로 간주하고 강하게 금지하였다(출 22:25, 레 25:35-37, 신 23:19-20, 겔 22:12). 그런 재산은 자신의 것이 되지 못하고 결국 잃게 된다. 하나님께서 그 재산을 '가난한 사람을 불쌍히 여기는 자' 에게로 옮기실 것이기 때문이다. '가난한 사람들에게 은혜로 베풀어질 재산을 쌓아 두는 것' 이란 이런 뜻을 담고 있다. 그 돈은 결국 가난한 자들에게 분배된다.

"사람이 귀를 돌려 율법을 듣지 아니하면 그의 기도도 가증하니라(9절)." 사람이 율법을 외면하고 듣지 않으면 하나님은 그 사람의 기도에 귀를 기울이지 않으신다. 하나님께 기도를 드리는 것도 중요하지만 이에 못지않게 하나님의 말씀을 지켜 행하지 않으면 그 기도는 위선에 불과하므로 가증한 것(abomination)이 된다(잠 15:8). 기도와 행함에 균형을 이루어야 한다는 말씀이다.

"정직한 자를 악한 길로 유인하는 자는 스스로 자기 함정에 빠져도 성실한 자는 복을 받느니라(10절)." 정직한 사람을 나쁜 길(evil way)로 유인하는 사람은 자기가 판 함정에 빠진다. 악인이 의인을 유혹하는 데 성공했다면 사람들은 악이 이긴 것이라 생각하기 쉽다. 그러나 그 이긴 것은 이긴 것이 아니다. 유혹한 자는 당연히 처벌을 받게 되므로 악인의 자멸을 초래할 뿐이다. 하지만 정직한 자가 유혹을 당했음에도 불구하고 진정 진실했다면 그는 오히려 그 유혹에 빠진 것을 깊이 반성하고 회개하게 된다. 그 일로 인해 자신은 영적으로나 도덕적으로 더 강해지고 새로워질 것이기 때문에 복, 곧 좋은 유산(good inheritance)을 받게 된다. 예수님은 정직한 자를 악한 길로 유인하는 행동을 강하게 비판하셨다(마 5:19, 18:6, 23:15).

"부자는 자기를 지혜롭게 여기나 가난해도 명철한 자는 자기를 살펴 아느니라(11절)." 부자는 자기를 지혜롭게 생각한다. 부자 주변에는 식객이나 아첨하는 자가 많아 그들이 칭찬하는 말을 듣고 자신이 지혜로운 줄 안다. 그것은 착각이다. 그만큼 어리석다. 하지만 가난해도 분별력을 가진 사람은 그를 통해서 알게 된다(see through him). 그 사람의 속을 꿰뚫어 본다. 가난한 자는 비록 세상적인 부귀를 가지지 못할 수도 있다. 하지만 그가 명철하다면 부자 스스로 지혜 있는 체하는 태도는 밝혀낼 수 있다.

"의인이 득의하면 큰 영화가 있고 악인이 일어나면 사람이 숨느니라(12절)." 의로운 자가 승리하면 모든 사람이 기뻐한다. 의로운 통치자가 나라를 다스리면 백성들은 평화스럽게 지낸다. 하지만 악인이 일어나 권력을 잡으면 사람들은 화를 면하기 위해 숨는다. 아합 왕이 이스라엘을 다스렸을 때 많은 선지자들이 피신했다(왕상 18:13).

"자기의 죄를 숨기는 자는 형통하지 못하나 죄를 자복하고 버리는 자는 불쌍히 여김을 받으리라(13절)." 자기 죄를 숨기는 사람은 번영하지 못한다. 잘 되지 못한다. 하지만 자기 죄를 고백하고 그것을 끊어버리는 사람은 불쌍히 여김을 받는다. 이것은 다윗이 몸소 체험한 것이기도 하다. 다윗이 쓴 시편 32:1-4는 이 구절의 전반부를, 시편 32:5-11은 후반부를 잘 나타내고 있다.

"항상 경외하는 자는 복되거니와 마음을 완악하게 하는 자는 재앙에 빠지리라(14절)." 항상 여호와를 두려운 마음으로 섬기고, 양심의 소리에 귀를 기울여 죄의 결과를 두려워하는 자는 복을 받는다. 그러나 마음이 완고한 사람은 어려움에 빠진다. 이 구절에서 '경외하다(fear)'의 히브리어 원문은 '파헤드(pahed)'로 주로 죄의 결과에 대한 두려움을 나타낼 때 사용한다. 하나님을 경외한다 할 때는 주로 '야레(yare)'라는 단어를 사용한다. 마음이 완악한(harden his heart) 것은 스스로의 탓인 경우도 있고(출 8:15) 하나님께서 그렇게 만들기도 하신다(롬 9:18). 불신앙과 죄도 사람의 마음을 완악하게 한다.

"가난한 백성을 압제하는 악한 관원은 부르짖는 사자와 주린 곰 같으니라(15절)." 가난한 백성을 억누르는 악한 통치자(wicked ruler)는, 울부짖는 사자(roaring lion)요, 굶주린 곰(rushing bear)처럼 위험한 존재다. 폭군은 하나님 보시기에 짐승과 같다.

"무지한 치리자는 포학을 크게 행하거니와 탐욕을 미워하는 자는 장수하리라(16절)." 슬기가 모자란 어리석은 통치자는 자기 백성에게 억압만을 일삼는다. 그런 자는 오래 가지 못한다. 하지만 부정한 이득을 미워하는 청렴한 통치자, 개인적인 유익을 위해 권력을 남용하지 않는 통치자는 오래 산다. 그의 정치 생명도 길다.

"사람의 피를 흘린 자는 함정으로 달려갈 것이니 그를 막지 말지니라(17절)." 사람을 죽인 사람은 함정으로 달려가는 것이니, 아무도 그를 막지 말아야 한다. 율법에 따르면 고의적으로 살인을 한 자를 따라가 피의 보수를 하는 것이 가능하다(민 35:19 이하). 살인범은 사람을 죽였다는 죄책감 때문에 죽을 때까지 도망자(a fugitive)의 신세가 된다. 쫓겨 다니게 되며, 죄책감으로 괴로워한다. 그런 고통에서 벗어날 수 있는 길은 죽음뿐이다. '함정으로 달려갈 것이니' 에서 '달려가다' 의 본문의 의미는 '도망가다' 로, 스스로 죽음을 선택하는 것을 의미한다. '그를 막지 말라' 는 것은 '아무도 그런 자를 돕지 않도록 하라(let no one support him)' 는 뜻이다. 공의를 어기는 자는 심판 받아 마땅하다는 말이다. 공동번역은 다음과 같다. "사람을 죽이고 쫓기는 사람은 끝내 쫓겨 다니다가 무덤에 들어간다. 아무도 그를 도와주지 마라."

2. 성실하게 사는 자는 구원을 받는다(18-28절)

"성실하게 행하는 자는 구원을 받을 것이나 굽은 길로 행하는 자는 곧 넘어지리라(18절)." 진실하게 흠 없이 사는 사람(he whose walk is blameless), 바르게 사는 사람은 구원을 받는다. 그러나 그릇된 길을 따라가며 거짓되게 사는 사람(he whose ways are perverse)은 함정에 빠진다. 갑자기 망한다.

"자기의 토지를 경작하는 자는 먹을 것이 많으려니와 방탕을 따르는 자는 궁핍함이 많으리라(19절)." 열심히 일하는 농부는 먹을 것이 넉넉하다. 그러나 헛되게 시간을 보내는 사람, 헛된 것을 꿈꾸는(follows empty pursuits, chases fantasies) 사람은 찌들게 가난하게 된다.

"충성된 자는 복이 많아도 속히 부하고자 하는 자는 형벌을 면하지 못하리라(20절)." 성실한 사람은 풍성한 복을 받는다. 사람은 성실함으로 물질적인 복을 얻는다. 그러나 부자가 되려고 서두르는 사람은 대개 부정한 방법으로 돈을 벌려고 하기 때문에(잠 13:11, 20:21) 형벌을 면치 못한다.

"사람의 낯을 보아 주는 것이 좋지 못하고 한 조각 떡으로 말미암아 사람이 범법하는 것도 그러하니라(21절)." 사람의 얼굴을 보고 재판하는 것은 옳지 않다. 불공평한 재판이 좋은 것이 아니기 때문이다. 그러나 사람은 빵 한 조각 때문에 그런 죄를 지을 수도 있다는 것을 알아야 한다. 빵 한 조각 때문에 죄를 짓기도 하는 것이니까 죄 있는 사람의 편을 들어서 무죄한 사람에게 억울한 판결을 내리지 말고 공정한 재판을 하라는 것이다. '떡 한 조각' 은 '가장 빈곤한 상태' 를 나타내기도 한다(겔 13:19).

"악한 눈이 있는 자는 재물을 얻기에만 급하고 빈궁이 자기에게로 임할 줄은 알지 못하느니라(22절)." 죄악에 눈이 어두운 사람은 부자가 되는 데에만 바쁘다. 이기적인 사람은 재산을 모으는데 급급하다는 말이다. 그래서 언제 궁핍이 자기에게 들이닥칠지 알지 못한다. 물질의 탐욕에 사로잡힌 자는 정직하지 못할 뿐 아니라 남이 잘 되는 것을 보며 질투하기도 한다. 악한 눈(evil eye)이 있는 자는 인색한 사람(stingy man)을 뜻한다(잠 23:6). 악한 조건이 많다. 그런 사람은 물질에 대해 불만족하고 더 많은 것을 얻기 위해 안달한다 해도 물질로도 가난하고 영적으로 빈곤한 상태를 벗어날 수 없다. 일확천금을 꿈꾸지 말고 성실하게 살아가라는 것이다.

"사람을 경책하는 자는 혀로 아첨하는 자보다 나중에 더욱 사랑을 받느니라(23절)." 잘못을 지적해 주는 사람이 결국 아첨하는 자보다 더 많은 사랑을 받는다(gain more favor). 아첨하는 사람보다는 바르게 꾸짖는 사람이 나중에 고맙다는 말을 듣는다.

"부모의 물건을 도둑질하고서도 죄가 아니라 하는 자는 멸망 받게 하는 자의 동류니라(24절)." 부모의 것을 도둑질하고서도 '이것은 잘못이 아니다' 라고 말하는 사람은 강도와 다를 것이 없고 살인자와 같다. 예수님은 이런 죄를 교묘하게 저지르는 바리새인들을 엄하게 책망하셨다(막 7:11).

"욕심이 많은 자는 다툼을 일으키나 여호와를 의지하는 자는 풍족하게 되느니라(25절)." 욕심이 많은 사람(greedy man)은 다툼을 일으킨다. 탐욕은 이기적이기 때문에 다툼과 분쟁을 일으킨다. 하지만 하나님을 의뢰하는 사람(he who trusts in the LORD)은 풍성함을 누린다. 풍성함과 평안함의 축복을 동시에 누리게 된다.

"자기의 마음을 믿는 자는 미련한 자요 지혜롭게 행하는 자는 구원을 얻을 자니라(26절).” 주께 의탁하는 자의 지혜와 자신을 믿는 자의 어리석음이 대비되어 있다. 지혜롭게 행하는 자는 하나님을 의지하는 사람을 가리킨다. 이런 사람은 구원을 얻는다. 하지만 자기 자신을 믿는 사람은 어리석은 선택을 한 때문에 그 결과가 다르다.

“가난한 자를 구제하는 자는 궁핍하지 아니하려니와 못 본 체하는 자에게는 저주가 크리라(27절).” 가난한 자를 돕고 보살피는 사람은 부족한 것이 없다(never want). 그러나 가난한 자를 못 본 체하는 사람은 많은 저주(many curses)를 받는다.

“악인이 일어나면 사람이 숨고 그가 멸망하면 의인이 많아지느니라(28절).” 악한 자(the wicked)가 권력을 잡으면 백성들이 숨어 산다. 하지만 그가 망하면 의인이 많이 나타난다(increase). 의로운 자들이 번성한다.

제29장

의인이 통치하는 나라

1. 의인이 많아지면 백성이 즐거워한다(1-11절)

"자주 책망을 받으면서도 목이 곧은 사람은 갑자기 패망을 당하고 피하지 못하리라(1절)." 목이 곧은(stiff-necked) 사람은 고집이 세고 성질이 강퍅한 사람이다. 바른 훈계에도 복종하지 않고 죄를 고집한다. 이런 사람은 자주 책망을 들어도 쉽게 잘못을 회개하지 않는다. 엘리 제사장의 두 아들, 홉니와 비느하스도 이 때문에 죽었다(삼상 2:25, 신 9:6, 13). 아무리 꾸짖어도 고집을 세우며 듣지 않는 사람은 갑자기 무너져서 회복하지 못한다(suddenly broken beyond remedy). 갑자기 망하고 만다는 것이다. 진리에 순종하지 않고 계속 교만한 자에 대한 엄한 경고다.

"의인이 많아지면 백성이 즐거워하고 악인이 권세를 잡으면 백성이 탄식하느니라(2절)." 의로운 사람이 많아지면(increase) 백성들이 즐거워한다. 현대인의성경은 '의로운 사람이 권력을 잡으면' 백성이 즐거워한다고 했다. 하지만 악한 자가 권력을 잡으면 백성들이 탄식한다.

"지혜를 사모하는 자는 아비를 즐겁게 하여도 창기와 사귀는 자는 재물을 잃느니라(3절)." 지혜를 사랑하는 아들은 아버지를 기쁘게 한다. 하지만 창녀에게 드나드는 아들은 재산을 탕진한다. 지혜를 택하여 아버지를 기쁘게 하는 아들이 되라는 말이다.

"왕은 정의로 나라를 견고하게 하나 뇌물을 억지로 내게 하는 자는 나라를 멸망시키느니라(4절)." 공의(justice)로 다스라는 왕은 나라를 안정되게 한다. 하지만 뇌물을 강요하는 왕은 나라를 망하게 한다. 왕은 부정한 뇌물을 좋아할 것이 아니라 공의를 바로 세우도록 해야 한다. 여기서 뇌물은 문자적으로 '거룩한 제물

(terumot, gifts, offerings)' 이다. 세금을 의미할 가능성도 있다. 르호보암 왕은 과도한 세금을 물리겠다고 함으로써 백성의 원망을 샀다(왕상 12:1-19).

"이웃에게 아첨하는 것은 그의 발 앞에 그물을 치는 것이니라(5절)." 이웃 사람에게 아첨하는(flatter) 자는 자기 발 앞에 그물(a net)을 치는 것과 같다. 언젠가 그 그물에 자기가 걸리게 되기 때문이다.

"악인이 범죄 하는 것은 스스로 올무가 되게 하는 것이나 의인은 노래하고 기뻐하느니라(6절)." 악인이 자신의 악한 습관으로 인해 죄를 범하는 것은 그 자신을 파멸에 이르게 하는 올무가 된다(snared). 하지만 의인은 죄를 범한다 하더라도 회개하면 하나님으로부터 용서를 받고 자유를 되찾게 돼 기뻐할 수 있다. '의인은 노래하고 기뻐한다(sing and rejoice)' 는 것은, 의인이 범죄에 물들지 않은 양심을 가지고 있기 때문에 올무에 떨어질 염려가 없는 의인의 기쁨을 나타내는 것으로 해석되기도 한다. 죄를 범한 일이 없는 의인은 처벌을 받을 일이 없기 때문에 두려워할 필요가 없다. 노래하며 기뻐해야 할 이유가 충분하다.

"의인은 가난한 자의 사정을 알아주나 악인은 알아 줄 지식이 없느니라(7절)." '알아줄 지식' 은 대인관계에 있어서 상대방에 대한 인간적인 관심을 말한다. 의인은 가난한 사람의 사정을 잘 알고 이해해준다. 가난한 자에 대해 관심을 갖고 정의가 바로 세워지도록 노력한다. 하지만 악인은 가난한 사람의 사정에 대해서는 안중에 없다. 관심도 갖지 않는다. 가난한 사람에 대해 어떤 태도를 가지고 있느냐에 따라 그 사람이 사람뿐 아니라 하나님과 어떤 관계를 가지고 살고 있는가를 알 수 있다.

"거만한 자는 성읍을 요란하게 하여도 슬기로운 자는 노를 그치게 하느니라(8절)." 영적으로나 지식적으로 교만한 사람은 항상 남을 깔보고 남의 마음을 들 쑤셔놓는다. 성읍이 조용할 리 없다. 거짓교사들이 교회를 소란스럽게 하는 것도 그들이 교만하여 남을 멸시하고 이간질하기 때문이다. 하지만, 지혜로운 사람은 오히려 분노를 가라앉히기 때문에 성읍의 분위기를 조용하게 만든다.

"지혜로운 자와 미련한 자가 다투면 지혜로운 자가 노하든지 웃든지 그 다툼은 그침이 없느니라(9절)." 미련한 사람은 논리적으로 말하기보다 감정에 치우쳐 행동하기 쉽다. 지혜로운 사람이 어리석은 사람을 걸어서 소송할 경우(go to court) 어리석은 사람은 폭언과 야유로 맞선다. 이 경우 지혜로운 사람은 안심할 수 없다. 미련한 사람을 상대로 소송을 하는 것을 삼가야 한다는 말이다. '지혜로운 자가 노하든지 웃든지'는 히브리어 본문에 '지혜로운 자' 대신 '그'로 되어 있다. 삼인칭 대명사 '그'는 문맥상 지혜로운 자보다 미련한 자로 보는 것이 합당하다. '미련한 자가 노하든지 웃든지(the fool rages and scoffs, NIV, NASB)'다.

"피 흘리기를 좋아하는 자는 온전한 자를 미워하고 정직한 자의 생명을 찾느니라(10절)." 피에 굶주린 자(the bloodthirsty)는 온전한 자(man of integrity), 곧 흠이 없고 정직한 사람을 미워할 뿐 아니라 정직한 자를 죽이려 한다. 하지만 의로운 자는 자기 영혼을 찾는다(the just seek his soul, KJV). 정직한 사람은 흠 없는 사람의 생명을 보살펴 준다. 정직한 사람은 생명을 보호한다.

"어리석은 자는 자기의 노를 다 드러내어도 지혜로운 자는 그것을 억제하느니라(11절)." 어리석은 사람은 쌓인 분노를 다 터뜨린다(full vent to his anger). 화를 있는 대로 다 낸다. 하지만 지혜로운 사람은 그 분노를 억제한다(keep himself under control). 화가 나도 참는다.

2. 왕이 가난한 자를 성실히 신원하면 왕위가 견고하다(12-14절)

"관원이 거짓말을 들으면 그의 하인들은 다 악하게 되느니라(12절)." 통치자가 거짓말에 귀를 기울이면, 그 밑에서 일하는 신하들 모두(all his officials) 악해지기 마련이다. 신하들은 진실을 말하는 대신 거짓말로 과장하며 그의 호감을 사려고만 하기 때문이다. 밀고자가 되거나 뒤에서 헐뜯는 자가 된다.

"가난한 자와 포학한 자가 섞여 살거니와 여호와께서는 그 모두의 눈에 빛을 주시느니라(13절)." 가난한 사람과 압제자가 다 함께 섞여 살기 마련이다. 하지만 한 가지 공통점은 여호와께서 그들의 눈에 다 같이 빛(light)을 주셨다는 것이다. 이 구절은 하나님께서 모두에게 '빛을 주셨다'는 것을 어떻게 해석하느냐에 따라 달라진다. 크게 두 가지 해석이 있다.

첫째는 만인에게 내려지는 일반은총으로 해석하는 것이다. 공동번역 성경은 '둘에게 같이 빛을 내려주신다' 하였다. 하나님이 그들을 창조하셨기 때문에 가난한 자나 압제자 모두 하나님이 주시는 은혜 안에서 살아간다는 것이다. 하나님은 사람들에게 생명의 빛을 주셨다(욥 33:30, 전 11:7).

둘째, 그 빛은 하나님께서 주신 고귀한 선물이라는 주장이다. 하나님이 빛을 주시는 것은 그 빛으로 눈을 밝혀 죄를 떠나며 억울한 일이 없도록 정의를 세우시려는 것이다. 하나님은 사람을 차별하지 않으시고 모두에게 이런 안목(sight)을 주셨다는 것이다. 하나님이 가난한 이들과 압제자들을 세상에 존재하도록 허용하셨지만 그들을 다스려 나가시기 때문에 궁극적으로는 공정한 심판을 행하신다.

"왕이 가난한 자를 성실히 신원하면 그의 왕위가 영원히 견고하리라(14절)." 왕이 공평하고 지실되게 재판하여 가난한 사람의 원통함을 풀어주면(judge the poor with fairness) 그의 왕위가 오랫동안 지속될 것이다. 공평과 진실에 입각한 재판은 의를 세운다. 신원(伸寃)한다는 것은 원통한 것을 풀어버리는 것을 말한다.

3. 묵시가 없으면 백성이 방자히 행한다(15-27절)

"채찍과 꾸지람이 지혜를 주거늘 임의로 행하게 버려 둔 자식은 어미를 욕되게 하느니라(15절)." 매와 꾸지람은 지혜를 얻게 만들어 준다. 꾸짖고 때려서라도 교육을 시키면 지혜를 얻게 된다. 하지만 제멋대로 하도록 내버려 두면 그 자식은 결국 그 어머니를 욕되게 한다.

"악인이 많아지면 죄도 많아지나니 의인은 그들의 망함을 보리라(16절)." 악인이 많아지면 죄도 많아진다. 하지만 의인은 장구하기 때문에 그들이 망하는 것을 보게 된다. 잠언은 여러 곳에서 이것을 언급하였다.

"네 자식을 징계하라 그리하면 그가 너를 평안하게 하겠고 또 네 마음에 기쁨을 주리라(17절)." 너의 자식을 훈육(discipline)하고 잘못하면 고치도록 해라(correct your son). 그러면 그가 너에게 평안함(comfort)을 주고, 너의 마음에 기쁨(delight)을 안겨 줄 것이다.

"묵시가 없으면 백성이 방자히 행하거니와 율법을 지키는 자는 복이 있느니라(18절)." 하나님은 계시(revelation, vision)를 통해 인간이 금수와 같이 행하는 것을 막으신다. '묵시가 없으면' 은 환상이나 이상이 보이지 않는다는 의미가 아니고 하나님의 뜻에 대한 선포나 진리에 대한 올바른 가르침이 없다는 뜻이다. 하나님의 계시가 없으면 백성은 무질서하게 된다. 방자히 행한다는(unrestrained) 것은 죄에 빠진다는 말이다. 방자함은 무서운 결과를 낳는다(출 32:25). 하지만 그런 가운데서도 율법을 지키는 사람은 복이 있다.

"종은 말로만 하면 고치지 아니하나니 이는 그가 알고도 따르지 아니함이니라(19절)." 말로만 꾸짖어서는 종을 바로잡을 수 없다. 다 알면서도 말을 듣지 않기 때문이다. 종에게 일을 잘 하도록 가르치는 데는 말 이상의 것이 필요하다는 말이다. 징계는 아들에게만 필요한 것이 아니라 종에게도 필요하다는 말이다. 하지만 육체에 가하는 처벌은 제한이 있어야 한다(출 21:2-11, 20, 26 이하, 신 5:14 이하, 15:12-18, 23:15 이하).

"네가 말이 조급한 사람을 보느냐 그보다 미련한 자에게 오히려 희망이 있느니라(20절)." 아무 생각 없이 성급하게 말하는(hasty in his words) 사람보다는 오히려 미련한 자에게 더 희망이 있다. 조급함은 자기통제가 되지 않음을 의미한다. 자기통제가 되지 않으면 일을 그르치게 된다.

"종을 어렸을 때부터 곱게 양육하면 그가 나중에는 자식인 체하리라(21절)." 자식은 히브리어로 '계승자' 라는 뜻을 가지고 있다. 종을 어려서부터 제멋대로 하도록 내버려 두면 그가 나중에는 자식인 체 한다. 시키는 일도 제대로 하지 않고 결국 슬픔을 준다(bring grief in the end, NIV). 다루기 어렵기 때문이다. 어렸을 때부터 제대로 키워야 한다.

"노하는 자는 다툼을 일으키고 성내는 자는 범죄함이 많으니라(22절)." 화를 잘 내는 사람(angry man)은 다툼을 일으키기 쉽고, 욱하기 잘하는(hot-tempered) 사람은 죄 짓는 일이 많다. 자기 분에 못 이겨 쉽게 화를 내고, 사람과의 관계에서 적을 만들며, 말과 행동에서 악한 모습을 보이게 된다.

"사람이 교만하면 낮아지게 되겠고 마음이 겸손하면 영예를 얻으리라(23절)."

사람이 교만하면 낮아지게 된다(bring him low). 그러나 겸손하면 존경을 받는다.

“도둑과 짝하는 자는 자기의 영혼을 미워하는 자라 그는 저주를 들어도 진술하지 아니하느니라(24절).” 도둑과 짝하는 자, 곧 도둑과 공모하는 자는 자기 영혼을 미워하는 자, 곧 자기의 목숨을 하찮게 여기는(hate his own life) 사람이다. 소환된 그가 법정에서 사실대로 진술하라는 소리를 들어도(put under oath) 아무 말도 못한다. 그 도둑에 대해 본 일이나 아는 일을 감히 진술할 수 없기 때문이다. 사실대로 진술하면 공모가 드러난다. 따라서 자기를 감추기 위해 거짓맹세까지 하게 된다. 그럴수록 일이 커진다. 도둑과 친구가 되지 말라, 그런 사람은 자기를 죽음으로 몰고 가는 자다.

“사람을 두려워하면 올무에 걸리게 되거니와 여호와를 의지하는 자는 안전하리라(25절).” 사람을 두려워하면 올무(a snare)에 걸린다. 잘못될 수 있다. 하지만 하나님을 의지하면 안전하다.

“주권자에게 은혜를 구하는 자가 많으나 사람의 일의 작정은 여호와께로 말미암느니라(26절).” 많은 사람이 통치자의 환심(favor)을 사려고 한다. 하지만 사람의 일을 정하시는 분은 하나님이시다. 사람이 의를 얻게 되는 것은 하나님께 달려 있다(it is from the LORD that man gets justice, NIV). 통치자에게 어떤 일을 탄원하더라도 그것이 이루어지리라고 확신할 수 없다. 그러나 하나님은 통치자의 마음을 움직일 수 있다. 하나님은 자기를 의지하는 자, 의로운 자, 연약한 자를 보호하신다.

“불의한 자는 의인에게 미움을 받고 바르게 행하는 자는 악인에게 미움을 받느니라(27절).” 의인은 불의한 사람을 싫어하고, 악인은 정직한 사람을 싫어한다. 의로운 사람은 하나님의 뜻이 무엇인지 알기 때문에 부정직한 것을 싫어한다.

제30장

아굴의 잠언들

1. 하나님의 말씀은 다 순전하다(1-6절)

"이 말씀은 야게의 아들 아굴의 잠언이니 그가 이디엘 곧 이디엘과 우갈에게 이른 것이니라(1절)." 잠언 30장은 야게의 아들 아굴(Agur)이 말한 잠언이다. 아굴이 이디엘과 우갈에게 일러 준 교훈의 말이다. 야게(Jakeh)는 '복종,' '경건함'을 뜻하고, 아굴은 '수집자,' '소집자'를 뜻한다. 이디엘(Ithiel)은 '하나님이 우리와 함께 하신다'를 뜻하고, 우갈(Ucal)은 '강함'을 뜻한다. 아굴의 신분은 확실치 않다. 솔로몬 시대의 유명한 현자나 시인이며, 이디엘과 우갈은 그의 제자나 아들로 보인다. '말씀'은 히브리어로 '맛사(massa),' 곧 '중요한 메시지'라는 뜻이다(슥 9:1). 맛사라는 지역도 있는데, 이 단어가 지역을 가리킨다면 아굴은 이스마엘의 후예일 가능성도 있다(창 25:13, 14).

"나는 다른 사람에게 비하면 짐승이라 내게는 사람의 총명이 있지 아니하니라(2절)." 아굴은 자신의 무지함부터 고백한다. 나는 다른 사람에 비하면 사람이라기보다 우둔한 짐승이다. 너무 어리석어 짐승만도 못하다, 가장 어리석은 사람이라는 말이다. 내게는 사람이 마땅히 가져야 할 지각과 총명(understanding)이 없다.

"나는 지혜를 배우지 못하였고 또 거룩하신 자를 아는 지식이 없거니와(3절)." 나는 지혜를 배운 적도 없고 또 거룩하신 분(the Holy One), 곧 하나님을 아는 지식도 없다. 아굴은 하나님을 알고자 애썼지만 다른 지혜자보다 하나님에 대해 아는 것이 없음을 고백한다. 하나님을 아는 것이 지식의 근본이다. 무한하신 하나님을 알지 못하니 어리석을 수밖에 없다.

"하늘에 올라갔다가 내려온 자가 누구인지, 바람을 그 장중에 모은 자가 누구인지, 물을 옷에 싼 자가 누구인지, 땅의 모든 끝을 정한 자가 누구인지, 그의 이름이 무엇인지, 그의 아들의 이름이 무엇인지 너는 아느냐(4절)." 이 구절에는 다섯 가지 질문이 있다. 그 답은 하나님이다. 그는 그의 물음을 통해 하나님의 속성과 본질에 접근했다. '하늘을 오르고 내리는 자' 는' 천지의 주관자이신 하나님을, '바람을 그 손의 쥐고 있는 자' 는 전능자 하나님을, '물을 그 옷자락으로 싸고 있는 자' 는 자연의 모든 섭리를 주관하시는 하나님을, '땅의 모든 경계선을 그은 자' 는 천지의 창조자요 주인이신 하나님을, '그의 이름' 은 모든 것의 아버지이신 하나님의 속성을, '그의 아들의 이름' 은 하나님이 인간과 관계를 맺으시고 그의 아들을 통해 계시하고 이루실 하나님을 말하고 있다.

"하나님의 말씀은 다 순전하며 하나님은 그를 의지하는 자의 방패시니라(5절)." 순전하다는 것은 은이나 금에서 불순물을 제거한 순수한 상태를 말한다. 하나님의 말씀은 순수하고 흠이 없다(flawless). 그의 모든 말씀은 시험을 거쳤다(tested). 하나님은 자기를 피난처로 삼는 모든 자에게 방패(a shield)가 되신다.

"너는 그의 말씀에 더하지 말라 그가 너를 책망하시겠고 너는 거짓말하는 자가 될까 두려우니라(6절)." 너는 하나님의 말씀에 아무것도 더하지 말라(do not add to His words). 인간이 자신의 지식이나 상상력을 하나님의 계시된 말씀과 섞어서는 안 된다. 계시된 내용의 이상을 안다며 거들먹거리지 말라. 하나님의 말씀에 인간의 것을 섞는 경우 하나님이 너를 책망하실 것이며 너는 금방 거짓말쟁이가 될 것이다.

2. 아굴의 두 가지 기도(7-9절)

"내가 두 가지 일을 주께 구하였사오니 내가 죽기 전에 내게 거절하지 마시옵소서(7절)." 아굴은 하나님께 이렇게 기도한 적이 있다. "내가 두 가지 일을 주께 구합니다. 내가 죽기 전에 이것을 허락하소서." 두 가지 간청을 드리니 자기가 죽기 전에 그것을 이루어 달라는 것이다.

"곧 헛된 것과 거짓말을 내게서 멀리 하옵시며 나를 가난하게도 마옵시고 부하게도 마옵시고 오직 필요한 양식으로 나를 먹이시옵소서(8절)." 첫 번째 기도조목은 허위(falsehood, deception)와 거짓말(lies)을 저에게서 멀리하여 주시라는 것이다. 모든 사악함과 위선을 거부함으로써 하나님 앞에서 언제나 내적으로 진실한 태도를 갖게 해달라는 것이다. 두 번째 기도조목은 저를 가난하게도 부유하게도 하지 마시고, 오직 저에게 매일 필요한 양식만(only my daily bread)을 주시라는 것이다. 이것은 물질적으로 많고 적음에 따라 교만하거나 죄의 유혹에 이끌리지 않도록 해달라는 것이다.

"혹 내가 배불러서 하나님을 모른다 여호와가 누구냐 할까 하오며 혹 내가 가난하여 도둑질하고 내 하나님의 이름을 욕되게 할까 두려워함이니이다(9절)." 두 번째 기도조목에서 가난하지도 부유하지도 말고 왜 오직 필요한 양식만 구하게 되었는가를 보충적으로 설명하고 있다. 물질이 많으면 배불러서 혹시 주를 저버리고 여호와가 누구냐고 말할 수 있고, 너무 가난하면 남의 것을 도둑질해서 하나님의 이름을 욕되게 할 수 있기 때문이다. 그것이 두렵다는 것이다. 모세는 이스라엘 사람들에게 사람에게 먹을 것이 풍족하고 가축이 많게 되면 하나님을 잊게 될 것이라 했다(신 8:12-17, 31:20).

3. 동물들에 비유한 교훈(10-33절)

"너는 종을 그의 상전에게 비방하지 말라 그가 너를 저주하겠고 너는 죄책을 당할까 두려우니라(10절)." 주인에게 그의 종을 비방하고 비난하는 말을 하지 말라. 그 종이 너를 저주하고 너에게 죄가 돌아갈까 두렵다. 이 잠언은 다른 사람의 가정 일에 참견하지 말라는 것이다.

"아비를 저주하며 어미를 축복하지 아니하는 무리가 있느니라(11절)." 11-14절은 네 가지 옳지 않은 행동들을 열거하고 있다. 그 첫째는, 아버지를 저주하며 어머니를 축복하지 않는 사람들이다. 사악한 자식들이다.

"스스로 깨끗한 자로 여기면서도 자기의 더러운 것을 씻지 아니하는 무리가 있느니라(12절)." 둘째는, 자기의 더러움을 씻지 않으면서도 스스로 깨끗한 체 하는 사람들이다. 자신의 더러움을 깨닫지 못하는 사람들이다.

"눈이 심히 높으며 눈꺼풀이 높이 들린 무리가 있느니라(13절)." 눈이 대단히 높고 거만한 자들이다. 교만한 자들이다. 눈꺼풀이 높이 들렸다는(his eyelids are raised) 것은 교만함을 뜻한다(잠 6:16-17, 21:4, 시 18:27).

"앞니는 장검 같고 어금니는 군도 같아서 가난한 자를 땅에서 삼키며 궁핍한 자를 사람 중에서 삼키는 무리가 있느니라(14절)." 넷째는, 가난하고 불쌍한 사람들을 잔인하게 착취하며 자기 영리만을 추구하는 사람들이다. 가난한 자를 무자비하게 강탈하는 자들이다. '앞니(teeth)는 장검(swords) 같고 어금니(jaws)는 군도(knives) 같아서' 는 날카로운 이빨로 먹이를 찢는 사나운 짐승을 빗댄 것이다. 그만큼 무자비하다는 것이다.

"거머리에게는 두 딸이 있어 다오 다오 하느니라 족한 줄을 알지 못하여 족하다 하지 아니하는 것 서넛이 있나니(15절)." 15-16절은 네 가지 만족하지 못하는 것들이다. 거머리(leech)에게는 더 달라고 보채는 두 딸이 있다. 그처럼 지칠 줄 모르게 족하지 않다고 말하는 서넛이 있다. 넷이면서 서넛이라 한 것은 마지막 항목을 강조할 때 흔히 사용하는 형식의 지시사다. 잠언 6:16에서도 일곱 가지를 말하면서 육칠 가지라 했다.

"곧 스올과 아이 배지 못하는 태와 물로 채울 수 없는 땅과 족하다 하지 아니하는 불이니라(16절)." 그것은 스올(Sheol, 음부, 지옥), 임신하지 못하는 태(barren womb), 비로도 흡족하지 않는 메마른 땅, 그리고 걷잡을 수 없이 타오르는 불길이다.

"아비를 조롱하며 어미 순종하기를 싫어하는 자의 눈은 골짜기의 까마귀에게 쪼이고 독수리 새끼에게 먹히리라(17절)." 부모를 멸시하는 것은 나쁜 짓이다. 부모를 거역하고 조롱하는 자는 죽어서 땅에 묻히지 못하고 새들의 먹이가 된다. 새의 먹이가 되는 것은 징벌과 저주를 의미한다(신 28:26).

“내가 심히 기이히 여기고도 깨닫지 못하는 것 서넛이 있나니(18절).” 18-19절은 네 가지 신기한 일들을 거론하고 있다. 여기서도 서넛이라 했다.

“곧 공중에 날아다니는 독수리의 자취와 반석 위로 기어 다니는 뱀의 자취와 바다로 지나다니는 배의 자취와 남자가 여자와 함께 한 자취며(19절).” 너무 신기해서 내가 깨닫지 못하는 것 네 가지는 독수리가 하늘을 지나간 자리, 뱀이 바위 위를 기어간 자리, 배가 바다 가운데를 지나간 자리, 그리고 사내가 젊은 여인을 거쳐 간 음행의 자리다. 이 네 가지의 속성을 놓고 지나간 흔적을 찾을 수 없는 것이라는 주장, 어려울 것 같은 일을 쉽게 해치우는 것이라는 주장, 그리고 길이 아닌 곳으로 간 것이라는 주장 등이 있다.

“음녀의 자취도 그러하니라 그가 먹고 그의 입을 씻음 같이 말하기를 내가 악을 행하지 아니하였다 하느니라(20절).” 간음한 여자의 자취도 마찬가지다. 그녀는 먹고도 안 먹은 듯 입을 씻고(나쁜 짓을 하고서도 시치미를 떼고) “나는 잘못한 것이 아무것도 없다.”고 말한다.

“세상을 진동시키며 세상이 견딜 수 없게 하는 것 서넛이 있나니(21절).” 21-23절은 사회적으로 허용될 수 없는 네 가지 상황을 거론하였다. 세상이 도저히 용납할 수 없는, 땅을 뒤흔들 일들이다. 이런 것들은 사람들을 참을 수 없게 만든다. 경험이 부족하고 자격이 없는 사람이 높은 자리에 오르거나 득세하면 사회는 혼란에 빠진다.

“곧 종이 임금된 것과 미련한 자가 음식으로 배부른 것과(22절).” 그 첫째는 종이 임금이 되는 것이고, 둘째는 미련한 자가 부자가 되는 것이다.

“미움 받는 여자가 시집 간 것과 여종이 주모를 이은 것이니라(23절).” 셋째는 남자에게 사랑을 받을 만한 조건을 전혀 가지고 있지 못한 여자가 시집가는 것이고, 넷째는 계집종이 자기 여주인의 자리를 차지하는 것이다.

“땅에 작고도 가장 지혜로운 것 넷이 있나니(24절).” 24-28절은 작지만 지혜로운 네 가지 동물들을 거론하였다. 이 동물들은 다른 동물보다 크거나 힘이 센 것은 아니지만 지혜롭게 살아감으로써 사람들에게 교훈을 준다.

"곧 힘이 없는 종류로되 먹을 것을 여름에 준비하는 개미와(25절)." 그 첫째 동물은 개미다. 힘은 없지만 먹을 것을 여름에 부지런히 저장해 겨울을 준비한다.

"약한 종류로되 집을 바위 사이에 짓는 사반과(26절)." 둘째는, 약한 데도 불구하고 바위산, 곧 가파른 절벽 사이의 안전한 곳에 집을 짓고 사는 사반(shephanim, coneys), 곧 바위너구리이다. 연약한 동물이기 때문에 자기 안전을 위해 바위틈에 집을 마련한다.

"임금이 없으되 다 떼를 지어 나아가는 메뚜기와(27절)." 셋째는, 자기들을 다스리는 왕은 없는 데도 불구하고 떼를 지어 함께 나아가는 메뚜기들(locusts)이다.

"손에 잡힐 만하여도 왕궁에 있는 도마뱀이니라(28절)." 넷째는, 손으로 잡을 수 있을 정도로 작지만 왕궁을 드나드는 도마뱀(lizard)이다. 돌담 틈으로 잘도 빠져 달아나 붙잡기도 어렵다. 이 네 동물들은 신체의 약점을 다른 면으로 보완하고 있다는 점에서 특색이 있다. 하나님은 이 연약하고 비천한 동물도 보호하고 계신다. 하물며 우리를 보호해 주시지 않겠느냐는 뜻이 내재되어 있다.

"잘 걸으며 위풍 있게 다니는 것 서넛이 있나니(29절)." 29-31절은 의젓하고 위풍당당하게 걸어 다니는 네 가지 것들을 소개하고 있다. 앞서 언급한 비천한 것들과는 비교된다.

"곧 짐승 중에 가장 강하여 아무 짐승 앞에서도 물러가지 아니하는 사자와(30절)." 그 첫째는 사자다. 모든 짐승 중에 가장 강하며 어떤 짐승 앞에서도 물러서지 않을 정도로 위풍당당하다.

"사냥개와 숫염소와 및 당할 수 없는 왕이니라(31절)." 그 밖에 것으로는, 자랑스럽게 걷는 사냥개, 당당한 자태를 보이며 양 떼 앞에서 양들을 인도하는 숫염소(렘 50:8, 단 8:5), 그리고 아무도 맞설 수 없는 임금이 있다.

"만일 네가 미련하여 스스로 높은 체하였거나 혹 악한 일을 도모하였거든 네 손으로 입을 막으라(32절)." 네가 만일 미련하게도 잘난 체하였거나 악한 일을 계획했다면 네 손으로 입을 막고 반성하라. '네 손으로 입을 막으라(put your hand on your mouth, clap your hand over your mouth)' 는 것은 교만한 태도와 나쁜 계획을 중지하고 반성하라는 말이다.

"대저 젖을 저으면 엉긴 젖이 되고 코를 비틀면 피가 나는 것 같이 노를 격동하면 다툼이 남이니라(33절)." 우유를 저으면 버터가 되고 코를 비틀면 피가 난다. 그처럼 화를 돋우면 다툼(strife)이 일어난다. 노를 격동케 하는 행동을 하지 말고 스스로 자제하라는 말이다.

제31장

르무엘 어머니의 잠언과 현숙한 아내

1. 르무엘 어머니의 잠언(1-9절)

"르무엘 왕이 말씀한바 곧 그의 어머니가 그를 훈계한 잠언이라(1절)." 1-9절은 르무엘(Lemuel) 왕의 어머니가 그에게 가르친 잠언이다. 르무엘 왕이 누구인지에 대해서는 확실치 않다. 맛사의 왕, 솔로몬의 다른 이름, 히스기야 왕, 또 다른 왕 등 다양한 주장들이 있다. 르무엘은 '하나님을 위해서,' '하나님께' 라는 뜻을 가지고 있다. 잠언 대부분은 아버지가 아들에게 주는 가르침이 많지만 이 부분은 어머니가 아들에게 준 교훈이라는 점에 특색이 있다.

"내 아들아 내가 무엇을 말하랴 내 태에서 난 아들아 내가 무엇을 말하랴 서원대로 얻은 아들아 내가 무엇을 말하랴(2절)." 내가 낳은 아들, 서원을 하고 얻은 아들에게 무엇을 말할까? 서원대로 얻은 아들(son of my vows)이란 한나처럼 하나님께 서원하여 얻은 아들이라는 것이다. 르무엘이라는 이름 자체가 서원의 뜻을 담고 있다.

"네 힘을 여자들에게 쓰지 말며 왕들을 멸망시키는 일을 행하지 말지어다(3절)." 너는 네 정력을 여자들에게 소모하지 말라. 왕들이 애욕을 좇다가 망했다. 여자는 임금도 망하게 할 수 있다. 그러니 여자에게 너의 길을 맡기지 말라. 이 구절은 왕이 많은 처첩들을 거느리고 성적으로 타락하는 것에 대한 경고의 말이다.

"르무엘아 포도주를 마시는 것이 왕들에게 마땅하지 아니하고 왕들에게 마땅하지 아니하며 독주를 찾는 것이 주권자들에게 마땅하지 않도다(4절)." 왕은 포도주를 마셔도 안 되고 통치자는 독주를 찾아서도 안 된다. 술의 위험에 대해 경고하고 있다. 3-4절은 왕이 주색에 빠져서는 안 된다는 것을 말해주고 있다.

“술을 마시다가 법을 잊어버리고 모든 곤고한 자들의 송사를 굽게 할까 두려우니라(5절).” 왕에게 술이 왜 위험한가를 말해주는 대목이다. 왕이 술을 마시게 되면 법(what the law decrees)을 잊어버리고 고난당하는 사람들의 인권을 짓밟기 쉽기 때문이다. 술 때문에 억눌린 사람들에게 판결을 불리하게 내릴까 두려워하는 어머니의 모습이 담겨있다. 술 때문에 왕의 직무를 유기해서는 안 된다. 왕 노릇을 제대로 해야 한다는 말이다.

“독주는 죽게 된 자에게, 포도주는 마음에 근심하는 자에게 줄지어다(6절).” 오히려 독주는 다 죽게 된 사람에게, 포도주는 고민꺼리가 많아 마음이 아픈 사람에게 주도록 하라. 다른 사람들이 신체적인 고통과 정신적인 아픔을 잊기 위해 잠시 현실 도피의 수단으로 마신다 할지라도 왕은 통치자기기 때문에 주색에 빠지거나 도피의 수단으로 삼아 마셔서는 안 된다는 것이다.

“그는 마시고 자기의 빈궁한 것을 잊어버리겠고 다시 자기의 고통을 기억하지 아니하리라(7절).” 이것은 포도주와 독주가 당시에 신체적인 고통과 두려움을 없애는 용도로도 사용되었음을 보여준다.

“너는 말 못하는 자와 모든 고독한 자의 송사를 위하여 입을 열지니라(8절).” 너는 자기 스스로 말할 수 없는 사람들을 대변해 주고, 고통 속에 있는 불행한 사람들의 진리를 옹호해 주어야 한다. 약하고 어려운 사람들의 송사를 변호하여 입을 열라는 것이다. 왕은 사회적 신분과 관계없이 모든 사람을 공정하게 재판해야 한다.

“너는 입을 열어 공의로 재판하여 곤고한 자와 궁핍한 자를 신원할지니라(9절).” 너는 입을 열어 공정한 재판을 하고 가난하고 고통당하는 사람들의 억울함을 풀어주라.

2. 현숙한 여인(10-31절)

10-31절은 히브리어 22글자를 알파벳 순서를 따라 각각의 첫 글자를 서두로

하여 시작하는 답관체 잠언이다. 그 구성과 내용에 있어서 현숙한 여인, 곧 이상적인 부인상을 제시하고 있다. 이 여인은 단순히 남편의 소유물 정도가 아니라 가정의 제반사를 책임 있게 돌보고(13-15, 19, 21-22절), 가세를 일으키며(16, 18, 24절), 자선을 베풀 줄 알고(20절), 지성적이고 친절하며(25-26절), 무엇보다 하나님을 경외하는 믿음의 여인(30절)이다. 어떤 학자는 현숙한 여인을 의인화된 지혜로 간주하기도 한다.

"누가 현숙한 여인을 찾아 얻겠느냐 그의 값은 진주보다 더 하니라(10절)." 현숙한 여인(excellent wife))는 덕 있는 여인, 고상한 성품의 여인을 가리킨다. "현숙한(hayil, virtuous)"은 원래 '능력이 있는' 이라는 뜻을 갖고 있다. 육체적으로 건강할 뿐 아니라 도덕적으로나 영적으로 순전할 때 이 말을 사용한다. 그녀는 진주보다 더 소중하다. 현숙한 여인의 값이 그 가치를 따질 수 없을 만큼 매우 귀하다는 것을 의미한다. 사람은 많지만 참으로 본을 삼고 따를 자가 없다. 그런데 이 현숙한 여인은 여인상, 어머니상, 아내 상으로 제시되고 있다.

"그런 자의 남편의 마음은 그를 믿나니 산업이 핍절하지 아니하겠으며(11절)." 그런 여자의 남편은 무엇보다 아내를 전폭적으로 신뢰한다(full confidence in her). 가치를 따져도 부족한 것이 없다(lacks nothing of value). 그녀는 남편에게 있어서 최상의 보상(his best reward)이요 그녀는 남편의 삶을 아주 풍성하게 한다(greatly enrich his life). 그래서 산업이 핍절하지 않다. 그녀로 인해 부족함이 없다는 말이다.

"그런 자는 살아 있는 동안에 그의 남편에게 선을 행하고 악을 행하지 아니하느니라(12절)." 그런 여자는 일평생 남편에게 선을 행하고 남편을 해치지 않는다. 살아 있는 동안 오직 선행으로 남편을 도우며 해를 입히는 일이 없다. 남편에게 최선을 다한다.

"그는 양털과 삼을 구하여 부지런히 손으로 일하며(13절)." 그녀는 좋은 양털과 삼(wool and flax)을 구해 부지런히 일을 한다. 부지런히 손을 놀려 일하기를 즐거워한다. 아주 부지런하다는 말이다.

"상인의 배와 같아서 먼 데서 양식을 가져 오며(14절)." 또한 상선(merchant

ships)처럼 먼 곳에서 먹거리나 필요한 것을 구해 오기도 한다. 수고를 아끼지 않는다는 말이다.

"밤이 새기 전에 일어나서 자기 집안사람들에게 음식을 나누어 주며 여종들에게 일을 정하여 맡기며(15절)." 날이 밝기도 전에 일찍 일어나서 가족들을 위해 아침 식사를 준비하며 여종에게 그 날의 할 일을 일러 준다. 가족을 챙길 뿐 아니라 집안일을 잘 관리한다. 현숙한 여인은 부지런하다.

"밭을 살펴보고 사며 자기의 손으로 번 것을 가지고 포도원을 일구며(16절)." 나가서 밭을 보고 생각해 두었다가 그것을 사며 자기가 힘써 일해 번 돈(her earnings)으로 포도원을 사서 가꾼다(plant a vineyard). 투자도 적절히 하고, 사업을 일으킨다.

"힘 있게 허리를 묶으며 자기의 팔을 강하게 하며(17절)." 허리를 단단히 동여매고, 억센 팔로 일을 한다. 강인하고 근면하다. 솔선하여 열심을 다해 일한다.

"자기의 장사가 잘 되는 줄을 깨닫고 밤에 등불을 끄지 아니하며(18절)." 자기의 사업이 잘 되어 이윤이 나는 것(her gain is good)을 확실히 안다. 그리고 밤늦게까지도 등불을 끄지 않는다. 밤에 등불을 끄지 않는 것은 한 밤중에도 미리 준비하고 계획을 세우는 것을 말한다. 앞날을 미리 대비할 만큼 경영을 철저히 잘 한다는 말이다.

"손으로 솜뭉치(the distaff)를 들고 손가락으로 가락(the spindle)을 잡으며(19절)." 물레질을 하며 실을 만드는 모습을 묘사한 것이다. 한 손으로는 물레질을 하고, 다른 손으로는 실을 탄다. 손수 물레질을 하여 실을 뽑고 베를 짠다. 잠언에서는 베를 짜는 것과 바느질에 대해 언급하고 있다. 가정을 풍요롭게 하기 위해 손수 수고하고 정성을 아끼지 않는다는 말이다.

"그는 곤고한 자에게 손을 펴며 궁핍한 자를 위하여 손을 내밀며(20절)." 한 손은 펴서 가난한 사람(the poor)을 돕고, 다른 손은 펴서 궁핍한 사람(the needy)을 돕는다. 가난하고 불쌍한 사람들을 도와준다는 말이다. 손수 짠 옷도 나누어주었을 것이다.

"자기 집 사람들은 다 홍색 옷을 입었으므로 눈이 와도 그는 자기 집 사람들을 위하여 염려하지 아니하며(21절).” 홍색 옷(clothes in scarlet)은 겹옷으로 된 따뜻한 옷으로 값이 나간다. 그녀는 온 가족을 위해 이런 옷을 미리 마련해놓았기 때문에 눈이 와도 염려가 되지 않는다.

“그는 자기를 위하여 아름다운 이불을 지으며 세마포와 자색 옷을 입으며(22절).” 세마포(fine linen)는 올이 고운 삼베옷으로 제사장 옷을 만드는 데 쓰였다. 자색(purple) 옷은 왕이나 부자가 입는 화려한 옷이다. 그녀는 이부자리(coverings for her bed)를 만들어 자기 침실을 아름답게 꾸미며 고운 모시옷과 자색 옷을 입는다. 사치한다기보다 그녀의 신분에 걸 맞는 가구와 옷을 갖추었다는 것을 뜻한다.

“그의 남편은 그 땅의 장로들과 함께 성문에 앉으며 사람들의 인정을 받으며(23절).” 현숙한 여인의 남편은 성읍에서 유력한 인물로 사람들의 존경을 받는다. 성문(the city gate)에 앉는 것은 법정의 장로들이 재판을 하기 위해 앉는 것을 말한다. 그 남편도 장로들과 함께(take his seat among the elders) 재판하는 일을 맡는다. 현숙한 아내로 인해 그의 위상도 아주 높아졌음을 알 수 있다.

“그는 베로 옷을 지어 팔며 띠를 만들어 상인들에게 맡기며(24절).” 그의 아내는 모시로 옷을 지어 팔고, 띠를 만들어 상인에게 넘긴다. 옷과 허리띠를 만들어 상인들에게 넘기기도 한다는 말이다. 상인들(merchants)은 문자적으로 ‘가나안인들(kenaani)’ 이란 뜻인데, 여기서는 베니게 상인들을 말하는 것으로 보인다.

“능력과 존귀로 옷을 삼고 후일을 웃으며(25절).” 현숙한 여인은 모든 일을 처리함에 있어서 자신감(strength)과 품위(dignity)를 지키며 지혜롭게 처리하기 때문에 존경을 받는다. 또한 미래가 와도 웃을 수 있다. 미래를 긍정적으로 보기 때문에 자신감도 있다. 그만큼 내일을 준비하며 살고 있다는 말이다.

“입을 열어 지혜를 베풀며 그의 혀로 인애의 법을 말하며(26절).” 입만 열면 지혜가 저절로 나오고, 혀만 움직이면 상냥한 교훈이 쏟아져 나온다. 인애는 어질고 남을 사랑하는 마음이다. 인애의 법을 말한다는 것은 자녀들과 여종들을 가르치고(teaching) 교훈함(instruction)에 있어서 말뿐 아니라 마음과 얼굴에서도 자애가 넘쳐난다는 것이다. 가정에서 교육도 잘한다는 말이다.

"자기의 집안일을 보살피고 게을리 얻은 양식을 먹지 아니하나니(27절)." 자기 집안일을 잘 보살핀다는 것은 집안일(affairs of her household)을 두로 잘 살피며 가정에 충실했음을 의미한다. 나아가 일하지 않고 먹는 양식(the bread of idleness)은 먹지 않는다. 놀고먹지 않는다는 말이다.

"그의 자식들은 일어나 감사하며 그의 남편은 칭찬하기를(28절)." 그녀의 자녀들은 모두 일어나 어머니를 고맙게 생각한다. 칭송해 마지않는다. 그 남편도 아내를 칭찬한다.

"덕행 있는 여자가 많으나 그대는 모든 여자보다 뛰어나다 하느니라(29절)." 남편이 아내를 칭찬하는 대목이다. 세상에는 덕행 있는(noble) 여성들이 많이 있지만 당신은 그 중에서도 가장 뛰어나다 한다. 덕행이 있는 여자는 아주 고상한 여인이다. 인내하고 사랑으로 용서하며 덕으로 행실을 쌓은 사람들에게 붙여주는 이름이다. 그 훌륭한 여성가운데서 그녀가 월출하다는 것은 그녀가 얼마만큼 삶의 모범이 되는가를 보여준다. 식구로부터 인정을 받는다는 것은 정말 어렵다. 그런데, 그녀는 자식뿐 아니라 남편으로부터도 인정을 받았다.

"고운 것도 거짓되고 아름다운 것도 헛되나 오직 여호와를 경외하는 여자는 칭찬을 받을 것이라(30절)." 고운 것도 거짓되고 아름다운 것도 헛되지만 두려운 마음으로 여호와를 섬기는 여성은 칭찬을 받는다. 그 무엇보다 영적으로 여호와를 경외한 것이 가장 칭찬을 받을 근거가 됨을 가르쳐준다. 육체적인 것은 자랑할 것이 못된다. 외모는 세월이 지나면서 사라진다. 하지만 하나님을 믿고 행동으로 그 영광을 드러낸 것은 가장 칭찬받을 만 하다. 사람들로부터도 칭찬을 받는 것도 중하지만 하나님으로부터 인정을 받는 것이 가장 중하다. 이 구절은 잠언의 마지막 교훈이다. 잠언은 첫 부분부터 하나님을 경외할 것을 강조했다. 이것이 현숙한 여인에게도 가장 기본적인 조건임을 가르쳐 준다. 인간은 그 무엇보다 하나님을 경외함으로써 의미를 갖게 된다.

"그 손의 열매(the product of her hands)가 그에게로 돌아갈 것이요 그 행한 일(her works)로 말미암아 성문에서 칭찬을 받으리라(31절)." 성문(the city gate)에서 칭찬을 받는 것은 사람들이 많은 광장에서 공개적으로 칭찬을 받는 것을 말한다. 이스라엘 사람들은 여인을 대중 앞에서 칭찬하는 일을 좀처럼 하지 않는다. 그러나 현숙한 여인은 특별히 인정을 받아 마땅하다 한다. 그녀는 자기가 행한 일에 대해 보상(the reward she has earned)을 받을 뿐 아니라 그가 이룬 모든 공로를 공개적으로 인정하고, 그녀의 행실을 귀감으로 삼아야 한다는 것이다.